Responsabilidade Civil
dos Auditores Independentes

Responsabilidade Civil dos Auditores Independentes

UMA ANÁLISE DA SUA FUNÇÃO E CRITÉRIOS PARA SUA RESPONSABILIZAÇÃO

2018

Fabricio Favero

RESPONSABILIDADE CIVIL DOS AUDITORES INDEPENDENTES
UMA ANÁLISE DA SUA FUNÇÃO E CRITÉRIOS PARA SUA RESPONSABILIZAÇÃO
© Almedina, 2018
AUTOR: Fabricio Favero
DIAGRAMAÇÃO: Almedina
DESIGN DE CAPA: FBA
ISBN: 9788584932740

Dados Internacionais de Catalogação na Publicação (CIP)
(Câmara Brasileira do Livro, SP, Brasil)

Favero, Fabricio
Responsabilidade civil dos auditores independentes : uma análise da sua função e critérios para sua responsabilização / Fabricio Favero. – São Paulo : Almedina, 2018.

Bibliografia.
ISBN 978-85-8493-274-0

1. Auditores - Brasil 2. Auditores independentes - Brasil 3. Auditoria como profissão 4. Responsabilidade (Direito) I. Título.

18-13906   CDU-34:336.1:347.56(81)

Índices para catálogo sistemático:

1. Brasil : Auditores independentes : Responsabilidade civil : Direito civil 34:336.1:347.56(81)

Este livro segue as regras do novo Acordo Ortográfico da Língua Portuguesa (1990).

Todos os direitos reservados. Nenhuma parte deste livro, protegido por copyright, pode ser reproduzida, armazenada ou transmitida de alguma forma ou por algum meio, seja eletrônico ou mecânico, inclusive fotocópia, gravação ou qualquer sistema de armazenagem de informações, sem a permissão expressa e por escrito da editora.

Março, 2018

EDITORA: Almedina Brasil
Rua José Maria Lisboa, 860, Conj.131 e 132, Jardim Paulista | 01423-001 São Paulo | Brasil
editora@almedina.com.br
www.almedina.com.br

Heloisa, minha filha, razão do meu viver, cujo seu carinho enquanto redigia o trabalho foi a maior inspiração para a sua realização.
Walquiria, minha esposa, amor da minha vida e companheira eterna, que caminha ao meu lado e me apoiou completamente nesta jornada de aprendizado.
Guilherme, meu filho, que chegou em nossas vidas com toda a sua alegria e carinho.

AGRADECIMENTOS

Quando encerramos a elaboração de um trabalho acadêmico, a sensação de alívio, dever cumprido e prazer que toma a nossa mente é algo indescritível. Nosso corpo e mente é inundado por uma enorme carga de alegria pela superação de mais uma etapa da vida.

Também é neste momento que passamos a fazer uma reflexão de todos os momentos de dificuldades, dúvidas, incertezas e angústias que vivemos até o momento, especialmente durante a elaboração do trabalho, bem como das pessoas que contribuíram e estiveram ao nosso lado nesta tão importante etapa da vida e que não podemos deixar de agradecer e dar o nosso mais sincero: Obrigado.

Ao meu orientador, professor Ivo Waisberg, livre docente, respeitável jurista e um expoente na área do direito comercial, que despertou o meu interesse pelo tema da minha dissertação, bem como pelo estudo de economia, contabilidade e psicologia comportamental como instrumentos para a compreensão do direito empresarial, a quem tive a honra de receber as mais seguras orientações e estímulos nas incansáveis sessões de orientação e durante as suas aulas de direito bancário, primeiramente como ouvinte e após como orientando.

Aos professores Renan Lotufo, Rogério José Ferraz Donnini, Claudio De Cicco e Marcus Elidius Michelli de Almeida, exemplos de professores dedicados que, por meio das suas aulas criteriosamente preparadas, ampliaram os meus horizontes e mostraram o verdadeiro significado da docência.

Aos professores Paulo Marcos Rodrigues Brancher e Armando Luiz Rovai pelas sinceras contribuições realizadas para o aperfeiçoamento da minha dissertação durante o meu exame de qualificação, permitindo-me concluir o trabalho de forma serena e tranquila.

Ao professor Diogo Leonardo Machado de Melo, notável civilista, advogado, meu amigo e sócio, a quem admiro e com justiça posso dizer que foi o protagonista, por meio dos seus ensinamentos, orientações e críticas, desde a minha inscrição no mestrado até a conclusão dessa etapa da minha vida.

Ao meu pai Mario Favero, com o seu conhecimento e raciocínio lógico perfeito, apesar da distância e durante nossos poucos encontros, com amor e carinho, contribuiu decisivamente para a formação de uma opinião acerca do tema. Obrigado meu pai e saiba que te amo muito.

E, não poderia deixar de realizar um agradecimento especial para a minha mãe Telma Aparecida Barbosa Favero: Mãe, fechei um capítulo importante da vida com a conclusão desse trabalho. Você acompanhou todas as dificuldades, angústias, dúvidas, incertezas ocorridas desde a gradução e sempre, dentro das possibilidades, fez de tudo para o meu crescimento. Por isso, não poderia deixar de agradecer por tudo que fez e pelo apoio e amor incondicional nas horas mais difíceis. Te amo minha mãe!

Por último, agradeço aos ilustres membros da Banca Examinadora de minha dissertação de mestrado: Marcelo Benacchio (UNINOVE) e Paulo Marcos Rodrigues Brancher (PUC-SP) pelas valiosas observações e considerações sobre o texto e que muito auxiliou no seu aperfeiçoamento.

APRESENTAÇÃO

A Editora Almedina mais uma vez cumpre a nobre missão de propiciar ao público leitor o contato com uma obra jurídica de qualidade, originado de brilhante trabalho acadêmico.

O livro de Fabricio Favero, Responsabilidade civil dos auditores independentes: uma análise da sua função e critérios para sua responsabilização, consubstancia valioso estudo sobre tema de absoluta inclinação acadêmica, bem como prática.

É uma feliz combinação entre a pesquisa científica e o campo profissional, sendo, pois, uma indispensável fonte de consulta para os dois ramos. Tanto o interessado na investigação dogmática quanto aquele que opera no mercado empresarial encontrarão na presente obra precisas respostas às suas inquietações relacionadas à área dos auditores independentes.

O trabalho é fruto de uma autoria sensata. Embora jovem, Fabricio Favero é dotado de fina sensibilidade na apreciação do Direito, especialmente do Direito Comercial, que é sua especialidade. É um arguto estudioso, além de excelente advogado, cuja valiosa combinação gerou a obra apresentada.

A pertinência temática, assim como a sua atualidade são evidentes.

Não é de hoje que o universo negocial é dominado pela pessoa jurídica, de pequeno, médio ou grande porte, cada vez mais escasseando a pessoa natural que age profissionalmente em nome próprio.

Em um mercado em que há predomínio de empresas, aliado ao incremento das operações societárias e a necessidade de transparência nas suas atividades, demonstrações financeiras, registros contábeis e outros detalhes de relevo, garantindo confiabilidade aos seus sócios, acionistas, investidores, bem como a terceiros com quem contrata, a atuação do auditor independente é vital, abonando dados e informações que norteiam as decisões, visto que suas opiniões são isentas.

Nesse contexto, o livro bem situa o leitor, nos dois capítulos iniciais, acerca da atividade do auditor independente no exterior e no Brasil, dissertando sobre sua definição e regime jurídico.

Em seguida, apresenta a função precípua do auditor independente, como ator de proteção do mercado, imbuído de outorgar confiabilidade aos seus agentes. Em tal atribuição, ele tem deveres de diligência, no que se incluem os profissionais e os técnicos, que são dissecados pelo autor.

Por fim, a obra analisa a responsabilidade civil do auditor independente. Parte do direito estrangeiro, especialmente de precedentes oriundos dos Estados Unidos da América, para discorrer a respeito das situações jurídicas de imputação do dano.

Examina a responsabilidade do auditor independente no mercado financeiro, tendo em consideração os usuários, verificando também em consideração da entidade auditada e de terceiros beneficiários.

Isso evidencia a abrangência da pesquisa, abarcando diversos cenários em que a atuação do auditor independente irradia.

É um trabalho sério, que oferece assertivas pouco analisadas na doutrina pátria, colmatando uma importante lacuna, o que robustece mais ainda os seus predicados.

Tenho a honra de apresentar a obra de Fabricio Favero ao leitor, com a certeza que se cuida de um rico aporte doutrinário ao Direito Comercial, merecendo efusivos aplausos.

Giovanni Ettore Nanni
Mestre e Doutor em Direito Civil pela PUC/SP
Professor de Direito Civil nos Cursos de Graduação e de Pós-Graduação Stricto Sensu na PUC/SP
Vice-Presidente do Comitê Brasileiro de Arbitragem – CBAr.
Advogado em São Paulo.

PREFÁCIO

Para mim é uma alegria prefaciar o livro do Professor Fabricio, ora publicado pela editora Almedina. A obra é fruto dos estudos desenvolvidos pelo autor no programa de mestrado da PUC-SP, nos quais tive a oportunidade de ser o seu orientador.

O autor se mostrou sempre um pesquisador focado e preocupado. Durante seus estudos, entendeu perfeitamente a necessidade de deslocar-se do direito para compreender o papel do seu objeto de exame, as auditorias independentes também sob o prisma multidisciplinar, econômico e contábil.

A seriedade e capacidade jurídica do autor, atrelada a esta multidisplinariedade de análise produziu um livro único em nosso literatura jurídica brasileira sobre o tema. Uma obra cientificamente profunda e ao mesmo tempo prática sob a ótica de examinar a situação real do problema no âmbito sistêmico.

E este contribuição é muito importante, pois o assunto do livro é fundamental para o funcionamento do mercado e do sistema capitalista.

Com efeito, as auditorias independentes têm função primordial de asseverar aos agentes de mercado que as informações financeiras e contábeis sejam confiáveis. Este selo de confiabilidade tem efeitos para investidores, acionistas e autoridades.

Exercendo este papel de guardião do mercado, as auditorias devem fazer jus à presunção de confiabilidade. Ai surge a discussão de fundo no campo da responsabilidade: como atribuir a elas a responsabilização que por um lado não inviabilize sua existência e por outro não lhe seja dado azo para agir criando grandes riscos sem responder por eles?

Casos recente de instituições bancarias auditadas com balanços que mostraram-se completamente dissociados da realidade são exemplos retumbantes da sensibilidade do tema.

Mais do que responder à pergunta genérica jurídica da natureza subjetiva ou objetiva da responsabilização civil das auditorias, o autor buscou dar elementos para o exame de casos e um roteiro dos principais aspectos a serem avaliados para configurar ou não a responsabilidade. E o fez de forma técnica e profunda trazendo uma colaboração das mais valorosas para o direito empresarial. Não por outro motivo obteve a nota máxima lhe foi atribuída na banca de mestrado e justos elogios recebidos dos seus examinadores.

Ivo Waisberg

LISTA DE ABREVIATURAS

AICPA	American Institute of Certified Public
BACEN	Banco Central do Brasil
CFC	Conselho Federal de Contabilidade
CMVM	Comissão do Mercado de Valores Mobiliários de Portugal
Código Civil	Lei nº 10.406, de 10 de janeiro de 2002
CVM	Comissão de Valores Mobiliários
EUA	Estados Unidos da América
IN CVM	Instrução Normativa expedida pela Comissão de Valores Mobiliários
Lei das S/A	Lei nº 6.404, de 15 de dezembro de 1976
OROC	Ordem dos Revisores Oficiais de Contas
PCAOB	Public Companhy Accounting Oversight Board
Resolução BACEN	Resolução expedida pelo Banco Central do Brasil
SEC	Securities and Exchange Comission
SROC	Sociedade de Revisores Oficiais de Contas
STJ	Superior Tribunal de Justiça
TJ/SP	Tribunal de Justiça do Estado de São Paulo

SUMÁRIO

1. INTRODUÇÃO 19

2. CONTEXTO DA ATIVIDADE DE AUDITORIA INDEPENDENTE 25
   2.1. Primeiros registros da auditoria e a sua relação com a ciência contábil 25
   2.2. Atividade de auditoria independente nos estados unidos da américa (EUA): os escândalos contábeis e seus reflexos na atividade de auditoria. Da autoregulamentação para a regulamentação estatal 31
   2.3. Atividade de auditoria independente em portugal: a figura do revisor oficial de contas (ROC) obrigatório na estrutura da empresa e o revisor oficial de contas (ROCI) como auditor independente 38
   2.4. Atividade de auditoria independente no brasil: evolução legislativa . . 45

3. AUDITORIA INDEPENDENTE: DEFINIÇÃO, CONTRATAÇÃO, REGIME JURÍDICO E O USUÁRIO DA INFORMAÇÃO 49
   3.1. Definição de auditoria independente 49
   3.2. Seleção e contratação do auditor independente pelas companhias . . 53
   3.3. Regime jurídico da atividade de auditoria. Normas profissionais e técnicas com função interpretativa e supletiva das normas legais. 58
   3.4. A quem interessa a atividade de auditoria de demonstrações financeiras: o usuário da informação auditada 64

4. AUDITORIA INDEPENDENTE: OS GUARDIÕES DO MERCADO. PROTEÇÃO E CONFIABILIDADE AOS USUÁRIOS. A DELIMITAÇÃO DA SUA ATIVIDADE E SEU CONTEÚDO OBRIGACIONAL 75
   4.1. Os guardiões do mercado. A teoria dos Gatekeepers 77
   4.2. A função do auditor independente no mercado: proteção e confiabilidade 82
   4.3. A delimitação da atividade do auditor independente e o conteúdo da sua relação obrigacional com o mercado. 91

5. DEVERES DE DILIGÊNCIA DOS AUDITORES INDEPENDENTES. DEVERES ÉTICOS E PROFISSIONAIS DE ATUAÇÃO NO CUMPRIMENTO DA SUA FUNÇÃO DE GUARDIÃO DO MERCADO . . 101
   5.1. Deveres éticos relacionados à auditoria de demonstrações contábeis . . 107
      5.1.1. Integridade e comportamento profissional 107
      5.1.2. Objetividade e independência 110
      5.1.3. Competência e zelo profissional 137
      5.1.4. Sigilo profissional 140
   5.2. Deveres técnicos relacionados á auditoria de demonstrações contábeis 145
      5.2.1. Ceticismo profissional 146
      5.2.2. Julgamento profissional 148
      5.2.3. Evidência de auditoria apropriada e suficiente em relação ao risco de auditoria 150
      5.2.4. Condução da auditoria em conformidade com as Normas Brasileiras de Contabilidade (NBC) 156

6. RESPONSABILIDADE CIVIL: NOÇÕES GERAIS E SITUAÇÕES JURÍDICAS DE RESPONSABILIDADE DO AUDITOR INDEPENDENTE. 157
   6.1. Espécies de responsabilidade: a dicotomia entre contratual e extra-contratual 161
   6.2. Responsabilidade civil extracontratual ou Aquiliana 162
   6.3. Pressupostos da responsabilidade civil extracontratual 165
      6.3.1. Conduta 165
      6.3.2. Culpa 167
      6.3.3. Dano 171
      6.3.4. Nexo Causal 174
   6.4. Responsabilidade objetiva. Breves considerações. 182
   6.5. Responsabilidade civil contratual 185
      6.5.1. A boa-fé e a criação de deveres jurídicos 189

6.6. Hipóteses de incidência da responsabilidade civil
do auditor independente 200
    6.6.1. Da evolução da responsabilidade do auditor independente
nos EUA. Precedentes jurisprudenciais 201
    6.6.2. Pressupostos para imputação de responsabilidade
ao auditor independente 211
6.7. Situações jurídicas de imputação do dano ao auditor independente. . 224
    6.7.1. Situação Jurídica de responsabilidade do auditor independente
no mercado financeiro. Usuários previsto e previsível.
Alcance do artigo 25, parágrafo segundo, da Lei 6.385/76 224
    6.7.2. Situação Jurídica de responsabilidade do auditor
independente em face da entidade auditada e dos
terceiros beneficiários............................ 233
    6.7.3. Situação Jurídica de responsabilidade do auditor
independente em face do usuário identificado 241

7. CONSIDERAÇÕES FINAIS............................. 253

8. REFERÊNCIAS 261

1. INTRODUÇÃO

O objetivo deste trabalho é analisar a função dos auditores independentes, bem como a responsabilidade civil destes profissionais, em decorrência de falha na execução da sua atividade, uma vez que fornecem o seu capital reputacional para serviços de verificação, certificação e análise de informações contábeis.

Porém, o trabalho limita-se a analisar a função e responsabilidade civil do auditor, no que se refere à prestação de serviços de *auditoria independente de demonstrações contábeis,* seja em razão de uma *contratação obrigatória* imposta pela Lei 6.385/76, isto é, para as entidades integrantes do sistema financeiro, sujeitas às normas do Banco Central do Brasil (BACEN) e aquelas emissoras de valores mobiliários e sujeitas às normas da Comissão de Valores Mobiliários (CVM), seja em razão de uma *contratação voluntária* realizada por qualquer entidade para revisão das suas demonstrações financeiras ou para verificação dos seus controles internos, ou para uma operação específica de compra e venda de ações, captação de empréstimo junto às instituições financeiras, dentre uma gama de atividades.

Em razão disso, não abordaremos a responsabilidade civil dos auditores independentes quando da prestação dos serviços denominados de *non-audit services,* que são, (1) preparação de registros contábeis e demonstrações financeiras; (2) preparação e implementação de serviços tecnológicos de informação financeira; (3) serviços de avaliação; (4) participação em auditorias internas do cliente; (5) atuação, por conta do cliente, na resolução de litígios; e (6) recrutamento de pessoal para altos cargos de gestão, dentre outros.

Também não abordaremos a responsabilidade civil do auditor interno, integrante da estrutura interna de uma entidade, que tem como função precípua, auxiliar a organização a alcançar os seus objetivos, com a criação de um sistema de avaliação dos processos de gestão de risco, controle e governança. Não serão deslindadas também as responsabilidades do auditor público, que normalmente são servidores públicos lotados nas mais diversas repartições, que têm como competência examinar e certificar declarações fornecidas pelos particulares, como por exemplo, o Auditor Fiscal da Receita Federal.

No primeiro capítulo deste trabalho, contextualizaremos a atividade do auditor independente, trazendo os primeiros registros da atividade de auditoria na antiguidade, bem como o seu diálogo com as ciências contábeis, pois é desta que deriva a auditoria como um ramo de especialidade. Quando a contabilidade evolui a sua subárea, a auditoria também evolui.

Na sequência, trataremos da evolução da atividade de auditoria nos Estados Unidos da América e a evolução de um regime de autorregulação para um regime de regulação estatal, com a edição da Lei *Sarbanes-Oxley*, em resposta aos escândalos contábeis e financeiros ocorridos no final dos anos 1990, que levou ao desaparecimento de algumas instituições e ao descrédito em relação aos auditores independentes envolvidos.

Após isso, trataremos a figura do auditor independente, no contexto das diretivas da comunidade europeia, especialmente em Portugal. Justifica-se a escolha deste país, pois o Código de Valores Mobiliários de Portugal adota a responsabilidade extracontratual objetiva do auditor independente no mercado de valores mobiliários em face dos usuários da informação auditada.

Em seguida, trataremos da evolução legislativa da atividade de auditoria independente no Brasil, desde os primeiros registros da profissão, até a criação da Comissão de Valores Mobiliários em 1976, a quem compete regular a atividade de todo e qualquer agente econômico desse mercado, podendo inclusive, intervir nos contratos e condições de oferta pública mediante o estabelecimento de padrões de cláusulas e fixação de normas sobre o exercício das atividades de consultor e analista de valores mobiliários e auditor independente.

No segundo capítulo, nos ocuparemos, na primeira parte, em definir a atividade de auditor independente e concluiremos que esta se trata de uma atividade executada por profissionais, de modo imparcial e objetivo que, com base nas normas brasileiras e internacionais de auditoria, executam a coleta de evidências para comprovar as afirmações geralmente feitas pelos administradores da entidade auditada, avaliando essas informações e comunicando o resultado aos administradores da entidade auditada e aos usuários externos do relatório da auditoria, com vistas a aumentar o *grau de confiança* dos usuários sobre a informação divulgada.

Em seguida, investigaremos como é realizada a seleção e contratação da auditoria independente. Ou seja, com base nos regimes jurídicos brasileiro, português e americano, a quem compete escolher e contratar o auditor independente dentro da estrutura organizacional de uma entidade.

Após isso, investigaremos o regime jurídico no qual está inserida a atividade do auditor independente e o diálogo, entre as normas legais e as normas profissionais de auditoria, de modo que constataremos que as normas profissionais possuem função interpretativa e supletiva das normas legais. Fechando o capítulo, analisaremos quem é o usuário da informação auditada. Quem fará uso desse relatório na tomada de uma decisão de compra e venda de um determinado valor mobiliário ou ativo financeiro colocado, ou mantido, em negociação pela entidade auditada, ou avaliar a administração quanto à responsabilidade que lhe tenha sido conferida, qualidade de seu desempenho e prestação de contas. Ou, ainda, quem fará uso do relatório do auditor para outra finalidade, como por exemplo, a tomada de decisão de concessão de um empréstimo.

Verificaremos que na definição de uma matriz de responsabilidade dos auditores independentes junto ao mercado, não há espaço para uma classificação única de usuário da informação sem analisar as especificidades de cada um deles.

No capítulo quarto, analisaremos a função do auditor independente perante os agentes de mercado e o que o mercado espera desses profissionais, utilizando-se dos conceitos impressos na teoria dos *gatekeepers*, de forma a concluir que da sua função de guardião e protetor dos interesses dos investidores é que deriva uma confiabilidade dos usuários na atividade de auditoria independente.

Em seguida, buscaremos delimitar a atividade do auditor independente e o conteúdo da sua relação obrigacional com o mercado. Verificaremos que o auditor independente atua justamente no campo do risco de divulgação de informação financeira. O objetivo da sua atividade é mitigar esse risco por meio de um procedimento de auditoria, com base nas normas brasileiras e internacionais, consistente na coleta de evidências para comprovar as afirmações, geralmente feitas pelos administradores da entidade auditada e avaliar essas informações.

Veremos que sua obrigação não guarda relação com uma obrigação de garantia, de eliminação de um risco que pesa sobre a fidedignidade das demonstrações contábeis apresentadas pela entidade.

A atividade de auditoria demanda um padrão de diligência na sua execução, em total aderência às normas legais e profissionais sem, contudo, vinculá-la a um resultado certo e determinado, eis que o resultado almejado é reduzir o risco de assimetria das informações contábeis a um nível razoável, sendo possível concluir que o conteúdo obrigacional do auditor independente em face dos usuários das demonstrações contábeis auditadas é uma *obrigação de meio*.

No capítulo cinco, buscaremos o significado de cada um dos deveres éticos e profissionais impostos pelas normas e que constituem os deveres de diligência do auditor independente no exercício da sua função de guardião do mercado. Poderemos notar que o Conselho Federal de Contabilidade (CFC) nada mais fez que positivar padrões de conduta que são esperados de qualquer profissional de auditoria independente, mesmo antes da existência da Norma Brasileira de Contabilidade (NBC) TA 200, ou melhor, constituem padrões de conduta exigidos de qualquer profissional, mesmo em outras áreas, ou de qualquer pessoa, ao menos com relação aos deveres éticos, no seu comportamento social.

Em seguida, no capítulo seis, faremos uma breve exposição sobre responsabilidade civil, de modo a situar o leitor acerca da análise dos pressupostos e situações jurídicas de responsabilidade civil do auditor independente, em face dos usuários da informação auditada. Trataremos, em linhas gerais, da definição de responsabilidade civil, a dicotomia entre responsabilidade civil contratual e extracontratual, objetiva e subjetiva, bem como pressupostos (conduta culposa, dano e nexo de causalidade).

Na sequência, passaremos a investigar a aplicação dos conceitos gerais de responsabilidade civil trazidos anteriormente, em face da atividade do auditor independente.

INTRODUÇÃO

Veremos que a questão da responsabilidade civil dos auditores perante os usuários da informação não se mostra segura e isenta de dúvidas, sendo complexa a vinculação do dano suportado por alguém à conduta da auditoria independente (nexo causal), por conta das especificidades da atividade desenvolvida e a ausência de critérios específicos para a imputação do dano à auditoria independente.

Para isso, investigaremos os precedentes americanos mais importantes acerca da imputação de responsabilidade civil dos auditores independentes, considerando as especificidades de cada um dos usuários e o entendimento acerca da influência do relatório de auditoria nas decisões subjacentes de investimento ou crédito.

Verificaremos que os precedentes evoluíram de uma posição mais conservadora dos casos *Ultramares v. Touche* (1931), restrita apenas à responsabilidade contratual do auditor independente, para uma posição mais liberal do caso *Rosenblum, Inc. v. Adler (1983)*, que admite a responsabilização do auditor por qualquer usuário da informação, desde que percorra o ônus da prova, e depois regrediu para uma posição conservadora no caso *Bily c. Arthur Young & Co (1992)*.

Em seguida, verificaremos os pressupostos para imputação de responsabilidade do auditor independente, face à legislação brasileira. Concluiremos que a atividade de auditoria demanda um *padrão de diligência* na sua execução, em total aderência às normas legais e profissionais sem, contudo, vinculá-lo a um resultado certo e determinado e, justamente na inobservância desses deveres de diligência, é que pode ser evidenciada a culpa do auditor independente na divulgação de informação financeira com distorções em decorrência de fraude ou erro.

Além disso, investigaremos se a existência de concausas na produção do dano experimentado pelo auditor pode romper o nexo de causalidade ou importa em uma responsabilidade solidária do auditor com o terceiro que atuou simultaneamente para eclodir os danos causados aos investidores.

Por fim, investigaremos a responsabilidade dos auditores em determinadas situações jurídicas, considerando as especificidades de cada um dos usuários e o ambiente de atuação da auditoria independente.

No primeiro caso, analisaremos a responsabilidade do auditor independente em face dos usuários *previsto* e *previsível*, que atuam estritamente no mercado regulado, especialmente o alcance do artigo 25, parágrafo segundo, da Lei 6.385/76. Verificaremos que a norma prevista no parágrafo segundo, do artigo 26, da Lei nº 6.385/76, responsabiliza o auditor pelos prejuízos que causar a terceiros em virtude de culpa ou dolo no exercício das funções, quando realizarem auditoria em emissores de valores mobiliários e instituições autorizadas a funcionar pelo Banco Central do Brasil.

Em razão disso, é necessário delinear critérios para responsabilização do auditor independente fora do mercado regulado, isto é, quando há contratação voluntária de auditoria por alguma entidade, eis que os usuários da informação não estarão protegidos pela disposição específica da Lei 6.385/76.

Por isso, em seguida, investigaremos o regime de responsabilidade civil do auditor independente em face da entidade contratada e do terceiro beneficiário da auditoria e, por fim, em face dos usuários identificados, hipótese em que se verificará a responsabilização extracontratual do auditor por violação da cláusula geral de boa-fé.

São essas, enfim, as razões que justificam o tema. Ele será limitado, por sua vez, no enfrentamento dos problemas acima colocados, passando pelos principais pontos de discussão doutrinários e tocando os assuntos relacionados. Dito isso, o presente estudo tem por objetivo final desenhar a atuação dos auditores, a natureza de sua atividade, bem como critérios para sua responsabilização no que se refere aos danos causados aos usuários da informação auditada.

2. CONTEXTO DA ATIVIDADE DE AUDITORIA INDEPENDENTE

2.1. Primeiros registros da auditoria e a sua relação com a ciência contábil

Os primeiros registros da atividade de auditor remontam ao Império Persa, no qual Dario I[1], ao realizar a reforma político-administrativa, criou a função de *olhos e ouvidos do rei*, funcionários encarregados de vigiar a ação dos sátrapas (governadores das províncias persas), que tinham como atividade principal o cumprimento das ordens imperiais e fiscalizar a cobrança de impostos e o uso do tesouro real. No Império Romano[2], os imperadores nomeavam

---

[1] Disponível em: <http://www.dec.ufcg.edu.br/biografias/DarioI00.html> Acesso em 16 de novembro de 2013: Um dos mais poderosos monarcas da Antiguidade, soberano persa da dinastia aquemênida (522-486 a. C.), destacou-se como administrador, guerreiro e pelas campanhas fracassadas contra os gregos. Com a morte do rei Cambises II, filho de Ciro II, seu irmão Bardiya usurpou o trono. Segundo inscrições gravadas pelo próprio monarca na pedra de Behistun, ele conseguiu apoio de nobres persas para eliminar Bardiya alegando que este tinha sido assassinado e Gaumata, um mago, se fazia passar por ele. Assumiu o poder após derrotar a tentativa de usurpação do trono pela casta sacerdotal (521 a. C) e sufocou todos os focos de insurreição, já que em Susiana, Babilônia, Sagartia, Margiana e na própria Média os rebeldes ameaçavam estabelecer governos autônomos. Depois de restabelecer a ordem no império, empreendeu uma importante reforma administrativa. Implantou uma economia monetária que incentivou o comércio, tendo o *dárico* como unidade, e reestruturou o império, dividindo-o em vinte *satrapias*, unidades administrativas e jurídicas com governo autônomo, para facilitar a administração.

[2] Com a instituição da República em Roma, período que se prolonga de 510 a.C. até 27 a.C. a vida política é interferida por uma série de elementos: os cônsules, o senado e o Povo. Especialmente os cônsules, diante do grande desenvolvimento da população romana, exige-se que

funcionários de sua confiança para supervisionar as operações financeiras de seus administradores provinciais e lhes prestar contas verbalmente[3].

A etimologia da palavra Auditoria nos demonstra o significado dessa atividade de vigilância, timidamente executada nos Impérios Persa e Romano. Vem do latim *audire*, que significa *ouvir*. No entanto, o significado da palavra auditoria, que conhecemos nos dias atuais, decorre da palavra inglesa *audit*, que significa *examinar, ajustar, corrigir e certificar*.

Willian Attie[4] afirma que: "*A contabilidade foi a primeira disciplina desenvolvida para auxiliar e informar o administrador, sendo ela a formadora de uma especialização denominada auditoria, destinada a ser usada como ferramenta de confirmação da própria contabilidade.*".

Nesse sentido, a ciência contábil tem como objeto o estudo do patrimônio de uma determinada entidade, seus fenômenos e variações, tanto no aspecto quantitativo quanto no qualitativo, registrando os fatos e atos de natureza econômico-financeira que o afetam e estudando suas consequências na dinâmica financeira.

Por sua vez, da ciência contábil, deriva a auditoria como um ramo de especialidade que, em linhas gerais, já que detalharemos mais adiante no item 3.1., consiste no exame, ajuste, correção e certificação da própria contabilidade. Em outras palavras, a auditoria está intimamente ligada com a contabilidade. Quando a contabilidade evolui a sua subárea, a auditoria também evolui.

A atividade de auditoria encontrou campo para sua expansão e consolidação na Inglaterra no século XVII, que se desenvolvia rapidamente por força do controle exercido nas rotas marítimas de comércio e no surgimento de grandes companhias comerciais que operavam nessas rotas [5] [6].

---

as funções consulares seja repartidas em diversas pessoas e cargos. Em razão disso, é criado os cargos de *censores, questores, edis curius e pretores*. Especialmente em relação aos censores, estes exerciam funções, ainda que timidamente, muito parecidas com a de um auditor. Dentre as suas funções incluíam o recenseamento dos cidadãos, com base em sua riqueza, a elaboração do álbum senatorial, orientação da construção pública e fiscalização da conduta moral dos cidadãos, o que muito se aproxima da figura do auditor fiscal da atualidade. CRETELLA JUNIOR, JOSÉ. *Curso de direito romano*. 21. ed. Rio de Janeiro: Forense, 1998.

[3] Instituto dos Auditores Independentes do Brasil (IBRACON), *Auditoria – Registros de uma profissão*, 2006, p. 43.

[4] ATTIE, Wiliam. *Auditoria*: conceitos e aplicações. 6. ed. São Paulo: Atlas, 2011. p. 7.

[5] Instituto dos Auditores Independentes do Brasil (IBRACON), *Auditoria – Registros de uma profissão*, 2006, p. 44.

O crescimento das empresas e a expansão dos mercados, aliados à necessidade de investimentos fez surgir a figura de outros agentes econômicos, por exemplo, os investidores que aplicavam o seu capital e visavam apenas o lucro das atividades econômicas e, por consequência, a rentabilização dos seus investimentos, o que ocasionou o nascimento de um *centro de interesse* (dos investidores) diferente dos fundadores e controladores de uma empresa.

Nesse momento, ainda que timidamente, começa a surgir um embrião de um mercado de capitais, com a figura de controladores, investidores e credores, todos orbitando em uma companhia como interessados no desenvolvimento da sua atividade social e em seu lucro.

Frente a esse cenário, as demonstrações financeiras dessas companhias, bem como a sua divulgação, passaram a se tornar relevante para os personagens desse tímido mercado de capitais, fazendo surgir a necessidade de que fossem examinadas por um profissional independente e de reconhecida capacidade técnica, que confirmasse a sua qualidade e precisão. Esse profissional independente era o auditor.

Como afirma Jonh Cofee[7], essa separação entre propriedade e controle, reconhecida por Adolf Berle e Gardiner Means reconhecida apenas no início

---

[6] PEREIRA, Alexandre Demetrius. *Auditoria das Demonstrações Contábeis:* uma abordagem jurídica e contábil. São Paulo: Atlas, 2011. p. 19.: "Embora não se tenha como pacificado na doutrina o momento do surgimento da atividade auditorial, ou mesmo um nome responsável pelo seu início, há certo consenso entre os autores que a auditoria tem seus moldes, na forma como é conhecida hoje, no período de expansão ultramarina (séculos XV e XVI) e durante a Revolução Industrial na Inglaterra.".

[7] COFFE, John C. *Gatekeepers the professions and corporate governance.* 1. ed. USA: Oxford, 2006. p. 2.: "The signicance of this transition needs to be underscored. The most important economic transition in the corporate world during the 20th century was probably the separation of ownership and control. This is the idea made famous by Adolf Berle and Gardiner Means, who discovered in the early 1930s that corporate managements had become relatively autonomous. Yet, it seems unlikely that this separation could have occurred, or widely dispersed share ownership been achieved, unless and until dispersed shareholders had Wrst gained conWdence in professional agents upon whom they could rely to assure them as to the accuracy of the Wnancial statements prepared by corporate promoters and managers. In short, the Berle/Means corporation depended upon, and had to await, the development of auditing.". (Tradução livre: O significado desta transição precisa ser sublinhada. A transição econômica mais importante no mundo corporativo durante o século 20 foi provavelmente a separação entre propriedade e controle. Esta é a idéia que ficou famosa por Adolf Berle e Gardiner Means, que descobriu em 1930 que as diretorias das empresas tornou-se relativamente autônoma. No entanto, parece improvável que esta separação poderia ter ocorrido, ou participação acionária dispersa sido

da década de 1930, só poderia ter ocorrido com a existência de agentes externos a entidade, que assegurassem a precisão das demonstrações financeiras elaboradas pela diretoria da companhia, que são os auditores independentes.

O surgimento da atividade de auditoria, ao menos como conhecemos hoje, está relacionada a necessidade de confirmação por parte dos agentes de mercado da realidade econômico-financeira apresentada pela contabilidade de uma determinada companhia, de modo a fornecer uma segurança na tomada de decisão.

À medida que a contabilidade se torna elemento indispensável como informativo dinâmico e de apoio aos administradores, cabe à auditoria dizer se esse conjunto harmônico de informações geradas pela contabilidade reflete corretamente a situação patrimonial da entidade e se são confiáveis[8].

Na Inglaterra do fim do século XIX e início do século XX, o mercado de ações se desenvolvia e o controle das empresas era cada vez mais diluído entre vários investidores, nascendo a necessidade do estabelecimento de padrões mínimos a serem atendidos pelas empresas com ações negociadas em bolsa, na elaboração e divulgação das suas informações financeiras[9].

Esse modelo e, por consequência, a atividade de auditoria, foi exportado para outros países, inclusive para o Brasil, principalmente em decorrência da realização de grandes obras de infraestrutura no início do século XX[10].

---

alcançado, a menos e até que os acionistas dispersos tinha Oeste ganhou confiança em agentes profissionais em quem podiam confiar para assegurar-lhes quanto à exatidão das declarações Wnancial preparados por promotores e gestores corporativos. Em suma, a corporação Berle/Means dependia, e teve de aguardar, o desenvolvimento da auditoria.).

[8] ATTIE, Wiliam. *Auditoria:* conceitos e aplicações. 6. ed. São Paulo: Atlas, 2011. p. 8: A evolução da contabilidade, no sentido de se tornar um elemento informativo, dinâmico e de apoio aos administradores em geral, assumindo características modernas com o uso de equipamentos que permitem, inclusive, a contabilização das transações real time, acrescida do fato de servir de alerta à obediência e controle de transações e de seguimento às determinações fiscais e legais, impele numa dinâmica frenética ao aperfeiçoamento constante tanto da contabilidade, como responsável pela implantação destes itens, quando da auditoria, como responsável que esse conjunto harmônico reflita-se nas demonstrações contábeis e as tornem confiáveis

[9] Instituto dos Auditores Independentes do Brasil (IBRACON). *Auditoria – Registros de uma profissão*, 2006, p. 45.

[10] Instituto dos Auditores Independentes do Brasil (IBRACON). *Auditoria – Registros de uma profissão*, 2006, p. 46.

A auditoria é vista sempre como uma atividade restrita ao exame das demonstrações financeiras de uma determinada entidade por um profissional externo (auditor independente), que é o objeto do nosso estudo.

Contudo, seu espectro de atuação é bem mais amplo e seu processo de examinar, ajustar, corrigir e certificar pode ser aplicado em muitas outras situações, como na avaliação da eficiência de um determinado processo produtivo, na qualidade de um determinado produto, na obediência às determinações legais relativas à apuração e pagamento de tributos, dentre outras.

Além disso, nas mais diversas companhias, podemos encontrar a figura do auditor como um sujeito inserido dentro da estrutura orgânica, denominado auditor interno, que tem como função precípua auxiliar a organização a alcançar os seus objetos com a criação de um sistema de avaliação dos processos de gestão de risco, controle e governança.

Esses profissionais normalmente estão alocados dentro da estrutura hierárquica de uma entidade na condição de empregados[11] e gozam de autonomia, ainda que menor em relação ao auditor independente, e competência para analisar as operações, identificando oportunidades para otimização dos custos de produção e o aumento da eficiência produtiva, cabendo à administração da companhia a decisão de implantar ou não a solução dada pelo auditor interno.

Além disso, o auditor interno verifica se as normas internas da companhia estão sendo cumpridas pelas demais áreas. Verifica a necessidade de aprimorar as normas internas vigentes, bem como a necessidade da elaboração de novas normas.

Temos ainda a figura do auditor público, que normalmente são servidores públicos lotados nas mais diversas repartições, que têm como competência examinar e certificar declarações fornecidas pelos particulares, como por

---

[11] ALMEIDA, Marcelo Cavalcanti. *Auditoria:* um curso moderno e completo. 8 ed. São Paulo: Atlas, 2012. p. 5.: "O auditor interno é um empregado da empresa, e dentro de uma organização ele não deve estar subordinado àqueles cujo trabalho examina. Além disso, o auditor interno não deve desenvolver atividades que possam vir um dia a examinar (como, por exemplo, elaborar lançamentos contábeis), para que não interfira em sua independência. (...) Importa informar que, em alguns grupos de companhias, os auditores internos são subordinados diretamente à sociedade holding. Nesse caso, apenas a administração da empresa investidora pode admitir ou demitir auditores internos de sociedades controladas e coligadas."

exemplo, o Auditor Fiscal da Receita Federal, cuja competência[12], dentre outras, envolve examinar a contabilidade de sociedades empresariais, empresários, órgãos, entidades, fundos e demais contribuintes e proceder à orientação do sujeito passivo no tocante à interpretação da legislação tributária.

O auditor público pode atuar no exame dos atos praticados por outros órgãos para determinar (a) se um órgão público, ou pessoa jurídica de direito público está aplicando corretamente a verba pública disponibilizada, ou (b) se está cumprindo corretamente a lei e demais atos normativos, etc.

Na estrutura hierárquica da União Federal, por exemplo, podemos identificar com essa competência a Controladoria Geral da União, a quem cabe[13] a atividade de auditoria pública, correição, prevenção e combate à corrupção, dentre outras.

---

[12] Decreto Federal nº 6.641/2008: Art. 2º São atribuições dos ocupantes do cargo de Auditor-Fiscal da Receita Federal do Brasil: I - no exercício da competência da Secretaria da Receita Federal do Brasil e em caráter privativo: a) constituir, mediante lançamento, o crédito tributário e de contribuições; b) elaborar e proferir decisões ou delas participar em processo administrativo-fiscal, bem como em processos de consulta, restituição ou compensação de tributos e contribuições e de reconhecimento de benefícios fiscais; c) executar procedimentos de fiscalização, praticando os atos definidos na legislação específica, inclusive os relacionados com o controle aduaneiro, apreensão de mercadorias, livros, documentos, materiais, equipamentos e assemelhados; d) examinar a contabilidade de sociedades empresariais, empresários, órgãos, entidades, fundos e demais contribuintes, não se lhes aplicando as restrições previstas nos arts. 1.190 a 1,192 do Código Civil e observado o disposto no art. 1.193 do mesmo diploma legal; e) proceder à orientação do sujeito passivo no tocante à interpretação da legislação tributária; e f) supervisionar as demais atividades de orientação ao contribuinte.

[13] Decreto Federal nº 8.109/2013: Art. 1º A Controladoria-Geral da União, órgão central do Sistema de Controle Interno do Poder Executivo Federal e integrante da estrutura da Presidência da República, dirigida pelo Ministro de Estado Chefe da Controladoria-Geral da União, tem como competência assistir direta e imediatamente o Presidente da República no desempenho de suas atribuições quanto aos assuntos e providências, no âmbito do Poder Executivo Federal, relativos a: I - defesa do patrimônio público; II - controle interno; III - auditoria pública; IV - correição; V - prevenção e combate à corrupção; VI - atividades de ouvidoria; e VII - incremento da transparência da gestão. § 1º Compete à Controladoria-Geral da União exercer a supervisão técnica dos órgãos que compõem o Sistema de Controle Interno, o Sistema de Correição e das unidades de ouvidoria do Poder Executivo federal, e prestar orientação normativa na condição de órgão central. § 2º A Controladoria-Geral da União prestará orientação aos dirigentes públicos e administradores de bens e recursos públicos quanto a correição, controle interno, prevenção da corrupção e ouvidoria.

2.2. Atividade de auditoria independente nos estados unidos da américa (EUA): os escândalos contábeis e seus reflexos na atividade de auditoria. Da autoregulamentação para a regulamentação estatal

John Kenneth Galbraith[14], ao relatar as causas da crise de 1929 e as irresponsabilidades dos banqueiros e investidores, diz que uma das medidas tomadas como lição da crise foi a criação da *Securities and Exchange Comission* (SEC).

Em 1934, a norma[15] que criou a *Securities and Exchange Comission* (SEC) estabeleceu a obrigatoriedade da utilização de serviços de auditoria por todas as empresas que transacionavam ações na Bolsa de Valores, para dar maior credibilidade às suas demonstrações financeiras[16].

A atividade de auditoria era regulada pelos organismos de classe da profissão[17], que tinham como função expedir normas de conduta e de padrões de auditoria com a finalidade de regulamentar a natureza dos serviços prestados pelo auditor.

No entanto, no final dos anos 1990 crescia a preocupação dos agentes de mercado com o desvio de finalidade da atividade de auditoria, especialmente com o lucro excessivo das empresas de auditora com serviços de consultoria

---

[14] GALBRAITH, John Kenneth, *Uma breve história da euforia financeira*. São Paulo: Livraria Pioneira Editora, 1992. p. 10-12.

[15] Securities Exchange Act of 1934: Sec. 10A. Audit Requirements: (a) IN GENERAL.—Each audit required pursuant to this title of the financial statements of an issuer by a registered public accounting firm shall include, in accordance with generally accepted auditing standards, as may be modified or supplemented from time to time by the Commission. (Tradução livre: Sec. 10A. Requisitos de auditoria: (a) Norma Geral. Cada auditoria exigida nos termos do presente título das demonstrações financeiras de um emitente por uma empresa de auditoria deve incluir, de acordo com as normas de auditoria geralmente aceites, como podem ser modificados ou complementados de tempos em tempo pela Comissão.).

[16] ATTIE, Wiliam. *Auditoria:* conceitos e aplicações. 6. ed. São Paulo: Atlas, 2011. p. 8.

[17] GRAMLING, Audrey A., RITTENBERG, Larry E., JOHNSTONE, Karla M. *Auditing.* (tradução: Antonio Zorato Sanvicente). São Paulo: Cengage Learning, 2012. p. 25, afirmam o seguinte: O Instituto Americano de Contadores Externos – AICPA é a principal organização regente da profissão de contabilidade externa. Esse papel tem sido reduzido após a criação do PCAOB como órgão responsável pela fixação dos padrões para auditorias de companhias abertas. Entretanto, o AICPA continua a fixar padrões para as auditorias de companhias fechadas, bem como a prestar outros serviços importantes. Oferece programas de educação continuada e, por meio de seu Conselho de Examinadores, prepara e aplica o Exame Uniforme de CPA.

e o uso maciço pelas empresas auditadas da chamada contabilidade criativa. Ou seja, a auditoria poderia estar falhando nos seus deveres de examinar, ajustar, corrigir e certificar as demonstrações financeiras.

Nesse período, o então Presidente da *Securities and Exchange Comission* (SEC), Arhur Wyatt[18], fez questão de lembrar aos auditores e às empresas de auditoria, que eles são fiscais públicos do processo de elaboração dos relatórios financeiros e responsáveis por atribuir um selo de qualidade nas informações que os investidores recebem, de modo que a integridade dessa informação deve ser prioridade no processo de auditoria.

Porém, no final dos anos 1990 os Estados Unidos enfrentaram a quebra de gigantes símbolos do seu capitalismo, *Eron WorldCom, GlobalCrossing, Health South, Global Crossing*, e o desenrolar de uma série de escândalos contábeis e financeiros, levando ao desaparecimento dessas instituições e ao descrédito em relação aos auditores independentes envolvidos[19].

A culpa dos auditores independentes nesses episódios residiu em três fatos importantes. O primeiro fato foi a prestação de serviços de consultoria juntamente com serviços de auditoria, isto é, aconselhavam os administradores a distorcer conceitos básicos de contabilidade para atingir objetivos de lucro e, na sequência, certificavam – na condição de auditores – a fidelidade da informação gerada.

---

[18] LEVVIT, Arthur. *The numbers game*. Declarações feitas no NYU Center for law and Business reporting. 28 de setembro de 1998. Disponível em <www.sec.gov>. Acesso em 29 de setembro de 2014: "Seventh, I don't think it should surprise anyone here that recent headlines of accounting failures have led some people to question the thoroughness of audits. I need not remind auditors they are the public's watchdog in the financial reporting process. We rely on auditors to put something like the good housekeeping seal of approval on the information investors receive. The integrity of that information must take priority over a desire for cost efficiencies or competitive advantage in the audit process. High quality auditing requires well-trained, well-focused and well-supervised auditors.". (Tradução Livre: Em sétimo lugar, eu não acho que deveria surpreender ninguém aqui que manchetes recentes de falhas contábeis têm levado algumas pessoas a questionar o rigor das auditorias. Não preciso lembrar que os auditores são *watchdog* do público no relatório financeiro processo. Contamos com os auditores para colocar algo como a boa vedação arrumação de aprovação sobre a informação investidores recebem. A integridade das informações que devem ter prioridade sobre o desejo de eficiências de custo ou vantagem competitiva no processo de auditoria. Auditoria de alta qualidade requer que seja bem treinada, bem focalizada e auditores bem supervisionado.).

[19] HAENSEL, Taimi. *A figura dos gatekeepers:* aplicação às instituições intermediárias do mercado organizado de valores mobiliários brasileiro. São Paulo: Almedina, 2014. p. 24.

O segundo fato foi a substituição dos testes dos saldos contábeis, por levantamentos e análise de riscos por amostragem. E, o terceiro fato foi o abandono total dos procedimentos fundamentais de auditoria que poderiam auxiliar na detecção de fraude, o que levou a uma não identificação de problemas básicos pelos procedimentos de auditoria adotados nestas empresas.

Aliás, a crise ocorrida nas maiores corporações americanas e que detinham a poupança de muitos americanos investida em suas ações, não foi atribuída apenas às falhas dos auditores independentes. Falhas ocorreram também no desvio de finalidade dos próprios órgãos de administração e na empolgação de todos os agentes de mercado envolvidos na elaboração das informações prestadas ao mercado, inclusive na precificação e circulação dos ativos mobiliários dessas companhias.

Audrey et al[20] elencam de forma didática todas as causas que levaram essas corporações ao colapso, iniciando-se pelos acionistas, que concentraram sua atenção em preços das ações a curto prazo e deixaram de fazer uma análise de crescimento de longo prazo. Abdicaram, ainda, de exercer uma posição crítica sobre a companhia e seus administradores, desde que o preço da ação continuasse a subir.

O conselho de administração destas companhias exercia supervisão inadequada da administração e era frequentemente dominado pela diretoria. Criaram planos de remuneração dos executivos, que geravam incentivos impróprios para manipular o lucro. Para satisfazer os anseios dos diretores, quando o preço das ações descia, o conselho de administração modificava os preços das opções de ações, com a finalidade de não diminuir a remuneração dos executivos.

Os diretores das companhias criaram um ambiente de otimismo, cujo objetivo era a gestão voltada para a *criação* de lucros fictícios para atender às expectativas dos analistas, utilizando-se de conceitos contábeis distorcidos, que proporcionava a divulgação de informação financeira fraudulenta.

Os comitês de auditoria existiam, mas sem qualquer função prática nas companhias. Sequer eram responsáveis de fato pela contratação dos auditores, que ficava sob a responsabilidade dos executivos. Isto é, aquele que deveria ser

---

[20] GRAMLING, Audrey A., RITTENBERG, Larry E., JOHNSTONE, Karla M. *Auditing*. (tradução: Antonio Zorato Sanvicente). São Paulo: Cengage Learning, 2012. p. 37-39.

auditado era quem negociava honorários, contratava e dispensava a auditoria externa (independente).

E, as auditorias internas concentraram os seus esforços em auditorias operacionais e negligenciavam a auditoria financeira, se apoiando na atividade dos auditores externos (independentes). Além disso, relatavam todas as evidências identificadas na auditoria operacional aos administradores das companhias que, por sua vez, nada faziam para não alterar o lucro fictício que atendia aos anseios do mercado (investidores, analistas, etc.).

Como resposta a esses erros, o Congresso Americano, em 2002, reagiu promulgando a lei *Sarbanes-Oxley*, consistente na mais ampla legislação que afetou a atividade de auditoria externa (independente), desde a edição da *Securities Exchange Act* de 1934.

A lei *Sarbanes-Oxley* alterou profundamente a atividade de auditoria e transferiu o processo de fixação dos padrões de auditoria do setor privado (autorregulamentação) para o setor público (regulamentação estatal), com a criação da *Public Companhy Accounting Oversight Board* (PCAOB)[21][22], uma entidade sem fins lucrativos, composta de cinco membros com conhecimentos em finanças, com destaque nas suas áreas de atuação, integridade, reputação e comprometidos com os interesses dos investidores e do público, e com competência para fixar padrões relacionados a relatórios de auditoria e realizar inspeções em empresas de auditoria, devidamente registradas.

---

[21] Tradução Livre: Conselho de Supervisão Contábil de Companhias Abertas (PACAOB)
[22] Sarbanes-Oxley Act of 2002: SEC. 101. ESTABLISHMENT; ADMINISTRATIVE PROVISIONS. (a) ESTABLISHMENT OF BOARD.—There is established the Public Company Accounting Oversight Board, to oversee the audit of public companies that are subject to the securities laws, and related matters, in order to protect the interests of investors and further the public interest in the preparation of informative, accurate, and independent audit reports for companies the securities of which are sold to, and held by and for, public investors. The Board shall be a body corporate, operate as a nonprofit corporation, and have succession until dissolved by an Act of Congress. (Tradução Livre: SEC. 101. ESTABELECIMENTO; DISPOSIÇÕES ADMINISTRATIVAS. (a) o estabelecimento do Conselho. - Está estabelecido o *Public Company Accounting Oversight Board*, para supervisionar a auditoria das empresas públicas que estão sujeitos às leis de valores mobiliários e questões conexas, a fim de proteger os interesses dos investidores e promover o interesse público na preparação dos relatórios de auditoria informativos, precisos e independentes para as empresas cujos valores mobiliários são negociados no mercado. O Conselho será um órgão corporativo, sem fins lucrativos, e tem poderes até ser dissolvido por um ato do Congresso.).

Outra alteração relevante promovida pela lei *Sarbanes-Oxley* se refere aos dispositivos quanto à independência dos auditores, proibindo as empresas de auditoria de simultaneamente prestar outros serviços[23] não relacionados aos serviços de auditoria, por serem incompatíveis com os novos princípios exigidos para que a auditoria atinja a sua finalidade.

E não poderia ser diferente, pois uma das causas da perda de credibilidade dos auditores na crise que antecedeu a promulgação da lei foi o conflito de interesses entre serviços de consultoria prestados e serviços de auditoria.

Vejamos como exemplo um caso emblemático para a profissão do auditor independente: o escândalo da Enron, ocorrido no início dos anos 2000.

A Arthur Andersen era a empresa de auditoria fundada em 1913 por um professor universitário de Chicago, sendo considerada altamente respeitada ao longo da sua história. Desde a constituição da Enron em 1985, a Arthur Andersen era a empresa de auditoria contratada para revisão das suas demonstrações financeiras e, cumulativamente, prestava serviços de consultoria e auditoria interna. Ao final do ano 2000, a Enron era o segundo maior cliente da Arthur Andersen com remuneração semanal de US$ 1 milhão[24].

O envolvimento da Arhur Andersen com a Enron era tão íntimo que a empresa de auditoria chegou a manter 100 funcionários ocupando um andar na sede da entidade auditada. Tornou-se prática comum na Enron contratar antigos executivos da empresa de Auditoria com salários e bônus acima do mercado, criando uma relação de dependência e expectativa de "melhora de vida" entre aqueles que deveriam zelar pela informação da entidade auditada ao mercado.

---

[23] CORDEIRO F., Ari. *Responsabilidade Quanto a Informações e Fraudes no Mercado de Valores:* o Novo Regime Jurídico da Lei Americana – *(Sarbanes-Oxley Act, de julho de 2002)*. Carta Mensal, Confederação Nacional do Comércio. Rio de Janeiro, V. 48, nº 574, janeiro, 2003. p. 22: Tal proibição inclui: a) a contabilização ou outros serviços relacionados aos registros contábeis ou demonstrações financeiras; b) concepção e implementação de sistemas de informação; c) serviços de avaliação e laudos; d) serviços atuariais; e) serviços de auditoria interna; f) funções gerenciais ou de recursos humanos; g) serviços de conselheiro de investimento, banqueiro de investimento, de corretagem ou distribuição; h) serviços jurídicos; i) serviços de perícia, não relacionados à auditoria, e j) outros serviços a critério de regulamentação do PCAOB.
[24] SILVEIRA, Alexandre Di Miceli da. *Governança corporativa no Brasil e no mundo:* teoria e prática. 1. ed. Rio de Janeiro: Elsevier, 2010. v. 1. p 354-355.

De acordo com críticos, toda essa relação de dependência criada entre as duas empresas ocasionou a postergação de ressalvas nas demonstrações financeiras da Enron e questionamentos mais inflexíveis dos auditores.

Com o escândalo contábil da Enron, a Arhur Andersen foi acusada de destruição de documentos e foi criminalmente condenada por esse fato, o que ocasionou a perda do seu ativo mais precioso: a credibilidade.

A falência da Arthur Andersen foi decretada em 2001 após 90 anos de atuação[25].

Na esteira da manutenção da independência dos auditores em relação à entidade auditada, a seção 203[26] da Lei *Sarbanes-Oxley* determinou, ainda, o revezamento do sócio da empresa de auditoria responsável pelo cliente, a cada cinco anos, bem como na sua seção n° 207[27], previu a realização de um estudo pelo Departamento de Prestação de Contas dos Estados Unidos (*General Accounting Office* – GAO), órgão ligado ao Congresso Americano, com responsabilidade de desenvolver os padrões de auditora nas verificações de contas dos órgãos do governo, sobre os impactos de um revezamento obrigatório das empresas de auditoria e não apenas do sócio responsável.

---

[25] SILVEIRA, Alexandre Di Miceli da. *Governança corporativa no Brasil e no mundo:* teoria e prática. 1. ed. Rio de Janeiro: Elsevier, 2010. v. 1. p 354-355.

[26] Sarbanes-Oxley Act of 2002: "SEC. 203. AUDIT PARTNER ROTATION. (j) AUDIT PARTNER ROTATION.—It shall be unlawful for a registered public accounting firm to provide audit services to an issuer if the lead (or coordinating) audit partner (having primary responsibility for the audit), or the audit partner responsible for reviewing the audit, has performed audit services for that issuer in each of the 5 previous fiscal years of that issuer.". (Tradução Livre: SEC. 203. AUDITORIA RESPONSÁVEL ROTAÇÃO. (j) Rotação do responsável pela Auditoria-Será ilegal uma empresa de auditoria prestar serviços de auditoria para um emitente se o coordenador de auditoria (o principal responsável pela auditoria), ou o sócio da auditoria responsável pela revisão a auditoria, executou serviços de auditoria para o emitente em qualquer um dos 5 exercícios anteriores desse emitente.).

[27] Sarbanes-Oxley Act of 2002: "SEC. 207. STUDY OF MANDATORY ROTATION OF REGISTERED PUBLIC ACCOUNTING FIRMS. (a) STUDY AND REVIEW REQUIRED.—The Comptroller General of the United States shall conduct a study and review of the potential effects of requiring the mandatory rotation of registered public accounting firms.". (Tradução Livre: SEC. 207. ESTUDO DE ROTAÇÃO OBRIGATÓRIA DE REGISTRO DE EMPRESAS DE CONTABILIDADE PÚBLICA. (a) REALIZAÇÃO DE ESTUDO E ANÁLISE-A Controladoria-Geral dos Estados Unidos devem realizar um estudo e avaliação dos efeitos potenciais de exigir a rotação obrigatória das firmas de auditoria registradas.).

Contudo, o relatório GAO-03-864, de julho de 2003, concluiu que dada a concentração de mercado em apenas quatro grandes empresas de auditoria (KPMG, Ernst&Young, PriceWaterhouse e Deloitte), o rodízio não produziria os efeitos desejados, de modo que concluiu pela não recomendação da aplicação do rodízio de empresas de auditoria, ficando apenas a obrigatoriedade de rodízio do sócio responsável pelo cliente a cada cinco anos.

A Lei *Sarbanes-Oxley* criou, ainda, um período de quarentena para os auditores, ao estabelecer na sua seção 206[28] que as empresas de auditoria estão proibidas de prestar serviços de auditora para entidades em que o administrador era empregado da auditoria nos doze meses anteriores à possível contratação para prestação dos serviços.

Com se observa, a partir da Lei *Sarbanes-Oxley* houve um deslocamento da competência regulatória dos órgãos de classe para o Estado, este intervindo na ordem econômica como um contrapeso à regulação privada. A partir de então, as companhias abertas americanas estão sujeitas à regulamentação da *Securities and Exchange Comission* (SEC) e devem se auditadas em conformidade com os padrões estabelecidos pelo *Public Companhy Accounting Oversight Board* (PCAOB), restringindo o papel do órgão regulador privado da atividade de auditoria, até então exercido pelo *American Institute of Certified Public* (AICPA)[29], fundado em 1883, com a fixação de padrões para as auditorias de companhias fechadas, programas de educação continuada e, por meio de seu Conselho de Examinadores, preparação e aplicação do Exame Uniforme para certificação dos profissionais de auditoria.

---

[28] Sarbanes-Oxley Act of 2002: "SEC. 206. CONFLICTS OF INTEREST. "(l) CONFLICTS OF INTEREST.—It shall be unlawful for a registered public accounting firm to perform for an issuer any audit service required by this title, if a chief executive officer, controller, chief financial officer, chief accounting officer, or any person serving in an equivalent position for the issuer, was employed by that registered independent public accounting firm and participated in any capacity in the audit of that issuer during the 1-year period preceding the date of the initiation of the audit.". (Tradução Livre: SEC. 206. CONFLITOS DE INTERESSE. " (l) CONFLITOS DE INTERESSE-Será ilegal para uma empresa de auditoria oferecer para um emitente qualquer serviço de auditoria exigida por este título, se um diretor-presidente, controlador, diretor financeiro, diretor de contabilidade, ou qualquer pessoa que serve em uma posição equivalente para o emissor, erai contratado pela firma de auditoria independente, e participou em algum processo de auditoria desse emitente no ano anterior à data de início da auditoria.".

[29] Tradução Livre: Instituto Americano de Contadores Externos (AICPA).

2.3. Atividade de auditoria independente em portugal: a figura do revisor oficial de contas (ROC) obrigatório na estrutura da empresa e o revisor oficial de contas (ROC1) como auditor independente

Inicialmente, vimos esclarecer que a opção pela análise da figura do auditor independente em Portugal, no contexto das diretivas da comunidade européia, é justificada pelo estabelecimento da responsabilidade objetiva desse profissional no mercado de valores mobiliários em face dos usuários da informação. Como veremos no item 6.7.1. o Código de Valores Mobiliários de Portugal adota a responsabilidade extracontratual objetiva do auditor independente.

Em Portugal, a atividade de auditoria independente é exercida pelo Revisor Oficial de Contas (ROC), cuja atividade é regulada por um órgão de classe denominado Ordem dos Revisores Oficiais de Contas (OROC), criado pelo Decreto-Lei nº 487/99[30].

Além da Ordem dos Revisores Oficiais de Contas (CROC), o sistema português contempla um outro órgão, de natureza estatal, de supervisão da atividade de auditoria, denominado Conselho Nacional de Supervisão de Auditoria[31], criado com o propósito de reforçar a confiança e a credibilidade na atividade de revisão de contas exercida em Portugal, com competência para assegurar a aprovação e o registo de revisores oficiais de contas, a adoção de normas em matéria de deontologia profissional, de controle interno de qualidade e de procedimentos de revisão de contas, bem como a formação

---

[30] Decreto-Lei nº 487/99: "Artigo 1º - A Ordem dos Revisores Oficiais de Contas, adiante designada por Ordem, é uma pessoa colectiva pública, dotada de autonomia administrativa, financeira e patrimonial, a quem compete representar e agrupar os seus membros, inscritos nos termos deste diploma, bem como superintender em todos os aspectos relacionados com a profissão de revisor oficial de contas.".

[31] A exposição de motivos do Decreto nº 225/2008, que criou o referido conselho, consignou que "O presente decreto-lei cria o Conselho Nacional de Supervisão de Auditoria (doravante designado CNSA), ao qual é atribuída a responsabilidade pela organização de um sistema de supervisão pública dos revisores oficiais de contas e das sociedades de revisores oficiais de contas. A criação desta estrutura, que se pretende seja responsável final pela supervisão do exercício da actividade de auditoria e, simultaneamente, assegure uma cooperação e coordenação eficazes entre Estados membros, decorre da adopção a nível comunitário de um novo modelo de supervisão neste domínio marcado por características de independência. Neste sentido exige a directiva que o sistema de supervisão pública seja gerido, na sua maioria, por pessoas que não exerçam a profissão de revisor oficial de contas e que tenham conhecimentos nas matérias relevantes para a revisão legal das contas".

contínua e o adequado funcionamento dos sistemas de controle de qualidade, inspeção e disciplina.

A Ordem dos Revisores Oficiais de Contas (CROC)[32] é uma pessoa jurídica de direito público, dotada de autonomia administrativa, financeira e patrimonial, a quem compete representar e agrupar os seus membros, inscritos nos termos deste diploma.

Compete, ainda, à Ordem dos Revisores Oficiais de Contas (CROC) exercer a fiscalização da atividade e punição disciplinar dos seus membros, bem como editar normas técnicas de atuação do Revisor Oficial de Contas (ROC), tendo em consideração os padrões internacionalmente exigidos[33].

---

[32] CORDEIRO, Antônio Menezes. *Manual de Direito das Sociedades*. 2. ed. Lisboa: Almedina, 2007. p. 816: "O novo diploma, desde logo, e à cabeça, veio instituir, em Ordem a organização dos ROC. Fica implicada, por raízes culturais, e jurídico-científicas toda uma filosofia importante de independência, de deontologia especializada e de especial exigência no acesso e no exercício da profissão.".

[33] Decreto-Lei nº 487/99: "Artigo 5º - Constituem atribuições da Ordem: a) Exercer jurisdição sobre tudo o que respeite à atividade de revisão/auditoria às contas e serviços relacionados, de empresas ou de outras entidades, de acordo com as normas de auditoria em vigor; b) Zelar pela função social, dignidade e prestígio da profissão, promover o respeito pelos respectivos princípios éticos e deontológicos e defender os interesses, direitos e prerrogativas dos seus membros; c) Promover e contribuir para o aperfeiçoamento e a formação profissional dos seus membros; d) Exercer jurisdição disciplinar sobre todos os seus membros; e) Promover e apoiar a criação de esquemas complementares de segurança social em benefício dos revisores oficiais de contas e acompanhar o seu funcionamento; f) Propor às entidades legalmente competentes medidas relativas à defesa da profissão e da função dos revisores oficiais de contas e dos seus interesses profissionais e morais; g) Criar, filiar-se, associar-se ou participar no capital de entidades, nacionais ou estrangeiras, e com elas colaborar, com vista à realização e fomento de estudos, investigação, ações de formação e outros trabalhos que promovam o aperfeiçoamento e a divulgação dos princípios, conceitos e normas contabilísticas e de revisão/auditoria às contas; h) Propor ao Governo, em articulação com as entidades normalizadoras, a regulamentação de aspectos contabilísticos susceptíveis de permitirem uma mais eficiente revisão/auditoria às contas; i) Assegurar a inscrição dos revisores oficiais de contas e das sociedades de revisores oficiais em registo público e promover as condições que permitam a respectiva divulgação pública; j) Exercer jurisdição sobre tudo o que respeite aos exames, aos estágios e à inscrição; l) Colaborar com o Governo no aperfeiçoamento da revisão/auditoria às contas de empresas e outras entidades do sector público empresarial e administrativo; m) Estabelecer princípios e normas de ética e deontologia profissional; n) Definir normas e esquemas técnicos de actuação profissional, tendo em consideração os padrões internacionalmente exigidos; o) Disciplinar a actividade de consultoria exercida pelos seus membros nas matérias que integram o programa de exame de admissão à Ordem; p) Promover a publicação de uma revista com objectivos de informação científica, técnica e cultural; q) Certificar, sempre que

O artigo 40 do Decreto-Lei nº 487/99 estabelece que constituem competências exclusivas do Revisor Oficial de Contas (ROC) a revisão legal de empresas ou de outras entidades, a qual consiste no exame das contas em ordem à sua certificação legal, bem como o exercício de quaisquer outras funções de interesse público que a lei lhes atribua.

O mesmo decreto contempla a atividade de auditoria como uma das competências exclusivas do Revisor Oficial de Contas (ROC), de modo que a atividade do auditor é realizada exclusivamente por um revisor, devidamente inscrito na Ordem dos Revisores Oficiais de Contas (CROC).

Semelhante à nossa Ordem dos Advogados do Brasil (OAB), o Revisor Oficial de Contas (ROC) se submete a exame de admissão à Ordem dos Revisores Oficiais de Contas (CROC) e, dentre outras exigências[34], deve possuir licenciatura na área de auditoria, ou de contabilidade, ou do direito, ou da economia ou da gestão.

Semelhante ao Brasil, o Revisor Oficial de Contas (ROC) desempenha as suas funções individualmente ou organizado em sociedades de revisores (SROC), devidamente inscritas também no órgão de classe.

O Decreto-Lei nº 487/99 exige como condição para o desempenho da função de Revisor Oficial de Contas (ROC) a contratação de um seguro de responsabilidade civil com o limite mínimo de €500.000,00 (quinhentos mil Euros) por ato e, no caso de sociedades de revisores (SROC) o limite mínimo do seguro deverá ser de €500.000,00 (quinhentos mil

---

lhe seja pedido, que os revisores oficiais de contas se encontram em pleno exercício da sua capacidade profissional nos termos deste diploma; r) Exercer as demais funções que lhe são atribuídas pelo presente diploma e por outras disposições legais."

[34] Decreto-Lei nº 487/99: "Artigo 128 - São requisitos gerais de inscrição como revisor oficial de contas: a) Ter nacionalidade portuguesa, sem prejuízo do disposto no artigo seguinte; b) Ter idoneidade moral para o exercício do cargo; c) Estar no pleno gozo dos direitos civis e políticos; d) Não ter sido condenado por qualquer crime doloso nem declarado incapaz de administrar a sua pessoa e bens por sentença transitada em julgado, salvo se obtida reabilitação judicial; e) Possuir licenciatura na área da auditoria, da contabilidade, do direito, da economia ou da gestão, ou noutras áreas que venham a ser aprovadas por portaria do ministro da tutela do ensino superior ouvida a Ordem, ou grau académico numa dessas áreas que, nos termos da lei, seja equivalente a licenciatura ou reconhecido como licenciatura; f) Realizar com aproveitamento o exame de admissão à Ordem; g) Realizar com aproveitamento o estágio a que se refere a secção III do presente capítulo.".

Euros), multiplicado pelo número de sócios revisores e de contratados como prestador de serviços[35].

Menezes Cordeiro[36] afirma que a figura do Revisor Oficial de Contas (ROC) remonta ao final do século XIX, diante da necessidade de se realizar uma fiscalização adequada nas sociedades anônimas, sendo que em 1911, um Decreto do Governo Provisório da República veio instituir a fiscalização de todas as sociedades anônimas por uma repartição pública técnica e dotada de organização e regulamento próprio.

Desde então, o Revisor Oficial de Contas (ROC) integra os órgãos diretivos de uma sociedade anônima, individualmente, ou integrando o Conselho Fiscal, a depender da estrutura de administração adotada pela companhia.

O Código de Sociedades Comerciais de Portugal[37], conforme Menezes Cordeiro[38] prevê três tipos de estrutura de administração das sociedades anônimas. A primeira estrutura, do tipo *monista latino*, composta de um conselho de administração (poderes de gestão e representação) e um conselho fiscal, a segunda estrutura denominada como *monista anglo-saxônico*, composta de conselho de administração (poderes de gestão e representação) e com um comitê de auditoria dentro da sua estrutura, e o terceiro modelo denominado de *dualista*, com um de conselho de administração executivo (poderes de gestão e representação) e um conselho de administração e de supervisão.

---

[35] Decreto-Lei nº 487/99: "Artigo 73. 1 — No exercício da sua actividade profissional, a responsabilidade civil dos revisores oficiais de contas, mesmo quando sob o contrato de prestação de serviços nos termos da alínea c) do n.º 1 do artigo 50.º, deve ser garantida por seguro pessoal de responsabilidade civil profissional, com o limite mínimo de € 500 000 por cada facto ilícito, feito a favor de terceiros lesados. 2 — A responsabilidade civil das sociedades de revisores deve ser garantida por seguro, com limite mínimo de € 500 000 vezes o número de sócios revisores e de revisores oficiais de contas que estejam nas condições do disposto na alínea c) do n.º 1 do artigo 49.º por cada facto ilícito, feito a favor de terceiros lesados.
[36] CORDEIRO, Antônio Menezes. *Manual de Direito das Sociedades*. 2. ed. Lisboa: Almedina, 2007. p. 811: A figura do revisor oficial de contas remonta aos finais do século XIX e à necessidade, então sentida, de prever uma fiscalização adequada das sociedades anônimas". Um Decreto de 13 de abril de 1911, do Governo Provisório da República, veio dispor: Artigo 1º. É instituída a fiscalização de todas as sociedades anonymas a cargo de uma repartição técnica, cuja organização e atribuições constam do regulamento annexo.
[37] Decreto-Lei nº 262/86 (Código de Sociedades Comerciais).
[38] CORDEIRO, Antônio Menezes. *Manual de Direito das Sociedades*. 2. ed. Lisboa: Almedina, 2007. p. 779-781.

De acordo com o artigo 446/1[39] do referido Código, nas sociedades anônimas que adotam a estrutura do tipo *dualista* e *monista anglo-saxônico*, é obrigatória a designação de um Revisor Oficial de Contas (ROC), que fará parte integrante da organização, isto é, exercerá uma atividade compatível com a de um auditor interno que conhecemos no Brasil.

Nas sociedades que adotam o modelo de estrutura do tipo *monista latino*, a designação do Revisor Oficial de Contas (ROC), como parte integrante da organização, só é obrigatória no caso de adoção de modelo de fiscal único em substituição ao conselho fiscal obrigatório e, no caso de emitente de valores mobiliários admitidos à negociação e desde que se encaixem nos critérios definidos no artigo 413/1[40] do mesmo código.

---

[39] Decreto-Lei nº 262/86 (Código de Sociedades Comerciais): Artigo 446 - 1 - Nas sociedades com as estruturas referidas nas alíneas b) e c) do n.º 1 do artigo 278.º ou com a estrutura referida na alínea b) do n.º 1 do artigo 413.º, sob proposta da comissão de auditoria, do conselho geral e de supervisão, da comissão para as matérias financeiras ou do conselho fiscal, a assembleia geral deve designar um revisor oficial de contas ou uma sociedade de revisores oficiais de contas para proceder ao exame das contas da sociedade. 2 - A designação é feita por tempo não superior a quatro anos. 3 - O revisor oficial de contas exerce as funções previstas nas alíneas c), d), e) e f) do n.º 1 do artigo 420.º

[40] Decreto-Lei nº 262/86 (Código de Sociedades Comerciais): Artigo 413 - 1 - A fiscalização das sociedades que adotem a modalidade prevista na alínea a) do n.º 1 do artigo 278.º compete: a) A um fiscal único, que deve ser revisor oficial de contas ou sociedade de revisores oficiais de contas, ou a um conselho fiscal; ou b) A um conselho fiscal e a um revisor oficial de contas ou uma sociedade de revisores oficiais de contas que não seja membro daquele órgão. 2 - A fiscalização da sociedade nos termos previstos na alínea b) do número anterior: a) É obrigatória em relação a sociedades que sejam emitentes de valores mobiliários admitidos à negociação em mercado regulamentado e a sociedades que, não sendo totalmente dominadas por outra sociedade que adote este modelo, durante dois anos consecutivos, ultrapassem dois dos seguintes limites: i) Total do balanço - (euro) 100000000; ii) Total das vendas líquidas e outros proveitos - (euro) 150000000; iii) Número de trabalhadores empregados em média durante o exercício - 150; b) É facultativa, nos restantes casos. 3 - O fiscal único terá sempre um suplente, que será igualmente revisor oficial de contas ou sociedade de revisores oficiais de contas. 4 - O conselho fiscal é composto pelo número de membros fixado nos estatutos, no mínimo de três membros efetivos. 5 - Sendo três os membros efetivos do conselho fiscal, deve existir um ou dois suplentes, havendo sempre dois suplentes quando o número de membros for superior. 6 - O fiscal único rege-se pelas disposições legais respeitantes ao revisor oficial de contas e subsidiariamente, na parte aplicável, pelo disposto quanto ao conselho fiscal e aos seus membros.

Além do Código de Sociedades Comerciais de Portugal[41], as sociedades anônimas com capital aberto devem observar a legislação especial sobre Valores Mobiliários. A legislação portuguesa possui um Código de Valores Mobiliários que regula as especificidades da matéria, de modo que essas sociedades de capital aberto devem observar a legislação geral sobre sociedades (Código de Sociedades Comerciais de Portugal) e o Código do Mercado dos Valores Mobiliários, instituído por meio do Decreto Lei nº 486/99.

Com relação à atividade de auditoria independente, o artigo 8º/1 do Código do Mercado dos Valores Mobiliários[42] estabelece que as demonstrações financeiras de uma entidade que possui valores mobiliários admitidos à negociação devem ser objeto de auditoria elaborada por auditor independente registrado na Comissão do Mercado de Valores Mobiliários (CMVM).

Por sua vez, o artigo 9º/1 do mesmo Código determina que só podem ser registrados como auditores na Comissão do Mercado de Valores Mobiliários (CMVM), os revisores oficiais de contas, as sociedades de revisores oficiais de contas e outras pessoas singulares ou coletivas habilitadas a exercer atividade de auditoria em Portugal.

Outras pessoas singulares ou coletivas habilitadas a exercer atividade de auditoria em Portugal correspondem àqueles auditores ou sociedades prestadoras de serviços com sedes em outros países, que, nos termos do Estatuto do Conselho Nacional de Supervisão de Auditoria, aprovado pelo Decreto-Lei n.º 225/2008, e do Estatuto da Ordem dos Revisores Oficiais de Contas (OROC), criado pelo Decreto-Lei nº 487/99, podem requerer o seu registro junto à Comissão do Mercado de Valores Mobiliários (CMVM).

Atualmente só há uma sociedade prestadora de serviços de auditoria com sede em outro país cadastrada junto a Comissão do Mercado de Valores Mobiliários (CMVM). Trata-se da KPMG Auditores Independentes, com sede no Brasil (SP), de modo que todos os demais es habilitados junto a comissão para o exercício da atividade de auditoria externa (independente) são revisores oficiais de contas ou as sociedades de revisores oficiais de contas devidamente registradas no Ordem dos Revisores Oficiais de Contas (OROC) com sede em Portugal.

---

[41] Decreto-Lei nº 262/86 (Código de Sociedades Comerciais).
[42] Decreto Lei nº 486/99.

Em razão disso, temos no sistema português o Revisor Oficial de Contas (ROC) integrante da estrutura administrativa, como órgão, das sociedades anônimas por exigência do Código de Sociedades Comerciais de Portugal; e o Revisor Oficial de Contas (ROC) com função de auditoria externa (independente) devidamente registrado também na Comissão do Mercado de Valores Mobiliários (CMVM).

Essas duas funções não são cumulativas na mesma pessoa. O artigo 78[43] do Decreto-Lei nº 487/99 diz que é incompatível exercício de função de revisão ou auditoria numa entidade em que o Revisor Oficial de Contas (ROC) prestar serviços remunerados que ponham em causa a sua independência profissional.

Logo, se o Revisor Oficial de Contas (ROC) que integra a estrutura administrativa de uma determinada sociedade anônima e aufere uma remuneração por essa atividade, certamente terá a sua independência profissional afetada, de modo que não pode acumular as duas atividades.

Por outro lado, a Lei permite que da mesma Sociedade de Revisores (SROC), um profissional possa exercer a atividade de Revisor Oficial de Contas (ROC), como órgão interno da sociedade anônima, e outro sócio pode liderar uma equipe de auditoria independente na mesma companhia.

---

[43] Decreto-Lei nº 487/99: "Artigo 78 - 1 — Não pode exercer funções de revisão ou auditoria às contas numa empresa ou outra entidade o revisor oficial de contas que: a) Tiver, ou cujo cônjuge ou parentes em linha recta tiverem, participação no capital social da mesma; b) Tiver o cônjuge ou qualquer parente ou afim na linha recta ou até ao 3.º grau na linha colateral nela exercendo funções de membro de órgãos de administração, gestão, direcção ou gerência; c) Nela prestar serviços remunerados que ponham em causa a sua independência profissional; d) Exercer numa concorrente funções que não sejam as previstas no capítulo III do título I , salvo concordância das empresas ou outras entidades em causa; e) Nela tenha exercido nos últimos três anos funções de membro dos seus órgãos de administração, gestão, direcção ou gerência. 2 — As circunstâncias referidas no número anterior, quando se verifiquem relativamente a sócios de sociedade de revisores, constituem apenas incompatibilidade quanto a esses sócios. 3 — A designação como suplentes de sócios de sociedade de revisores no âmbito das funções de revisão legal das contas não constitui incompatibilidade da mesma sociedade.".

2.4. Atividade de auditoria independente no brasil: evolução legislativa

A atividade de auditoria foi introduzida no Brasil por força dos investimentos internacionais, especialmente na construção de estrada de ferro, portos e navegação, desenvolvendo-se juntamente com a economia do país ao longo do século.

Álvaro Ricardino e Nelson Carvalho[44] afirmam que o primeiro parecer de auditoria registrado em território brasileiro foi expedido pela firma canadense Clarkson & Cross (atualmente Ernest & Young) em 09 de abril de 1903, sobre o balanço da *São Paulo Tramway Light & Power Co.*, cuja matriz ficava em Toronto, Canadá, no período entre junho de 1899 (constituição da companhia) e 31 de dezembro de 1902.

O desenvolvimento da atividade de auditoria independente no Brasil, e a sua regulamentação, está intimamente ligada com a atividade contábil. O Decreto-Lei nº 9.295/46[45], que criou o Conselho Federal de Contabilidade e definiu as atribuições do Contador e do Guarda-Livros, estabeleceu em seu artigo 25, alínea "c", que a revisão de balanços e de contas em geral é trabalho técnico de contabilidade.

Por sua vez, o artigo 26 do mesmo Decreto-Lei estabeleceu que, salvo direitos adquiridos, as atribuições definidas na alínea *c* do artigo 25 são privativas dos contadores diplomados, fixando, portanto, o primeiro pressuposto da atividade de auditoria, que é a sua realização por profissionais de contabilidade.

Com o desenvolvimento da economia brasileira e a necessidade de captação de recurso para a iniciativa privada, o Governo Brasileiro – já no período da ditadura militar (1964/1985) – iniciou uma reforma do setor financeiro nacional, com a edição da Lei nº 4.728/65, que tinha como objetivo disciplinar o mercado de capitais e criar medidas para o seu desenvolvimento.

---

[44] RICARDINO, Álvaro; CARVALHO, L. Nelson. *Breve retrospectiva do desenvolvimento das atividades de auditoria no Brasil*. Revista de Contabilidade & Finanças. São Paulo: 2004. Ano XV, v. 3, n° 35, p. 22-34.

[45] Decreto-Lei nº 9.295/46: "Art. 25. São considerados trabalhos técnicos de contabilidade: (...) (c) perícias judiciais ou extrajudiciais, revisão de balanços e de contas em geral, verificação de haveres revisão permanente ou periódica de escritas, regulações judiciais ou extrajudiciais de avarias grossas ou comuns, assistência aos Conselhos Fiscais das sociedades anônimas e quaisquer outras atribuições de natureza técnica conferida por lei aos profissionais de contabilidade.".

Foi justamente nessa lei que as expressões *auditoria* e *auditores independentes* foram mencionadas pela primeira vez, ao estabelecer no seu artigo 20[46] que compete ao Conselho Monetário Nacional expedir normas relativas à organização do balanço e das demonstrações de resultados, padrão de organização contábil, relatórios e pareceres de auditores independentes registrados no Banco Central do Brasil.

Estabeleceu, ainda, em seu artigo 50[47] a obrigatoriedade de auditoria realizada por auditor independente, registrado no Banco Central do Brasil, nos fundos em condomínio de títulos e valores mobiliários.

Desse modo, o Banco Central do Brasil (BACEN) passou a ser o primeiro órgão responsável pelo acompanhamento e fiscalização das operações realizadas no mercado de capitais e, por conseguinte, encarregado do cadastramento e fiscalização dos auditores independentes que atuavam nesse mercado como guardião das informações divulgadas ao público.

Dentro da sua competência regulamentar, por delegação do Conselho Monetário Nacional (CMN), o Banco Central do Brasil (BACEN) expediu, em 10 de maio de 1972, a Resolução nº 220 que instituiu a obrigatoriedade de auditoria, por auditores contábeis independentes e registrados na instituição, nas demonstrações financeiras das pessoas jurídicas de direito privado, inclusive as sociedades de economia mista, emissoras de títulos e valores mobiliários, negociáveis em bolsas de valores e nos demais integrantes do sistema de distribuição no mercado de capitais.

Por sua vez, em 11 de maio de 1972, o Banco Central do Brasil (BACEN) expediu as resoluções nºs 178 e 179, com o objetivo de regulamentar o registro de auditores independentes, estabelecendo normas gerais de auditoria e os princípios gerais de contabilidade, formando a partir dessas três normas o arcabouço administrativo da atividade de auditoria no Brasil.

---

[46] Lei nº 4.728/65: "Art. 20. Compete ao Conselho Monetário Nacional expedir normas a serem observadas pelas pessoas jurídicas referidas neste artigo, e relativas a: (...) b) organização do balanço e das demonstrações de resultado, padrões de organização contábil, relatórios e pareceres de auditores independentes registrados no Banco Central; (...).".

[47] Lei nº 4.728/65: "Art. 50. Os fundos em condomínios de títulos ou valores mobiliários poderão converter-se em sociedades anônimas de capital autorizado, a que se refere a Seção VIII, ficando isentos de encargos fiscais os atos relativos à transformação: (...) § 3º Será obrigatório aos fundos em condomínio a auditoria realizada por auditor independente, registrado no Banco Central.".

A partir desse momento, a atividade de auditoria independente se consolida e passa a demandar por normas complementares dos órgãos de classe, especialmente sobre procedimentos de auditoria e de ética relativas à pessoa do auditor.

Contudo, esse sistema de fiscalização do mercado de capitais demonstrou a sua fragilidade no início dos anos 70, com a crise das bolsas de São Paulo e Rio em 1971, que ocasionaram enormes prejuízos para as classes médias da população, atingindo a sua poupança e gerando descrédito geral em relação a investimento em ações[48].

Diante desse cenário, em 1976, um novo regime jurídico para o mercado de valores mobiliários foi criado com a edição das Leis nº 6.404/76 e 6.385/76. A primeira, conhecida como Lei das S/A, definiu um novo modelo para as sociedades anônimas, inclusive normas contábeis e de divulgação de informações dessas sociedades; e a segunda criou a Comissão de Valores Mobiliários (CVM), autarquia vinculada ao Ministério da Fazenda, formada para disciplinar e estabelecer medidas de atuação no mercado de valores mobiliários.

A Lei nº 6.385/76, no seu artigo 26[49], transferiu a competência regulamentar de registro e atuação dos auditores independentes para a Comissão de Valores Mobiliários (CVM), que passou a ser a guardiã do mercado de valores mobiliários no Brasil, com competência plena para regular a atividade de todo e qualquer agente econômico desse mercado, podendo inclusive, intervir nos contratos e condições de oferta pública mediante o estabelecimento de padrões de cláusulas e fixação de normas sobre o exercício das atividades de consultor e analista de valores mobiliários.

---

[48] COELHO, Fabio Ulhoa. *Curso de direito comercial, volume 2:* direito da empresa. 16. ed. São Paulo: Saraiva, 2012. p. 87.

[49] Lei nº 6.385/76: Art. 26. Somente as empresas de auditoria contábil ou auditores contábeis independentes, registrados na Comissão de Valores Mobiliários poderão auditar, para os efeitos desta Lei, as demonstrações financeiras de companhias abertas e das instituições, sociedades ou empresas que integram o sistema de distribuição e intermediação de valores mobiliários. § 1º - A Comissão estabelecerá as condições para o registro e o seu procedimento, e definirá os casos em que poderá ser recusado, suspenso ou cancelado.

3. AUDITORIA INDEPENDENTE: DEFINIÇÃO, CONTRATAÇÃO, REGIME JURÍDICO E O USUÁRIO DA INFORMAÇÃO

3.1. Definição de auditoria independente

Como dissemos, é possível identificar o uso da palavra auditor nas mais diferentes áreas, já que o processo de examinar, ajustar, corrigir e certificar – que é significado da palavra *auditing* - pode ser aplicado em muitas outras situações, como na avaliação da eficiência de um determinado processo produtivo, na qualidade de um determinado produto, na obediência às determinações legais relativas à apuração e pagamento de tributos, dentre outras.

Contudo, como o objeto do nosso estudo é a auditoria independente de demonstrações financeiras, atividade contábil exercida por profissional legalmente habilitado, delimitaremos a sua conceituação nesse campo de aplicação da atividade de auditoria.

A conceituação de auditoria independente se mostra muito importante para delimitarmos a natureza da atividade da auditoria perante o contratante (companhia) e o mercado.

Inicialmente, vale esclarecer o que é demonstração financeira. O artigo 176[50], da Lei nº 6.404/76, define demonstração financeira como o conjunto de

---

[50] Lei nº 6.404/76: Art. 176. Ao fim de cada exercício social, a diretoria fará elaborar, com base na escrituração mercantil da companhia, as seguintes demonstrações financeiras, que deverão exprimir com clareza a situação do patrimônio da companhia e as mutações ocorridas

documentos contábeis que expressam com clareza a situação do patrimônio da companhia e as mutações ocorridas no exercício.

Por sua vez, o conjunto completo de demonstrações contábeis inclui o balanço patrimonial, a demonstração do resultado, a demonstração das mutações na posição financeira (demonstração dos fluxos de caixa, de origens e aplicações de recursos ou alternativa reconhecida e aceitável), a demonstração das mutações do patrimônio líquido, notas explicativas e outras demonstrações, bem como materiais explicativos, que são parte integrante dessas demonstrações contábeis[51].

As demonstrações financeiras têm como objetivo, segundo o próprio Conselho Federal de Contabilidade, "fornecer informações sobre a posição patrimonial e financeira, o desempenho e as mudanças na posição financeira da entidade, que sejam úteis a um grande número de usuários em suas avaliações e tomadas de decisão econômica."[52]

José Edwaldo Tavares Borba (2007) conceitua genericamente auditoria de demonstrações financeiras como *"a apuração, através de levantamentos contábeis, da autenticidade das demonstrações financeiras, informando se correspondem ou não à realidade patrimonial financeira e econômica da sociedade."*[53].

---

no exercício: I - balanço patrimonial; II - demonstração dos lucros ou prejuízos acumulados; III - demonstração do resultado do exercício; e IV – demonstração dos fluxos de caixa; e V – se companhia aberta, demonstração do valor adicionado.

[51] Resolução CFC nº 1.121/08: 7. As demonstrações contábeis são parte integrante das informações financeiras divulgadas por uma entidade. O conjunto completo de demonstrações contábeis inclui, normalmente, o balanço patrimonial, a demonstração do resultado, a demonstração das mutações na posição financeira (demonstração dos fluxos de caixa, de origens e aplicações de recursos ou alternativa reconhecida e aceitável), a demonstração das mutações do patrimônio líquido, notas explicativas e outras demonstrações e material explicativo que são parte integrante dessas demonstrações contábeis. Podem também incluir quadros e informações suplementares baseados ou originados de demonstrações contábeis que se espera sejam lidos em conjunto com tais demonstrações. Tais quadros e informações suplementares podem conter, por exemplo, informações financeiras sobre segmentos ou divisões industriais ou divisões situadas em diferentes locais e divulgações sobre os efeitos das mudanças de preços. As demonstrações contábeis não incluem, entretanto, itens como relatórios da administração, relatórios do presidente da entidade, comentários e análises gerenciais e itens semelhantes que possam ser incluídos em um relatório anual ou financeiro.

[52] Resolução CFC nº 1.121/08.

[53] BORBA, José Edwaldo Tavares. Direito Societário, 10ª ed. Rio de Janeiro: Renovar, 2007. p. 434.

Willian Atie (2011)[54] conceitua auditoria de demonstrações contábeis como o ato de:

> Expressar uma opinião sobre a propriedade das mesmas, e assegurar que elas representem em seu conjunto adequadamente a posição patrimonial e financeira, o resultado de suas operações, as mutações do seu patrimônio líquido e os demais demonstrativos correspondentes aos períodos em exame, de acordo com as práticas contábeis do Brasil.[55]

De acordo com a American Accouting Association, auditoria consiste em:

> Um processo sistemático de obtenção e avaliação objetiva evidências sobre afirmações sobre ações e eventos econômicos para determinar o grau de correspondência entre essas afirmações e critérios estabelecidos e comunicar os resultados aos usuários interessados.[55]

Nessa linha, Audrey et al (2012) nos trazem uma definição mais precisa de auditoria como sendo um processo de comprovação de afirmações a respeito de ações e eventos econômicos que se desenvolve sobre três fases. A primeira fase corresponde à coleta de evidências para comprovar as afirmações, geralmente feitas pelos administradores da entidade auditada. A segunda fase é a avaliação dessas afirmações, em confronto com critérios objetivos, tais como, padrões de controles internos, princípios contábeis geralmente aceitos (Gaap) ou padrões internacionais de contabilidade financeira (IFRS). E a terceira fase corresponde à comunicação do resultado aos administradores da entidade auditada e aos usuários externos do relatório da auditoria[56].

---

[54] ATTIE, Wiliam. *Auditoria:* conceitos e aplicações. 6. ed. São Paulo: Atlas, 2011. p. 12.
[55] AMERICAM ACCOUNT ASSOCIATION. *A statement on basic auditing concepts.* Accounting Review, v. 47, 1972: "A systematic process of objectively obtaining and evaluating evidence regarding assertions about economic actions and events to ascertain the degree of correspondence between those assertions and established criteria and communicating the results to interested users.".
[56] GRAMLING, Audrey A., RITTENBERG, Larry E., JOHNSTONE, Karla M. *Auditing.* (tradução: Antonio Zorato Sanvicente). São Paulo: Cengage Learning, 2012. p. 7: Em termos gerais, a auditoria é um processo de: (1) coleta de evidências para comprovar afirmações (geralmente feitas pelos administradores, mas também por outras partes), (2) avaliação dessas afirmações

Uma afirmação, geralmente contida nas demonstrações financeiras de uma entidade, corresponde a uma declaração positiva a respeito de uma ação, um evento, ou de um desempenho dentro de um determinado período. Se uma entidade declara um determinado ativo em sua demonstração financeira, isto é uma afirmação.

Diante dessa afirmação, cabe ao auditor coletar evidências sobre esse ativo, ou seja, da sua existência, da sua higidez e do seu valor para, na fase de testes avaliar se a afirmação sobre esse ativo está de acordo com os controles internos da entidade, os princípios contábeis geralmente aceitos (Gaap), ou padrões internacionais de contabilidade financeira (IFRS). Depois comunica os resultados dessa avaliação aos administradores da entidade auditada e aos usuários externos, por meio de um relatório dos auditores independentes, conhecido como parecer da auditoria

O Conselho Federal de Contabilidade, ainda que de maneira oblíqua em diversas normas profissionais que regulam a atividade[57], conceitua a atividade de auditoria independente como uma atividade de *asseguração*, isto é, consistente em obter segurança razoável, por meio da aplicação das normas brasileiras e internacionais de auditoria, de que as demonstrações contábeis

em confronto com critérios objetivos (por exemplo, padrões de controle interno, princípios contábeis aceitos, ou padrões internacionais de divulgação financeira), e (3) comunicação das conclusões da auditoria e partes interessadas (geralmente usuários externos, mas também à administração e a agentes reguladores).

[57] Resolução CFC nº 1.202/09: "7. "Trabalho de asseguração" significa um trabalho no qual o auditor independente expressa uma conclusão com a finalidade de aumentar o grau de confiança dos outros usuários previstos, que não seja a parte responsável, acerca do resultado da avaliação ou mensuração de determinado objeto de acordo com os critérios aplicáveis."; Resolução CFC nº 1.203/09: "1. Esta Norma de Auditoria trata das responsabilidades gerais do auditor independente na condução da auditoria de demonstrações contábeis em conformidade com as normas brasileiras e internacionais de auditoria. Nesta Norma e em outras normas elas estão substancialmente apresentadas pela sua sigla "NBC TA". Especificamente, ela expõe os objetivos gerais do auditor independente e explica a natureza e o alcance da auditoria para possibilitar ao auditor independente o cumprimento desses objetivos. Ela também explica o alcance, a autoridade e a estrutura das NBC TAs e inclui requisitos estabelecendo as responsabilidades gerais do auditor independente aplicáveis em todas as auditorias, inclusive a obrigação de atender todas as NBC TAs." Resolução CFC nº 1.203/09: (a) obter segurança razoável de que as demonstrações contábeis como um todo estão livres de distorção relevante, independentemente se causadas por fraude ou erro, possibilitando assim que o auditor expresse sua opinião sobre se as demonstrações contábeis foram elaboradas, em todos os aspectos relevantes, em conformidade com a estrutura de relatório financeiro aplicável.

como um todo estão livres de distorção relevante, independentemente se causadas por fraude ou erro, com vistas a aumentar o *grau de confiança* dos usuários sobre a informação divulgada.

Conceito de *independente* do auditor está ligado à independência plena sobre a administração da entidade auditada e dos usuários externos, com capacidade para decidir de maneira imparcial e objetiva, mesmo que a sua decisão possa contrariar os interesses da entidade auditada ou da sua administração.

Diferentemente dos auditores ou contadores internos, os auditores independentes estão fora da estrutura orgânica da companhia, cuja relação com esta é pautada num contrato de prestação de serviços celebrado por sua administração.

Desse modo, para nós o conceito de auditoria independente é atividade executada por profissional, de modo imparcial e objetivo, que (a) com base nas normas brasileiras e internacionais de auditoria, (b) executa a coleta de evidências para comprovar as afirmações, geralmente feitas pelos administradores da entidade auditada, avalia essas informações e comunica o resultado aos administradores da entidade auditada e aos usuários externos do parecer da auditoria, (c) com vistas a aumentar o *grau de confiança* dos usuários sobre a informação divulgada.

3.2. Seleção e contratação do auditor independente pelas companhias

De acordo com o artigo 177 da Lei nº 6.404/76[58], as demonstrações financeiras de uma companhia aberta devem obrigatoriamente ser submetidas à auditoria independente por auditores devidamente registrados na Comissão de Valores Mobiliários.

---

[58] Lei nº 6.404/76: Art. 177. A escrituração da companhia será mantida em registros permanentes, com obediência aos preceitos da legislação comercial e desta Lei e aos princípios de contabilidade geralmente aceitos, devendo observar métodos ou critérios contábeis uniformes no tempo e registrar as mutações patrimoniais segundo o regime de competência. (...) § 3º As demonstrações financeiras das companhias abertas observarão, ainda, as normas expedidas pela Comissão de Valores Mobiliários e serão obrigatoriamente submetidas a auditoria por auditores independentes nela registrados.

Nas sociedades anônimas, o Conselho de Administração se coloca na posição intermediária entre a Diretoria e a Assembleia, formando um colegiado, cuja regulamentação do seu funcionamento encontra-se no Estatuto Social, com funções gerais de orientação, acompanhamento e fiscalização da atuação dos Diretores[59].

E, dentre as competências orgânicas definidas pela lei do Conselho de Administração, obrigatórios nas sociedades anônimas de capital aberto e de capital autorizado, compete a este órgão a seleção e a destituição da empresa de auditoria a ser contratada pela companhia.

José Luiz Bulhões Pedreira e Alfredo Lamy Filho[60] afirmam que:

> A competência do Conselho para escolher e destituir o auditor externo visa assegurar a independência do auditor, evitando que seus serviços e remuneração sejam controlados pela Diretoria, cujos atos deve fiscalizar. Trata-se de competência corolária à de fiscalizar a gestão da companhia, pois o papel do auditor independente é justamente auditar a situação patrimonial e os resultados da companhia informados pelas demonstrações financeiras elaboradas pela Diretoria e aprovadas pelo Conselho de Administração.[60]

Modesto Carvalhosa[61] aponta uma exceção para a exclusividade do Conselho de Administração contratar e destituir os auditores independentes. Trata-se da hipótese prevista na Lei nº 6.404/76 que confere ao Conselho Fiscal a possibilidade de contratação de auditor para assessoria especializada em matéria contábil para melhor desempenho das funções do órgão.

Por outro lado, essa assessoria contábil não tem as mesmas funções do auditor independente selecionado pelo Conselho de Administração, cuja função é a produção de um parecer que será divulgado aos usuários externos.

---

[59] BORBA, José Edwaldo Tavares. *Direito Societário*. 10ª ed. Rio de Janeiro: Renovar, 2007. p. 400/401.
[60] FILHO, Alfredo Lamy e PEDREIRA, José Luiz Bulhões et al. *Direito das Companhias*. Rio de Janeiro: Forense, 2009. p. 1059/1060.
[61] CARVALHOSA, Modesto. *Comentários à Lei de Sociedades Anônimas*. 5ª ed. São Paulo: Saraiva, 2011. v. 3., p. 149.

Essa assessoria especializada tem função mais específica e restrita no atendimento das tarefas solicitadas pelo Conselho Fiscal.

Selecionada a empresa de Auditoria pelo Conselho de Administração, ao Diretor caberá ultimar as providências da sua contratação, com a negociação de honorários dentro do limite global aprovado pelo Conselho de Administração e a celebração de contrato de prestação de serviços de auditoria.

Uma solução apresentada pelos códigos de melhores práticas de governança são os comitês de assessoramento do Conselho de Administração, com a função de dar maior especialização aos conselheiros de administração em determinadas matérias, de modo a propiciar uma melhor tomada de decisão, sem função deliberativa, apenas opinativa[62].

Dentre os comitês de assessoramento do Conselho de Administração, temos o Comitê de Auditoria, que ganhou evidência após os escândalos contábeis de 2000 e 2008, cuja competência destaca-se a condução do processo de seleção, acompanhamento e avaliação das atividades da auditoria independente, incluindo a observância dos princípios contábeis utilizados nas demonstrações financeiras[63].

Nos Estados Unidos da América (EUA), a Lei *Sarbanes-Oxley*[64] atribuiu aos Comitês de Auditoria, não só a condução do processo de seleção, acompanhamento e avaliação das atividades da auditoria independente, como também a contratação e dispensa do profissional de auditoria.

No Brasil, ainda que timidamente, os Comitês de Auditoria vêm ganhando espaço e relevância, especialmente pela exigência da sua existência pelas normas expedidas pelo Banco Central do Brasil (BACEN) e da Comissão de Valores Mobiliários. Contudo, esses Comitês não possuem previsão legal na

---

[62] SILVEIRA, Alexandre Di Miceli da. *Governança corporativa no Brasil e no mundo: teoria e prática*. 1. ed. Rio de Janeiro: Elsevier, 2010. v. 1. p 264/265.

[63] SILVEIRA, Alexandre Di Miceli da. *Governança corporativa no Brasil e no mundo*: teoria e prática. 1. ed. Rio de Janeiro: Elsevier, 2010. v. 1. p 264/265.

[64] Sarbanes-Oxley Act of 2002: SEC. 301. PUBLIC COMPANY AUDIT COMMITTEES. (2) RESPONSIBILITIES RELATING TO REGISTERED PUBLIC ACCOUNTING FIRMS – The audit committee of each issuer, in its capacity as a committee of the board of directors, shall be directly responsible for the appointment, compensation, and oversight of the work of any registered public accounting firm employed by that issuer (including resolution of disagreements between management and the auditor regarding financial reporting) for the purpose of preparing or issuing an audit report or related work, and each such registered public accounting firm shall report directly to the audit committee.

Lei de Sociedade por Ações (Lei nº 6.404/76) e não são dotados de competência de deliberação ou gestão, mas apenas de aconselhamento.

No ano de 2004, o Banco Central do Brasil (BACEN) editou a Resolução nº 3.198/2004, que em seu artigo 10[65] estabeleceu a obrigatoriedade dos Estatutos das sociedades integrantes do Sistema Financeiro Nacional (SFN) e sujeitas à fiscalização daquele órgão, da previsão de um órgão denominado Comitê de Auditoria, a quem compete recomendar, à administração da instituição, a entidade a ser contratada para prestação dos serviços de auditoria independente, bem como a substituição do prestador desses serviços, caso considere necessário.

Essa exigência está restrita àquelas sociedades que tenham (a) patrimônio de referência (PR) igual ou superior a R$1.000.000.000,00 (um bilhão de reais), (b) administração de recursos de terceiros em montante igual ou superior a R$1.000.000.000,00 (um bilhão de reais), ou (c) somatório das captações de depósitos e de administração de recursos de terceiros em montante igual ou superior a R$5.000.000.000,00 (cinco bilhões de reais).

Na mesma linha, em 2011 a Comissão de Valores Mobiliários (CVM) editou a Instrução Normativa nº 509/11, que facultou às companhias de capital aberto a instalação de um Comitê de Auditoria estatutário, de modo permanente, denominado CAE (Comitê de Auditoria Estatutário, que dentre outras funções, compete opinar sobre a contratação e destituição do auditor independente para a elaboração de auditoria externa independente[66].

Enquanto que no Brasil, a Lei atribui ao Conselho de Administração a competência de deliberar sobre a escolha e destituição do profissional de auditoria independente, e as normas regulamentares relegaram ao Comitê de Auditoria o papel de aconselhamento, o que não vincula nenhum administrador

---

[65] Resolução do Banco Central do Brasil nº 3.198/2004: "Art. 10. Devem constituir órgão estatutário denominado comitê de auditoria as instituições referidas no art. 1º, inciso I, alínea "a", que tenham apresentado no encerramento dos dois últimos exercícios sociais: I - Patrimônio de Referência (PR) igual ou superior a R$1.000.000.000,00 (um bilhão de reais); ou II - administração de recursos de terceiros em montante igual ou superior a R$1.000.000.000,00 (um bilhão de reais); ou III - somatório das captações de depósitos e de administração de recursos de terceiros em montante igual ou superior a R$5.000.000.000,00 (cinco bilhões de reais).".
[66] INSTRUÇÃO NORMATIVA CVM Nº 509/2011: "Art. 31-D Compete ao CAE: I – opinar sobre a contratação e destituição do auditor independente para a elaboração de auditoria externa independente ou para qualquer outro serviço."

(Conselheiro e Diretor), nos Estados Unidos da América (EUA) a última palavra sobre a contratação de empresa de auditoria, cabe ao Comitê de Auditoria, cuja existência foi alçada dos códigos privados de boas práticas de governança corporativa para a Lei (*Sarbanes-Oxley*), dando-lhe autonomia plena para a execução de tal atividade, com vistas à manutenção da sua independência e também da auditoria independente contratada. Por óbvio que essa contratação é ultimada por aqueles que detêm o poder de representação da sociedade (administradores).

Em Portugal, como dissemos anteriormente, temos a figura do Revisor Oficial de Contas (ROC) integrante da estrutura administrativa, como órgão, das sociedades anônimas, por exigência do Código de Sociedades Comerciais de Portugal e o Revisor Oficial de Contas (ROC) com função de auditoria externa (independente) devidamente registrado também na Comissão do Mercado de Valores Mobiliários (CMVM). Em ambos os casos, a atividade pode ser exercida por meio de uma pessoa física ou de uma sociedade de revisores (SROC).

A competência para a seleção e contratação de ambos é da Assembleia Geral[67], cabendo aos administradores ultimarem as providências relativas à contratação, com a assinatura do respectivo contrato de prestação de serviços[68].

---

[67] REVISOR OFICIAL DE CONTAS, NOMEAÇÃO, ORGÃO DE GESTÃO, ASSEMBLEIA GERAL, RATIFICAÇÃO, DELIBERAÇÃO SOCIAL, ANULABILIDADE I - A nomeação do revisor oficial de contas só é válida se feita em assembleia geral ou nesta for ratificada a contratação de revisor feita pelo órgão de gestão da sociedade, não validando essa contratação a comunicação da mesma feita à Câmara dos Revisores Oficiais de Contas. II - São anuláveis as deliberações tomadas em assembleia geral sobre o relatório da gestão, balanço e contas e sobre a aplicação do resultado do exercício, se a certificação legal das contas e o respectivo relatório forem subscritos pelo revisor oficial de contas contratado pelo órgão de gestão da sociedade sem que o mesmo tenha sido nomeado pela assembleia geral ou a sua contratação ratificada pela mesma assembleia. III - Não tendo sido suscitada no recurso para a Relação à questão "abuso de direito", não pode a mesma ser conhecida no recurso para o Supremo Tribunal de Justiça, visto se tratar de questão nova. IV - Não comete nulidade (omissão de pronúncia) a decisão que se abstém de conhecer de determinada questão por se entender estar a mesma prejudicada pela solução dada a outras. (Supremo Tribunal de Justiça de Portugal, Processo nº 98A986, Data do Acórdão: 10/11/1998, Relator: GONÇALO SILVANO).

[68] CORDEIRO, Antônio Menezes. *Manual de Direito das Sociedades*. 2. ed. Lisboa: Almedina, 2007. p. 817: "A designação é feita pela assembleia geral, por um período não superior a quatro anos e sob proposta da comissão de auditoria, do conselho geral ou de supervisão, da comissão para matérias financeiras ou do conselho fiscal, conforme os casos (446.º/2).

Nas sociedades anônimas[69] que adotam a estrutura do tipo *dualista*, com um conselho de administração executivo (poderes de gestão e representação) e um conselho de administração e de supervisão, as do tipo *monista anglo-saxônico*, composta de conselho de administração (poderes de gestão e representação) com um comitê de auditoria dentro da sua estrutura. E as sociedades que adotam o modelo de estrutura do tipo *monista latino*, composta de um conselho de administração (poderes de gestão e representação) e um conselho fiscal, cabe ao conselho de administração e de supervisão[70], à comissão de auditoria[71] e ao conselho fiscal[72], respectivamente, propor à assembleia geral a nomeação do Revisor Oficial de Contas (ROC), ou de uma sociedade de revisores (SROC).

3.3. Regime jurídico da atividade de auditoria. Normas profissionais e técnicas com função interpretativa e supletiva das normas legais

Como vimos, da ciência contábil é que deriva a auditoria como um ramo de especialidade. A atividade de auditoria independente é regulamentada por um conjunto de normas (a) expedidas pelo Conselho Federal de Contabilidade (CFC) referente à condução do procedimento de auditoria e conduta do profissional de auditoria, que tem como função *interpretativa* e *supletiva* das normas legais, bem como trata do registro e fiscalização do exercício da profissão de Contador, sujeitando-se a punição disciplinar na hipótese de

---

Nos termos gerais, em vez de revisor oficial de contas, pode ser designada uma sociedadede revisores oficiais de contas.".

[69] Decreto-Lei nº 262/86 (Código de Sociedades Comerciais).

[70] Decreto-Lei nº 262/86 (Código de Sociedades Comerciais): "Artigo 441/1 – Compete ao conselho geral e de supervisão: (...) m) Propor à assembleia geral a nomeação do revisor oficial de contas; (...)".

[71] Decreto-Lei nº 262/86 (Código de Sociedades Comerciais): "Artigo 423-F/1 – Compete à comissão de auditoria: (...) m) Propor à assembleia geral a nomeação do revisor oficial de contas; (...)".

[72] Decreto-Lei nº 262/86 (Código de Sociedades Comerciais): "Artigo 420/2 – Quando seja adoptada a modalidade referida na alínea b) do número 1 do artigo 413, para além das competências referidas no número anterior, compete ainda ao conselho fiscal: (...) b) Propor à assembleia geral a nomeação do revisor oficial de contas; (...)".

violação de normas técnicas e profissionais expedidas pelo respectivo conselho de classe, (b) expedidas pela Comissão de Valores Mobiliários (CVM) relativas a procedimentos técnicos de auditoria independente, inclusive registro, avaliação e capacitação, cuja violação importa em infração administrativa, e (c) quando a auditoria independente envolve instituição financeira[73], sujeita-se ainda às normas expedidas pelo órgão regulamentador, no caso, o Banco Central do Brasil (BACEN), a quem compete fiscalizar e supervisionar essas instituições.

A execução de trabalhos técnicos de contabilidade é uma atividade devidamente regulamentada pelo Decreto-Lei nº 9.295/46, cujo artigo 12[74] estabelece que a profissão somente pode ser exercida por pessoas com curso de Bacharelado em Ciências Contábeis, reconhecido pelo Ministério da Educação,

---

[73] WAISBERG, Ivo & GORNATI, Gilberto, Direito bancário – contratos e operações bancárias, São Paulo: Quartier Latin, 2012, pág. 24/29: "No Brasil não há uma definição legal de Banco em sentido estrito. A Lei nº 4.595/1964 define com pouca precisão como será visto, instituição financeira, é gênero o qual o banco, nas suas várias modalidades, é espécie. Assim, a realização de qualquer dos atos previstos em lei caracteriza, em regra, a empresa como instituição financeira. A realização de certos atos específicos configura a empresa como banco propriamente dito, como abaixo se verá. Eis a definição daquela lei: "Art. 17. Consideram-se instituições financeiras, para os efeitos da legislação em vigor, as pessoas jurídicas públicas ou privadas, que tenham como atividade principal ou acessória a coleta, intermediação ou aplicação de recursos financeiros próprios ou de terceiros, em moeda nacional ou estrangeira, e a custódia de valor de propriedade de terceiros. Parágrafo único. Para os efeitos desta lei e da legislação em vigor, equiparam-se as instituições financeiras às pessoas físicas que exerçam qualquer das atividades referidas neste artigo, de forma permanente ou eventual. "(...) A classificação da instituição financeira dá-se, portanto, em razão dos atos praticados. Tal fato não indica que qualquer um que pratique esses atos entendidos em seu conjunto como acima exposto, seja uma instituição financeira, pois pode tratar-se de outra entidade praticando um ato privativo e infringindo as legislações anteriormente apontadas. A instituição financeira é uma empresa que pratica esses atos de forma comercial, isto é, com habitualidade e intuito de lucro. (...) Dividiremos as instituições financeiras em: a) bancárias que são as que possuem o poder de criar moeda, abrangendo os bancos comerciais e os bancos múltiplos (estes por possuírem uma carteira comercial); e b) não bancárias, que são os bancos de investimento, os bancos de desenvolvimento, as sociedades de crédito, financiamento e investimento, as sociedades de arrendamento mercantil, as cooperativas de crédito, as sociedades de crédito imobiliário e as associações de poupança e empréstimo.".

[74] Decreto-Lei n.º 9.295/46: Art. 12. Os profissionais a que se refere este Decreto-Lei somente poderão exercer a profissão após a regular conclusão do curso de Bacharelado em Ciências Contábeis, reconhecido pelo Ministério da Educação, aprovação em Exame de Suficiência e registro no Conselho Regional de Contabilidade a que estiverem sujeitos.

aprovação em Exame de Suficiência e registro no Conselho Regional de Contabilidade a que estiverem sujeitos.

Por sua vez, a alínea "c", do artigo 25[75] estabelece que compete ao profissional de contabilidade a atividade técnica de perícias judiciais ou extrajudiciais, revisão de balanços e de contas em geral, verificação de haveres, revisão permanente ou periódica de escritas, regulações judiciais ou extrajudiciais de avarias grossas ou comuns, assistência aos Conselhos Fiscais das sociedades anônimas e quaisquer outras atribuições de natureza técnica conferida por lei aos profissionais de contabilidade.

Como a atividade de um auditor independente, consiste, em linhas gerais, na revisão de balanços e de contas, esta atividade é privativa de um bacharel em Ciências Contábeis, aprovado em Exame de Suficiência e registrado no Conselho Regional de Contabilidade da sua jurisdição.

No campo profissional, cabe ao Conselho Federal de Contabilidade a edição de Normas Brasileiras de Contabilidade de natureza profissional e técnica, que estabelecem preceitos de conduta profissional e padrões e procedimentos técnicos necessários para o adequado exercício profissional[76]. Essas normas de natureza profissional e técnica funcionam como vetores de interpretação e de integração das normas expedidas pela Comissão de Valores Mobiliários (CVM) e pelo Banco Central do Brasil (BACEN).

No âmbito da Comissão de Valores Mobiliários (CVM), a atividade de auditoria é regulamentada pela Instrução Normativa CVM nº 308/99, que dispõe sobre o registro e o exercício da atividade no âmbito do mercado de valores mobiliários.

---

[75] Decreto-Lei n.º 9.295/46: Art. 25. São considerados trabalhos técnicos de contabilidade: a) organização e execução de serviços de contabilidade em geral; b) escrituração dos livros de contabilidade obrigatórios, bem como de todos os necessários no conjunto da organização contábil e levantamento dos respectivos balanços e demonstrações; c) perícias judiciais ou extra-judiciais, revisão de balanços e de contas em geral, verificação de haveres, revisão permanente ou periódica de escritas, regulações judiciais ou extra-judiciais de avarias grossas ou comuns, assistência aos Conselhos Fiscais das sociedades anônimas e quaisquer outras atribuições de natureza técnica conferidas por lei aos profissionais de contabilidade.

[76] RESOLUÇÃO CFC N.º 1.328/2011: Art. 2º As Normas Brasileiras de Contabilidade classificam-se em Profissionais e Técnicas. Parágrafo único. As Normas Brasileiras de Contabilidade, sejam elas Profissionais ou Técnicas, estabelecem preceitos de conduta profissional e padrões e procedimentos técnicos necessários para o adequado exercício profissional.

A Instrução Normativa estabeleceu que a atividade de auditoria independente seja prerrogativa do contador legalmente habilitado, registrado em Conselho Regional de Contabilidade, e pode ser exercida individualmente ou em sociedade *"inscrita no Registro Civil das Pessoas Jurídicas, sob a forma de sociedade civil, constituída exclusivamente para prestação de serviços profissionais de auditoria e demais serviços inerentes à profissão de contador."*[77].

Na Nota Explicativa à Instrução Normativa CVM n° 308/99, ficou especificado que a sociedade prestadora de serviços de auditoria independente deve adotar a forma de *sociedade civil*, com ato constitutivo devidamente registrado no Registro Civil das Pessoas Jurídicas, subordinando-se às disposições do Código Civil (de 1916), que lhes sejam aplicáveis, em especial o capítulo XI do referido código, não podendo constar qualquer cláusula limitadora da responsabilidade dos sócios ao montante do capital social.

No entanto, a edição da Instrução Normativa CVM nº 308/99, ocorreu sob a vigência do Código Civil de 1916, que previa o tipo societário de "sociedade civil", atualmente revogado.

Dessa forma, temos que atualmente as sociedades prestadoras de serviços de auditoria devem se organizar sob a forma de sociedade simples pura, prevista no artigo 997[78] e seguintes do Código Civil, cuja natureza importa em responsabilidade ilimitada dos sócios pelas obrigações sociais, sendo ainda

---

[77] INSTRUÇÃO NORMATIVA CVM Nº 308/99: Art. 4º Para fins de registro na categoria de Auditor Independente - Pessoa Jurídica, deverá a interessada atender às seguintes condições: I - estar inscrita no Registro Civil das Pessoas Jurídicas, sob a forma de sociedade civil, constituída exclusivamente para prestação de serviços profissionais de auditoria e demais serviços inerentes à profissão de contador; (...)".

[78] Lei nº 10.406/2002 (Código Civil): "Art. 997. A sociedade constitui-se mediante contrato escrito, particular ou público, que, além de cláusulas estipuladas pelas partes, mencionará: I - nome, nacionalidade, estado civil, profissão e residência dos sócios, se pessoas naturais, e a firma ou a denominação, nacionalidade e sede dos sócios, se jurídicas; II - denominação, objeto, sede e prazo da sociedade; III - capital da sociedade, expresso em moeda corrente, podendo compreender qualquer espécie de bens, suscetíveis de avaliação pecuniária; IV – a quota de cada sócio no capital social, e o modo de realizá-la; V - as prestações a que se obriga o sócio, cuja contribuição consista em serviços; VI - as pessoas naturais incumbidas da administração da sociedade, e seus poderes e atribuições; VII - a participação de cada sócio nos lucros e nas perdas; VIII - se os sócios respondem, ou não, subsidiariamente, pelas obrigações sociais. Parágrafo único. É ineficaz em relação a terceiros qualquer pacto separado, contrário ao disposto no instrumento do contrato.

necessário, prever a responsabilidade solidária dos sócios nas perdas sociais (artigo 1.023, Código Civil[79]).

Todos os sócios dessa *sociedade simples pura* deverão ser contadores, devidamente registrado no Conselho Regional de Contabilidade (CRC) da sua jurisdição, sendo que 50% desses sócios serão denominados responsáveis técnicos e deverão atender a todas as exigências estabelecidas para o auditor que exerce a atividade individualmente, isto é, comprovar 5 (cinco) anos de atuação com auditores independentes, bem como aprovação em exame de qualificação técnica, que não se confunde com o exame de competência profissional para a obtenção do registro de contador.

A Instrução Normativa CVM nº 308/99 veda, ainda, a prestação de determinados serviços de consultoria a empresas clientes de auditoria, tais como: reestruturação societária, avaliação de empresas, reavaliação de ativos, determinação dos valores das provisões ou reservas técnicas e provisões para contingências, planejamento tributário e remodelação de sistemas contábil, de informações e de controle interno.

No campo do órgão regulador das instituições financeiras, qual seja, o Banco Central do Brasil (BACEN), a regulamentação da atividade de auditoria consta da Resolução nº 3.198/2004, referente à prestação de serviços de auditoria independente para as instituições financeiras, demais instituições autorizadas a funcionar pelo Banco Central do Brasil e para as câmaras e prestadores de serviços de compensação e de liquidação.

Em seu artigo 1º[80], estabelece que as demonstrações financeiras e notas explicativas das instituições a que nos referimos no parágrafo acima, devem ser auditadas por auditores independentes, registrados na Comissão de

---

[79] Lei nº 10.406/2002 (Código Civil): "Art. 1.023. Se os bens da sociedade não lhe cobrirem as dívidas, respondem os sócios pelo saldo, na proporção em que participem das perdas sociais, salvo cláusula de responsabilidade solidária.".

[80] Resolução do Banco Central do Brasil nº 3.198/2004: "Art. 1º Devem ser auditados por auditores independentes registrados na Comissão de Valores Mobiliários (CVM) e que atendam aos requisitos mínimos a serem fixados pelo Banco Central do Brasil: I - as demonstrações contábeis, inclusive notas explicativas: a) das instituições financeiras e demais instituições autorizadas a funcionar pelo Banco Central do Brasil, exceto as sociedades de crédito ao microempreendedor; b) das câmaras e prestadores de serviços de compensação e de liquidação; II - as demonstrações contábeis previstas no art. 10 da Resolução nº 2.723, de 31 de maio de 2000.".

Valores Mobiliários (CVM) e que atendam aos requisitos mínimos fixados na própria resolução.

Vale registrar que a atividade de auditoria não é restrita a sociedades anônimas de capital aberto, a instituições, sociedades ou empresas que integram o sistema de distribuição e intermediação de valores mobiliários, e tampouco a instituições financeiras e demais instituições autorizadas a funcionar pelo Banco Central do Brasil.

Qualquer empresa pode contratar os serviços de auditoria independente para revisão das suas demonstrações financeiras, para verificação dos seus controles internos ou até como exigência prévia de um terceiro para um operação específica, como por exemplo, uma operação de investimento, uma operação de fornecimento de mercadorias, ou até uma operação de empréstimo, em que a instituição financeira imponha a realização de uma auditoria nas demonstrações financeiras da tomadora do crédito como condição precedente para a operação.

No mercado podemos identificar ocorrência de duas situações de contratação da prestação de serviços de auditoria por uma determinada entidade. A primeira é a contratação da auditoria por *imposição legal*, para aquelas entidades integrantes do sistema financeiro, sujeitas as normas do Banco Central do Brasil (BACEN) e aquelas emissoras de valores mobiliários e sujeitas as normas da Comissão de Valores Mobiliários (CVM), cuja norma exige a verificação das suas demonstrações financeiras por um auditor independente antes da divulgação ao mercado e disponibilizadas aos respectivos órgãos reguladores.

E na segunda, as hipóteses são muitas. Abrange todas as hipóteses de *contratação voluntária* dos serviços do auditor independente por empresas que não estão inseridas no mercado financeiro e reguladas pelo Banco Central do Brasil (BACEN) e pela Comissão de Valores Mobiliários (CVM). Essas empresas podem contratar os serviços de auditoria independente para revisão das suas demonstrações financeiras ou para verificação dos seus controles internos, ou para uma operação específica de compra e venda de ações, captação de empréstimo junto às instituições financeiras, dentre uma gama de atividades.

Na *contratação voluntária*, o profissional ou a sociedade prestadora de serviços de auditoria deverá observar as Normas Brasileiras de Contabilidade de natureza profissional e técnica expedida pelo órgão de classe no planejamento e execução do procedimento de auditoria.

Por outro lado, na contratação por *imposição legal* o auditor independente (profissional ou sociedade), deverá observar, além das Normas Brasileiras de Contabilidade de natureza profissional e técnica, as normas expedidas pela Comissão de Valores Mobiliários (CVM).

E, se a entidade auditada é uma instituição financeira ou demais instituições autorizadas a funcionar pelo Banco Central do Brasil (BACEN), além das normas acima, o auditor deverá observar as normas do Banco Central do Brasil (BACEN), relativas à auditoria das instituições sob a sua competência de supervisão e fiscalização.

3.4. A quem interessa a atividade de auditoria de demonstrações financeiras: o usuário da informação auditada

Vimos que o produto final do serviço de auditoria executado pelo auditor consiste no seu relatório[81], anteriormente denominado de parecer, cuja função é transmitir ao mercado, e a qualquer interessado, que aquela demonstração contábil auditada é confiável, pois passou pelo crivo de um auditor legalmente habilitado e que cumpriu integralmente com os deveres técnicos e profissionais exigidos pela norma na verificação da informação auditada.

Porém, quem é o usuário dessa informação? Quem fará uso desse relatório na tomada de uma decisão de compra e venda de um determinado valor mobiliário ou ativo financeiro colocado, ou mantido, em negociação pela entidade auditada, ou avaliar a administração quanto à responsabilidade que lhe tenha sido conferida, qualidade de seu desempenho e prestação de contas. Ou, ainda, quem fará uso do relatório do auditor para outra finalidade, como por exemplo, a tomada de decisão de concessão de um empréstimo?

Se o relatório do auditor acompanha a demonstração contábil auditada quando a entidade divulga ao mercado as suas informações financeiras, poderíamos adotar o conceito de usuário das demonstrações contábeis dado pelas Normas Brasileiras de Contabilidade e afirmar que o usuário do relatório do auditor, em linhas gerais, são os investidores atuais e potenciais, empregados,

---

[81] Norma Brasileira de Contabilidade (NBC) TA 700, aprovada pela Resolução CFC nº 1.231/2009.

credores por empréstimos, fornecedores e outros credores comerciais, clientes, governos e suas agências e o público, o que de certo modo está correto, pois a quem interessa uma determinada informação contábil, também interessa o parecer do auditor.

Alexandre Demetrius Pereira classifica todo e qualquer usuário da informação auditada como um consumidor por equiparação, ou *bystandard*, ao afirmar que *"(...) a relação que se estabelece entre terceiro e o auditor tem natureza de consumo, uma vez que o terceiro prejudicado pela atividade do auditor se equipararia ao consumidor, em razão de ser vítima de acidente de consumo."*[82][83].

A figura do consumidor por equiparação, ou *bystandard*, tem como objetivo o ressarcimento dos danos causados a terceiros, estranhos à relação de consumo, mas que sofrem prejuízo em razão dos defeitos intrínsecos ou extrínsecos do produto ou do serviço[84]. A finalidade do artigo 17, da Lei nº 8.078/90 (Código de Defesa do Consumidor), é tutelar não só aquele que

---

[82] PEREIRA, Alexandre Demetrius. *Auditoria das Demonstrações Contábeis*: uma abordagem jurídica e contábil. São Paulo: Atlas, 2011. p. 277.

[83] PEREIRA, Alexandre Demetrius. *Auditoria das Demonstrações Contábeis*: uma abordagem jurídica e contábil. São Paulo: Atlas, 2011. p. 62-63: "É inegável que o terceiro usuário das informações auditadas pode sofrer dano pela inadequação da prestação dos serviços de auditoria (vícios de quantidade e vícios de qualidade por inadequação), o que se conceituaria como acidente de consumo para os efeitos legais, atraindo as normas relativas à responsabilidade por fato do serviço. Também não se pode esquecer que terceiros usuários das informações auditadas, estão sujeitos à influência de práticas comerciais abusivas por parte do fornecedor dos serviços (auditor) ou mesmo provenientes da entidade auditada. Ressalte-se, igualmente, que, embora não se trate aqui do conceito clássico de consumidor (art. 2º do CDC), mas do conceito por equiparação (arts. 17 e 29 do CDC), o terceiro se utiliza das informações auditadas como destinatário final, e se encontrará presente na grande maioria dos casos, de modo bastante claro, a vulnerabilidade ou hipossuficiência técnica, jurídica e econômica.".

[84] GRINOVER, Ada Pellegrini *at al. Código de defesa do consumidor*: comentado pelos autores do anteprojeto. 6. ed. Rio de Janeiro: Forense, 1999. p. 175: "Com bastante frequência, os danos causados por vícios de qualidade dos bens ou dos serviços não afetam somente o consumidor, mas terceiros, estranhos à relação jurídica de consumo. (...) Como se decalca, em duas oportunidades distintas o Código se preocupa com "terceiros", nas relações de consumo: no inc. III, parágrafo 3º, do art. 12, quando alude à culpa de terceiros, como causa excludente da responsabilidade do fornecedor, e nesta passagem, para disciplinamento da responsabilidade perante terceiros, protegendo os denominados bystanders, vale dizer, aquelas pessoas estranhas à relação de consumo, mas que sofreram prejuízo em razão dos defeitos intrínsecos ou extrínsecos do produto ou serviço.".

participou da relação de consumo mais todas as vítimas de um acidente de consumo ocorrido em decorrência de uma relação precedente.

Desse modo, para que ocorra a tutela de um terceiro, como se consumidor equiparado fosse, deve haver (a) uma relação de consumo da qual o terceiro não faça parte, (b) um evento danoso, em decorrência dessa relação de consumo, e (c) que esse evento danoso tenha desencadeado prejuízo para um terceiro estranho a essa relação[85].

No entanto, entendemos que o contrato de prestação de serviços de auditoria celebrado entre a entidade auditada e a empresa de auditoria independente não pode ser considerada uma relação de consumo. A entidade não se trata de um consumidor final que contrata auditoria para uma necessidade própria e tampouco pode ser considerada vulnerável econômica ou tecnicamente em relação a empresa de auditoria.

A entidade auditada contrata a prestação dos serviços de auditoria com verdadeiro propósito negocial e estratégico, ora para acessar a poupança popular por meio da emissão de valores mobiliários, ora para realização de negócios de compra e venda ou tomada de crédito para o desenvolvimento da sua atividade empresarial, de modo que se trata de verdadeira relação entre empresários, que não se configura uma relação de consumo, de forma que um terceiro estranho a relação jurídica mantida entre a entidade auditada e empresa de auditoria não pode ser considerado um consumidor *bystandard*.

Em razão disso, na definição de uma matriz de responsabilidade dos auditores independentes junto ao mercado, não há espaço para uma classificação única do usuário da informação auditada, sem analisar as especificidades de cada um e qual a influência do relatório de auditoria nas decisões subjacentes de investimento ou crédito, com vistas a verificar o nexo de causalidade entre a conduta do auditor (violação de um dever legal) e o dano experimentado pelo usuário da informação.

---

[85] REsp 181.580/SP, Rel. Ministro CASTRO FILHO, TERCEIRA TURMA, julgado em 09/12/2003, DJ 22/03/2004, p. 292: "(...) Em consonância com o artigo 17 do Código de Defesa do Consumidor, equiparam-se aos consumidores todas as pessoas que, embora não tendo participado diretamente da relação de consumo, vem a sofrer as conseqüências do evento danoso, dada a potencial gravidade que pode atingir o fato do produto ou do serviço, na modalidade vício de qualidade por insegurança. (...)".

Dentre a gama de usuários do relatório do auditor, primeiramente podemos identificar a *própria entidade auditada*, a quem a informação financeira devidamente revisada por um auditor independente constitui uma importante ferramenta na tomada de decisões pelos próprios orgãos da Companhia, no exercício da sua competência.

Nas sociedades anônimas – tipo societário adotado por aquelas sociedades que acessam a poupança popular por meio da emissão de valores mobiliários e devidamente reguladas pela Comissão de Valores Mobiliários (CVM) – a instalação do Conselho de administração é obrigatória[86] e consiste em um órgão plural deliberativo e de composição colegiada, a quem não incumbe a administração da companhia.

Conforme Arnoldo Wald[87], a função de *administrar* a companhia cabe aos diretores que, individualmente, detém funções próprias e específicas, conforme estabelece o estatuto, cabendo a estes a representação da companhia e o desempenho de tarefas executivas, isto é, a prática dos atos necessários ao regular funcionamento da companhia.

Com efeito, compete a estes diretores, por meio dos departamentos internos da companhia a estes subordinados, a elaboração das demonstrações financeiras que serão submetidas ao crivo do auditor indepenente no exercício das suas atividades.

---

[86] Lei nº 6.404/76: "Art. 138. A administração da companhia competirá, conforme dispuser o estatuto, ao -conselho de administração e à diretoria, ou somente à diretoria. § 1º O conselho de administração é órgão de deliberação colegiada, sendo a representação da companhia privativa dos diretores. § 2º As companhias abertas e as de capital autorizado terão, obrigatoriamente, conselho de administração.".

[87] WALD, Arnold. *A evolução do regime legal do conselho de administração*. In: WALD, Arnold. *Doutrinas essenciais*: direito empresarial. v. III. São Paulo: Revista dos Tribunais, 2010. p. 285-305: "Diversamente do que ocorre com o conselho de administração, a diretoria, órgão necessário em todas as companhia, não tem características de órgão colegiado. Na realidade, os diretores detém, individualmente funções próprias e específicas, cabendo-lhes conforme estabelece o estatuto, a representação da companhia e o desempenho das tarefas executivas, compreendendo a administração da empresa, cada um no âmbito de suas atribuições. Nesse sentido o art. 144 da Lei 6.404/76 expressamente estabelece que aos diretores compete a representação da companhia e a prática dos atos necessários ao seu funcionamento regular, ou seja, dos atos de gestão.".

Por sua vez, compete ao conselho de administração, dentre outras atribuições previstas no artigo 142, da Lei nº 6.404/76[88], manifestar-se sobre o relatório da administração e as contas da diretoria, de modo que o cumprimento dessa atribuição só é possível se as demonstrações financeiras fornecidas pela diretoria ao conselho de administração são fidedignas.

De igual modo, o relatório de auditoria é essencial para que a assembleia geral – orgão soberano da companhia[89], a quem compete tomar as contas dos administradores, examinar, discutir e votar as demonstrações financeiras[90] – e ao conselho fiscal, quando em funcionamento[91], a quem compete examinar as demonstrações financeiras do exercício social e sobre elas opinar[92], exercerem corretamente o seu papel institucional.

Nesse sentido, o relatório de auditoria constitui importante ferramenta para atestar a regularidade das informações disponibilizadas pela diretoria aos demais orgãos da companhia, obstaculizando a prática de atos por aqueles que exercem a administração no dia a dia da companhia e podem ter tendências a distorcer os números e não permitir uma análise precisa da situação financeira da entidade auditada pelos seus próprios orgãos internos.

Além da *própria entidade auditada*, num ambiente de contratação de auditoria independente por imposição legal, isto é, pelas entidades integrantes do sistema financeiro, sujeitas as normas do Banco Central do Brasil (BACEN) e aquelas emissoras de valores mobiliários e sujeitas as normas da Comissão

---

[88] Lei nº 6.404/76: "Art. 142. Compete ao conselho de administração: (...) V - manifestar-se sobre o relatório da administração e as contas da diretoria; (...)".

[89] FILHO, Alfredo Lamy e PEDREIRA, José Luiz Bulhões et al. *Direito das Companhias*. Rio de Janeiro: Forense, 2009. p. 871: "A assembleia geral é o órgão social formado pelo conjunto de acionistas reunidos, devidamente convocado e instalado na forma da lei e dos estatutos, para deliberar sobre matéria de interesse da sociedade.".

[90] Lei nº 6.404/76: "Art. 122. Art. 122. Compete privativamente à assembleia geral: (...) III - tomar, anualmente, as contas dos administradores e deliberar sobre as demonstrações financeiras por eles apresentadas; (...)".

[91] LAZZARESCHI NETO, Alfredo Sérgio. *Lei das sociedades por ações anotadas*. 3. ed. São Paulo: Saraiva, 2010. p. 418: "O conselho fiscal é o órgão de existência obrigatória, mas de funcionamento facultativo. O conselho fiscal é um órgão de assessoramento da assembleia geral, na apreciação das contas dos administradores e na votação das demonstrações financeiras da sociedade anônima.".

[92] Lei nº 6.404/76: "Art. 163. Compete ao conselho fiscal: (...) VII - examinar as demonstrações financeiras do exercício social e sobre elas opinar; VIII - exercer essas atribuições, durante a liquidação, tendo em vista as disposições especiais que a regulam.".

de Valores Mobiliários (CVM), podemos identificar dois tipos de usuários da informação financeira e do relatório do auditor independente, o *usuário previsto* e o *usuário previsível*.

A norma técnica de auditoria prevê uma classe de usuários denominada de *usuário previsto*[93], que são as pessoas individualmente desconhecidas, mas que constituem um grupo de interesse específico nas demonstrações contábeis de uma determinada entidade, bem como no relatório de auditoria elaborado sobre essas informações.

Trata-se de um grupo de pessoas qualificadas, cujo auditor não consegue identificar individualmente, mas sabe que o grupo como um todo possui interesse no resultado do seu trabalho, pois possuem demandas significativas e comuns sobre a informação divulgada. Como observam Audrey et al (2012)[94], essa categoria de usuário da informação do auditor é formada por pessoas individualmente desconhecidas, mas que integram uma classe conhecida ou visada por terceiros.

São aqueles usuários que possuem conhecimento para compreender os riscos relacionados ao produto, serviço ou operação que pretendem contratar no mercado, cuja Instrução Normativa (CVM) nº 554/2014[95], dá a nomenclatura

---

[93] Norma Brasileira de Contabilidade (NBC) TA ESTRUTURA CONCEITUAL PARA TRABALHO DE ASSEGURAÇÃO, aprovada pela Resolução CFC nº 1.202/2009 "Usuários previstos: 27. Os usuários previstos são as pessoas ou o grupo de pessoas para quem o auditor independente submete seu relatório de asseguração. A parte responsável pode ser um dos usuários previstos, mas não pode ser o único. 28. Sempre que possível, o relatório de asseguração é dirigido a todos os usuários previstos, mas em alguns casos, podem existir outros usuários. O auditor independente pode não ser capaz de identificar todos os que irão ler o relatório de asseguração, particularmente quando houver grande número de pessoas que tenham acesso ao relatório. Nesses casos, particularmente quando for provável que possíveis leitores tenham vasta escala de interesses no objeto, os usuários previstos podem ser limitados aos principais interessados com demandas significativas e comuns. Os usuários previstos podem ser identificados de diferentes formas, por exemplo, mediante acordo entre o auditor independente e a parte responsável, com a parte contratante ou por lei."

[94] GRAMLING, Audrey A., RITTENBERG, Larry E., JOHNSTONE, Karla M. Auditing. (tradução: Antonio Zorato Sanvicente). São Paulo: Cengage Learning, 2012. p. 668.

[95] Instrução Normativa (CVM) nº 554/2014: "Art. 9º-A São considerados investidores profissionais: I – instituições financeiras e demais instituições autorizadas a funcionar pelo Banco Central do Brasil; II – companhias seguradoras e sociedades de capitalização; III – entidades abertas e fechadas de previdência complementar; IV – pessoas naturais ou jurídicas que possuam investimentos financeiros em valor superior a R$ 10.000.000,00 (dez milhões de reais) e que, adicionalmente, atestem por escrito sua condição de investidor profissional mediante

de investidores profissionais. São eles, as (i) instituições financeiras e demais instituições autorizadas a funcionar pelo Banco Central do Brasil; (ii) companhias seguradoras e sociedades de capitalização; (iii) entidades abertas e fechadas de previdência complementar; (iv) pessoas naturais ou jurídicas que possuam investimentos financeiros em valor superior a R$ 10.000.000,00 e que, adicionalmente, atestem por escrito sua condição de investidor profissional mediante termo próprio; (v) fundos de investimento; (vi) clubes de investimento, cuja carteira seja gerida por administrador de carteira autorizado pela CVM; (vii) agentes autônomos de investimento, administradores de carteira, analistas e consultores de valores mobiliários autorizados pela CVM, em relação a seus recursos próprios; e (viii) investidores não residentes.

Para esses usuários, a existência de informações financeiras auditadas via de regra, pode ser considerada como um pressuposto para a tomada de decisão subjacente de investimento em uma determinada entidade. O *usuário previsto* não só analisa os fatores econômicos da empresa alvo do investimento, como verifica se suas informações foram auditadas e o conteúdo do relatório do auditor.

Em outras palavras, a existência de uma informação auditada e o conteúdo do relatório do auditor é essencial para a tomada de decisão de investimento. Poderíamos até afirmar que sem a existência de uma informação auditada, sequer haveria a análise de outros fatores da entidade para a tomada de uma decisão.

Isto porque, ter as informações auditadas pode ser um requisito para a realização do investimento, por constar nas diretivas do investidor qualificado como, por exemplo, no regulamento[96] de um fundo de investimento, cujo

---

termo próprio, de acordo com o Anexo 9-A; V – fundos de investimento; VI – clubes de investimento, desde que tenham a carteira gerida por administrador de carteira de valores mobiliários autorizado pela CVM; VII – agentes autônomos de investimento, administradores de carteira, analistas e consultores de valores mobiliários autorizados pela CVM, em relação a seus recursos próprios; VIII – investidores não residentes." (NR). Artigo com vigência a partir de 01 de outubro de 2015.

[96] REGULAMENTO DO CONSTELLATION AÇÕES FUNDO DE INVESTIMENTO DE AÇÕES (CNPJ nº 08.671.980/0001-66): Artigo 8º O FUNDO se classifica como um fundo de ações e aplicará 67% (sessenta e sete por cento), no mínimo, de seu patrimônio líquido nos seguintes ativos financeiros: I. ações admitidas à negociação em bolsa de valores ou entidade do mercado de balcão organizado; II. bônus ou recibos de subscrição e certificados de depósito de ações admitidas à negociação nas entidades referidas no inciso I deste Artigo; III. cotas

critério a ser observado para a definição de investimento é a alocação de recursos apenas em valores mobiliários de companhias abertas que, por sua vez, tem as demonstrações contábeis devidamente auditadas por determinação legal.

Ou, até por força do próprio arcabouço normativo do órgão regulador (CVM) que, em algumas hipóteses, estabelece que determinados veículos de investimento apenas possam adquirir papéis de emissores com demonstrações contábeis devidamente auditadas por auditores independentes e registrados na Comissão de Valores Mobiliários (CVM) como, por exemplo, os Fundo de Investimento em Participações (FIP)[97].

Temos, ainda, uma classe ou categoria de usuários cuja doutrina[98] denomina de *usuário previsível*, que são os acionistas atuais ou potenciais de uma determimanda entidade, correntidas de uma instituição financeira e investidores individuais, para quem a existência ou não do relatório de auditoria pode não ser um pressuposto para a tomada de uma decisão de investimento.

Dentro dessa categoria de usuário, estão inseridos aqueles investidores individuais, que em nome próprio, realizam operações por conta própria, por meio de sistemas eletrônicos disponibilizados pelas corretoras de valores que conectam o usuário diretamente ao ambiente de negócio dos valores mobiliários (bolsa de valores), os chamados *home broker*, que atuam diretamente no ambiente de negociação, por sua conta e risco, sem a intervenção de qualquer

---

de fundos de ações e cotas dos fundos de índice de ações negociadas nas entidades referidas no inciso I deste Artigo; e IV. *Brazilian Depositary Receipts* classificados como nível II e III, de acordo com o art. 3º, §1º, incisos II e III da Instrução CVM nº 332, de 04 de abril de 2000.

[97] Instrução Normativa (CVM) nº 391/2003: Art. 2º O Fundo de Investimento em Participações (fundo), constituído sob a forma de condomínio fechado, é uma comunhão de recursos destinados à aquisição de ações, debêntures, bônus de subscrição, ou outros títulos e valores mobiliários conversíveis ou permutáveis em ações de emissão de companhias, abertas ou fechadas, participando do processo decisório da companhia investida, com efetiva influência na definição de sua política estratégica e na sua gestão, notadamente através da indicação de membros do Conselho de Administração. (...)§4º As companhias fechadas referidas no *caput* deverão seguir as seguintes práticas de governança: (...) VI – auditoria anual de suas demonstrações contábeis por auditores independentes registrados na CVM.

[98] GRAMLING, Audrey A., RITTENBERG, Larry E., JOHNSTONE, Karla M. *Auditing*. (tradução: Antonio Zorato Sanvicente). São Paulo: Cengage Learning, 2012. p. 669: "Aqueles que previsivelmente poderiam usar as demonstrações financeiras. Exemplo: credores e acionistas atuais e potenciais.".

gestor de recursos, baseando-se em análises de investimento realizadas por terceiros, cujo parecer do auditor pode nem ser objeto de leitura, sendo a rentabilidade do ativo e o seu emissor os fatores preponderantes para a tomada da decisão de investimento.

Os fatores econômicos como rentabilidade histórica e distribuição anual de dividendos, em regra, são mais relevantes para esse usuário do que a existência e o conteúdo do relatório do auditor sobre a entidade alvo do investimento, de forma que não se pode afirmar que esse usuário basea-se a sua decisão de investimento na existência ou não de um relatório de auditoria. Com efeito, como veremos a seguir, esse fator pode ser levado em consideração na aferição da culpa do auditor na hipótese de dano.

Já no ambiente de contratação voluntária de uma auditoria independente, isto é, na contratação dos serviços do auditor por empresas que não estão inseridas no mercado financeiro e reguladas pelo Banco Central do Brasil (BACEN) e pela Comissão de Valores Mobiliários (CVM) para revisão das suas demonstrações financeiras ou para verificação dos seus controles internos, ou para uma operação específica de compra e venda de ações, captação de empréstimo junto às instituições financeiras, dentre uma gama de atividades, podemos identificar outras duas classes de usuários, quais sejam, o *terceiro beneficiário* e o *usuário identificado*.

O *terceiro beneficiário* é aquele cuja as partes contratantes dispuseram no contrato de prestação de serviços quais seriam os beneficiários dessa auditoria independente, ou seja, nos *considerandos* desse instrumento de contratação as partes fixaram que os serviços de auditoria independente serão realizados em benefício de terceiros determinados.

Por exemplo, no contrato de prestação de serviços ficou consignado que o relatório de auditoria será realizado em benefício dos acionistas vendedores da companhia e dos compradores interessados naquele momento, ou no caso de empréstimo e de fornecimento, em benefício do banco ou o do fornecedor.

Sob o ponto de vista estrutural, essa relação contratual configurar-se-á como uma relação triangular, visto que além da entidade auditada e a empresa de auditoria, há um *terceiro beneficiário* que não faz parte da relação contratual mas, como veremos a seguir, pode adquirir um direito de crédito contra a auditoria independente.

Por fim, temos o *usuário identificado*, que conforme Audrey et al (2012)[99], consiste naquele que o auditor sabe que usará as demonstrações financeiras para uma finalidade específica, muito embora o usuário não seja consignado no contrato de prestação de serviços.

Em outras palavras, a companhia celebra um contrato de prestação de serviços com uma empresa de auditoria independente, que conhece a finalidade para que os trabalhos de auditoria independente estão sendo contratados, isto é, por exemplo, auxiliar os acionistas vendedores e o comprador na fixação do preço do negócio, mas não há no contrato de prestação de serviços a identificação desse terceiro expressamente, acarretando na elaboração de um relatório de auditoria em benefícios de terceiros indeterminados, mas identificáveis diante da finalidade da contratação.

Para melhor compreensão, são usuários da informação auditada (a) a *própria entidade auditada*, a quem a informação financeira devidamente verificada por um auditor independente constitui uma importante ferramenta na tomada de decisões pelos próprios orgãos da Companhia, no exercício das suas respectivas competências, (b) o *terceiro beneficiário*, que é aquele cuja as partes contratantes dispuseram no contrato de prestação de serviços como beneficiário da auditoria independente, (c) o *usuário previsto*, que são aqueles que possuem conhecimento para compreender os riscos relacionados ao produto, serviço ou operação que pretendem contratar no mercado, cuja Instrução Normativa (CVM) nº 554/2014, dá a nomenclatura de investidores profissionais, (d) o *usuário previsível*, que são os acionistas atuais ou potenciais de uma determianda entidade, correntidas de uma instituição financeira, investidores individuais, e (d) o *usuário identificado*, que consiste naquele que o auditor sabe que usará as demonstrações financeiras para uma finalidade específica, como uma compra e venda de ações, muito embora o usuário não seja consignado no contrato de prestação de serviços.

---

[99] GRAMLING, Audrey A., RITTENBERG, Larry E., JOHNSTONE, Karla M. *Auditing*. (tradução: Antonio Zorato Sanvicente). São Paulo: Cengage Learning, 2012. p. 667.

4. AUDITORIA INDEPENDENTE: OS GUARDIÕES DO MERCADO. PROTEÇÃO E CONFIABILIDADE AOS USUÁRIOS. A DELIMITAÇÃO DA SUA ATIVIDADE E SEU CONTEÚDO OBRIGACIONAL

Como vimos anteriormente, o conceito de auditoria independente é a atividade executada por profissional, de modo imparcial e objetivo que, com base nas normas brasileiras e internacionais de auditoria executa a coleta de evidências para comprovar as afirmações, geralmente feitas pelos administradores da entidade auditada, avalia essas informações e comunica o resultado aos administradores da entidade auditada e aos usuários externos do parecer da auditoria, com vistas a aumentar o grau de confiança dos usuários sobre a informação divulgada.

Mas o que seria efetivamente a função do auditor independente perante os agentes de mercado, bem como o que o mercado espera desses profissionais? Esses são os maiores desafios a serem respondidos, inclusive por todo o mercado.

É certo que os agentes de mercado precisam se apoiar em informações financeiras transparentes para a tomada de uma decisão. O mercado de títulos ou valores mobiliários depende de dados previstos, confiáveis e neutros, que representem efetivamente a situação econômica do seu emissor. Se o mercado não recebe dados confiáveis, os investidores sentem-se inseguros em relação ao ambiente de investimento, especialmente em tomar decisões incorretas e perder muito dinheiro, o que pode levar esse ambiente ao colapso.

A existência de um mercado eficiente, um ambiente de investimento em valores mobiliários ou instrumentos financeiros colocados no mercado por determinadas entidades, está diretamente vinculada à confiabilidade dessas instituições. Essa confiabilidade varia em maior ou menor grau de acordo com a disponibilidade e a qualidade das informações divulgadas aos interessados[100].

Inclusive, logo após a sua criação, a Comissão de Valores Imobiliários (CVM) editou a *"Regulação do Mercado de Valores Mobiliários: Fundamento e Princípios"*, aprovado pela Resolução nº 426/78, e sinalizou pela primeira vez a *confiabilidade* dos participantes desse mercado como atributo essencial para o desenvolvimento do mercado de valores mobiliários: *"A confiabilidade é requisito fundamental para a existência e o desenvolvimento de um vigoroso mercado de valores imobiliário. Esse mercado somente cumprirá a sua função alocativa com eficiência se todos os participantes acreditarem no seu funcionamento impessoal e equânime"*.

Como enfatizam Rashad e Khalik (2004)[101], um usuário não confiaria que as demonstrações contábeis publicadas são representações fidedignas da posição contábil e financeira de uma determinada entidade, se divulgadas sem qualquer revisão externa, porque os proprietários ou os executivos de uma determinada entidade têm um incentivo econômico para maquiar as informações e fazer com que sua entidade pareça mais lucrativa e financeiramente estável do que é.

---

[100] MARTINEZ, Ana Paula. Revista de Direito Bancário e do Mercado de Capitais, vol. 28, Abr/ 2005DTR\2005\245. p. 95: "A existência de um mercado de capitais eficiente está diretamente ligada à credibilidade que as companhias gozam entre os investidores e essa credibilidade é maior ou menor em função da qualidade e do número de informações disponíveis sobre as mesmas. Se é verdade que a assimetria de informações³entre companhia e mercado estará sempre presente, é também verdade que ela pode ser reduzida significativamente por meio de uma boa política de divulgação de informações. A garantia de acesso a informações necessárias para que o investidor tenha conhecimento de todos os riscos existentes ao fazer seu investimento funciona como um incentivo ao investimento e ao consequente desenvolvimento do mercado de capitais e do país."

[101] RASHAD, A e KHALIK, Abdel. *Dicionário enciplopédico de contabilidade*. São Paulo: Atlas, 2004. p. 31: "Na ausência de uma função independente de auditoria, os usuários individuais de demonstrações contábeis teriam muito menos probabilidade de assumir que as demonstrações contábeis publicadas são representações honestas de certos assuntos contábeis da entidade. Por quê? Porque os proprietários da empresa e seus executivos não proprietários da empresa têm incentivo econômico para maquiar suas demonstrações contábeis, isto é, fazer suas entidades parecerem mais lucrativas e financeiramente estáveis do que elas realmente são.".

E não poderia ser diferente. O ser humano reage a incentivos. O incentivo é algo que induz a pessoa a agir. As pessoas racionais tomam decisões comparando custo e benefício[102]. Assim, as pessoas com poder decisório poderiam optar por divulgar informações parcialmente favoráveis ao seu bem estar pessoal, em detrimento de todos os participantes do mercado[103].

Logo, não é só a quantidade ou qualidade da informação divulgada pela entidade ao mercado que dá ao investidor a confiabilidade necessária na sua decisão de investimento. O que atribui a confiança do investidor à informação financeira e contábil de uma entidade é a existência de terceiros que funcionam como guardiões do mercado, como obstáculo à prática pelos administradores da entidade auditada, que são aqueles que elaboram as demonstrações contábeis, de atos tendentes a distorcer - seja em decorrência de fraude ou erro - as informações divulgadas.

Esses terceiros são os intermediários reputacionais, que atuam em relação à entidade auditada como vigias ou guardiões, obstaculizando a realização de atos antijurídicos e evitando que os demais agentes do mercado sejam prejudicados. Atuam como verdadeiros fiscalizadores de condutas ilegais, especialmente da administração da companhia, com o objetivo de preservar a existência e o desenvolvimento do mercado em que atuam.

4.1. Os guardiões do mercado. A teoria dos *Gatekeepers*

O termo *gatekeepers*, ou guardião, nasceu e foi desenvolvido inicialmente no âmbito do direito societário, em discussões sobre governança corporativa[104],

---

[102] MANKIW, Gregory N. *Introdução à economia*. (tradução: Allan Vidigal Hastings e Elisete Paes e Lima). 5 ed. São Paulo: Cengage Learning, 2009. p. 7: "Incentivo é algo que induz a pessoa a agir. Como as pessoas racionais tomam decisões comparando custo e benefício, elas respondem a incentivos, que têm papel importante no estudo de economia. Certo economista sugeriu que todo o setor da economina poderia ser simplesmente resumido com a seguinte frase: "as pessoas responden a incentivos. O resto são comentários".

[103] SILVEIRA, Alexandre Di Miceli da . *Governança corporativa no Brasil e no mundo*: teoria e prática. 1. ed. Rio de Janeiro: Elsevier, 2010. v. 1. p 2.

[104] HAENSEL, Taimi. *A figura dos gatekeepers*: aplicação às instituições intermediárias do mercado organizado de valores mobiliários brasileiro. São Paulo: Almedina, 2014. p. 66.

que se refere a um conjunto de mecanismos que buscam fazer com que as decisões corporativas sejam sempre tomadas com a finalidade de maximizar a perspectiva de geração de valor da entidade ao longo do tempo[105].

A asseguração de um processo decisório fundado em *freios e contrapesos* exige-se a presença de regras que possam mitigar a tomada de decisões equivocadas em função dos interesses de uma determinada pessoa, em detrimento dos interesses da companhia. Eis que surge a figura do guardião, órgãos ou pessoa dentro ou fora da estrutura da companhia com poder de revisão ou certificação de determinadas decisões, a atuar de forma coercitiva para que aquele que irá decidir não tome uma medida equivocada. Daí que se afirma que o termo *gatekeepers* nasce do desenvolvimento de regras de governança corporativa.

Explica John C. Coffe Jr. (2006)[106] que o termo *gatekeepers*, como hoje é utilizado e desenvolvido, principalmente no direito comparado, conota

---

[105] SILVEIRA, Alexandre Di Miceli da. *Governança corporativa no Brasil e no mundo:* teoria e prática. 1. ed. Rio de Janeiro: Elsevier, 2010. v. 1. p 2.

[106] COFFE, John C. *Gatekeepers the professions and corporate governance.* 1. ed. USA: Oxford, 2006. p. 2.: "Typically, the term connotes some form of outside or independent watchdog or monitor — someone who screens out flaws or defects or who verifies compliance with standards or procedures. (...) However, defining gatekeepers simply in terms of their capacity to veto or withhold consent misses what is most distinctive about the professionals who serve investors in the corporate context. Inherently, they are repeat players who provide certification or verification services to investors, vouching for someone else who has a greater incentive than they to deceive. Thus, a second and superior definition of the gatekeeper is an agent who acts as a reputational intermediary to assure investors as to the quality of the 'signal' sent by the corporate issuer. The reputational intermediary does so by lending or 'pledging' its reputational capital to the corporation, thus enabling investors or the market to rely on the corporation's own disclosures or assurances where they otherwise might not.". (Tradução livre: Normalmente, o termo conota alguma forma de vigilância independente ou um monitor - alguém que filtra o falhas ou defeitos ou que verifica o cumprimento das normas ou procedimentos. (...) No entanto, a definição de gatekeepers simplesmente em termos de sua capacidade de vetar ou recusar o seu consentimento perde o que é mais característico sobre os profissionais que atendem investidores no contexto corporativo. Eles são jogadores de repetição que prestam serviços de certificação ou verificação para os investidores, a garantia para alguém que tem um incentivo maior do que eles para enganar. Assim, uma segunda e superior definição do gatekeeper é um agente que atua como um intermediário de reputação para assegurar aos investidores quanto à qualidade do "sinal" enviado pelo emissor corporativo. O intermediário de reputação faz isso emprestando o seu capital reputacional para a corporação, permitindo assim que os investidores ou o mercado tenham confiança naquilo que foi divulgado e garantia da dua fidedignidade.).

alguma forma de monitoramento ou vigilância. Alguém que identifica falhas ou defeitos ou que verifica a conformidade com as normas ou procedimentos. Trata-se de um agente que atua como intermediário de reputação para garantir aos investidores um *selo* de confiança sobre determinada entidade. Esse guardião do mercado empresta o seu capital reputacional, adquirido em decorrência de anos de atuação, para uma entidade, permitindo assim que o mercado confie nas sua informações divulgadas. Taimi Haensel (2014), nas lições de John C. Coffe Jr., conceitua *gatekeepers* da seguinte maneira:

> Indivíduos ou instituições dotadas de qualidades especializadas (por vezes ligadas a uma profissão), que se valem da confiança e da reputação adquiridas para assegurar, ao mercado de valores mobiliários e aos investidores, a conformidade ao ordenamento jurídico das operações que passarem por seu exame.[107]

De acordo com John C. Coffe Jr.[108] são *gatekeepers* todas aquelas instituições que prestam serviços de certificação ou verificação em benefício dos investidores, por exemplo, os auditores que realizam atividade de verificação das demonstrações contábeis de uma determinada entidade, um banco de investimento que emite uma opinião relativa a uma determinada operação societária e assegura aos minoritários o preço justo de uma ação; as agências de classificação de risco, que atribuem uma classificação aos títulos de uma determinada entidade, bem como os analistas de valores mobiliários, que não

---

[107] HAENSEL, Taimi. *A figura dos gatekeepers*: aplicação às instituições intermediárias do mercado organizado de valores mobiliários brasileiro. São Paulo: Almedina, 2014. p. 68.
[108] COFFE, John C. *Gatekeepers the professions and corporate governance*. 1. ed. USA: Oxford, 2006. p. 2/3.: "Examples of gatekeepers providing such certification or verification services to investors are obvious: the auditor certifies that the corporation's financial statements comply with generally accepted accounting principles; the investment banker delivers a fairness opinion in a cash-out merger that assures the minority shareholders of the company that they have received a 'fair' price; and the credit-rating agency assigns a rating to the corporation's debt securities. The securities analyst best illustrates the difference in these two de definitions, as it has no power to block or veto any transaction, but its positive evaluation may lend credibility to the subject company's own disclosures or predictions. Under this second definition, however, the board of directors typically does not qualify as a gatekeeper because its members typically serve too few corporations to have developed reputational capital as monitors.".

têm o poder para bloquear ou vetar qualquer transação, mas a sua avaliação positiva dá credibilidade às divulgações ou previsões da própria entidade.

O advogado, em certas atividades, pode ser considerado também um *gatekeeper*, especificamente quando realiza atividade de elaboração e revisão das informações a serem divulgadas pelo *underwriter* em uma oferta pública, ou seja, quando realiza a *due diligence* das informações a serem divulgadas.

No entanto, quando se apresenta como consultor e advogado do cliente, que é a parte interessada no sucesso da operação, não podemos nos esquecer de que esse profissional atua nos interesses do seu cliente, de modo que careceria da isenção necessária para o exercício de uma atividade de guardião do mercado, já que estaria diretamente envolvido na estruturação de uma operação e, por conseguinte, não conseguindo se manter independente em relação ao seu cliente.

O *gatekeeper* é um guardião inserido no sistema para prevenir irregularidades ou divulgá-las quando descobertas. Tem como finalidade essencial funcionar como barreira para a entrada ou permanência de entidades no mercado que não reúnam condições necessárias para acesso a recursos de um investidor.

A atuação do *gatekeepers*, por meio de uma conduta ativa ou reativa, dirá ao mercado que a entidade verificada possui problemas, que precisam ser avaliados e levados em consideração na decisão de investimento, ou sequer possui condições de acessar ao mercado. Daí o significado de porteiro ou guardião do mercado, pois é o *gatekeeper* que permite ou impede o acesso de uma entidade ao mercado.

Essa conduta ativa ou reativa dos *gatekeepers* consiste em uma afirmação pública de que determinada entidade não reúne condições para sua participação no mercado e se dá com a recusa de um cliente ou o fornecimento de um parecer necessário para uma determinada operação, ou com a manifestação dos *gatekeepers* em seu relatório sobre a qualidade da informação, como no caso dos auditores, um relatório negativo ou com ressalvas acerca da fidedignidade das informações.

De acordo com a teoria dos *gatekeepers* nas lições de John C. Coffe Jr.[109], esses personagens do mercado têm um capital reputacional construído ao

---

[109] COFFE, John C. *Gatekeepers the professions and corporate governance*. 1. ed. USA: Oxford, 2006. p. 2.: "The gatekeeper is trusted to the extent that it is a repeat player who possesses

longo dos anos, atuando para diversos clientes, cuja perda dessa reputação seria maior que qualquer incentivo econômico que iria receber de um determinado cliente se fornecesse uma certificação distante da realidade. Isto é, seria irracional que um guardião colocasse a sua reputação em risco em troca de algum benefício financeiro pontual.

Se o mercado não entende como adequadas as informações de determinada entidade fornecidas diretamente por ela aos usuários, para a teoria dos *gatekeepers*, a existência e a atuação desses guardiões funciona, para os proprietários da entidade ou seus executivos, como um desestímulo às práticas de atos com a finalidade de maquiar suas demonstrações contábeis, isto é, fazer suas entidades parecerem mais lucrativas e financeiramente estáveis do que elas realmente são.

Taimi Haensel, baseando-se nas lições de John C. Coffe Jr., afirma que *"o gatekeeper deixaria de tomar parte em atividades contrárias à lei, ou, ao menos, consideraria a hipótese de não o fazer, na medida em que, se a desconformidade ou ilícito for descoberto, prejudicaria seu capital reputacional, construído ao longo do tempo."*[110]

A reputação do *gatekeeper* constitui, portanto, o pilar da confiabilidade dos usuários e necessária ao pleno funcionamento do mercado. O que faz os usuários acreditarem no funcionamento de um ambiente de negociação de títulos e valores mobiliários é justamente o cuidado e conhecimento que esse terceiro imprimirá na prestação dos seus serviços. Em outras palavras,

---

significant reputational capital that would be lost or depreciated if it were found to have condoned wrongdoing. In theory, so long as the gatekeeper has reputational capital at risk whose value exceeds the expected profit that it will receive from the client, it logically should be faithful to investors and not provide a false or reckless certification. Once, this answer went unchallenged. Indeed, one well-known and highly intelligent federal judge justificaded the dismissal of a securities class action against a major auditing firm by explaining that it would simply be 'irrational' for auditors to acquiesce in fraud.". (Tradução livre: O *gatekeeper* é confiável na medida em que é um jogador de repetição que possui capital reputacional significativo que seria perdido ou depreciado se forem utilizados na tolerância de uma ilegalidade. Em teoria, desde que o *gatekeeper* tem capital reputacional em risco cujo valor exceda o lucro esperado que ele irá receber do cliente, ele logicamente deve ser fiel aos investidores e não fornecer uma certificação falsa ou imprudente. Na verdade, um bem conhecido e altamente inteligente Juiz Federal justificou em uma ação de classe de valores mobiliários contra uma grande empresa de auditoria, explicando que seria simplesmente irracional os auditores irrational aquiescerem na fraude.).

[110] HAENSEL, Taimi. *A figura dos gatekeepers:* aplicação às instituições intermediárias do mercado organizado de valores mobiliários brasileiro. São Paulo: Almedina, 2014. p. 77.

os usuários dessa informação têm a confiança, diante do envolvimento direto desse terceiro e da sua reputação na revisão e na certificação da operação, que o exame foi empreendido de maneira diligente.

4.2. A função do auditor independente no mercado: proteção e confiabilidade

Ao inserir-se como revisora obrigatória das demonstrações financeiras de uma determinada entidade, como afirma Taimi Haensel[111], a auditoria independente atua como verdadeira guardiã do mercado, pois, é capaz de vetar tanto a entrada como a permanência de entidade auditada no mercado. Se a regulação de um determinado mercado exige que a entrada de uma entidade, na qualidade de emissora de um valor mobiliário ou instrumento financeiro, precisa auditar previamente, e depois anualmente, as suas demonstrações contábeis, esse auditor tem como impedir a entrada ou a permanência dessa entidade no mercado, funcionando como um verdadeiro guardião na proteção dos interesses dos investidores.

É justamente dessa função de guardião e proteção dos interesses dos investidores que deriva uma percepção de confiança dos usuários na atividade de auditoria independente[112]. Os usuários confiam nas informações divulgadas, justamente porque foram auditadas e se houvesse alguma distorção em decorrência de erro ou fraude, o auditor não permitiria o acesso da entidade ao mercado ou, se já inserida no mercado, divulgaria um relatório com ressalvas, justamente apontando os problemas identificados[113].

---

[111] HAENSEL, Taimi. *A figura dos gatekeepers:* aplicação às instituições intermediárias do mercado organizado de valores mobiliários brasileiro. São Paulo: Almedina, 2014. p. 92.

[112] FORGIONI, Paula A. *Contratos empresariais:* teoria geral e aplicação. São Paulo: Revista dos Tribunais, 2015. p. 133: "Podemos definir confiança [trust] como 'um determinado nível de probabilidade subjetiva com a qual um agente avalia que um outro agente ou grupo de agentes praticarão uma determinada ação', a existência da confiança aperfeiçoa a fluência das relações de mercado.".

[113] Exposição de motivos do Regulamento da Comissão de Mercado de Valores Mobiliários (CMVM) de Portugal nº 1/2014, referente ao Registo de auditores na CMVM e seus deveres: "A auditoria às contas visa reforçar o grau de confiança e credibilidade dos utilizadores nas demonstrações financeiras.".

Essa confiança depositada nas atividades do auditor independente encontra seu fundamento de existência nos pilares essenciais que o caracterizam como um guardião do mercado. Com base nessas características essenciais, o público encontra a base de sustentação para confiar no auditor independente. Importaria em questionar quais seriam os incentivos para que o auditor independente não compactuasse com fraudes ou erros cometidos pela administração de uma determinada entidade.

O primeiro pilar de sustentação dessa confiança, como já dissemos anteriormente, é a reputação do auditor e da empresa de auditoria independente. Essa qualidade do auditor independente é requisito essencial para a sua participação e manutenção da sua atuação no mercado. Conforme John C. Coffe Jr.[114], a reputação é tão importante para o exercício dessa atividade, que o acesso de novos guardiões ao mercado é muitas vezes restrito, pois não há

---

[114] COFFE, John C. *Gatekeepers the professions and corporate governance*. 1. ed. USA: Oxford, 2006. p. 3.: "Central to this model is the concept of reputational capital and the subsidiary idea that it can be pledged or placed at risk by the gatekeeper's vouching for its client's assertions or projections. As always, there is a gap between theory and reality, and in the real world, events do not play out in quite this frictionless fashion. For example, that reputational capital is important also explains why entry into the market for gatekeeping services is often restricted. Put simply, one cannot be a credible gatekeeper without significant reputational capital. Because new entrants typically lack such capital, they thus face a high barrier to entry. This, in turn, implies a tendency for such markets to be concentrated and even oligopolistic in character. As will be seen, in such a concentrated market, gatekeepers can collude, or at least engage in consciously parallel behavior, that subordinates the protection of reputational capital to other goals. Rather than compete to enhance their reputations, they may quietly permit their reputations to become noisy and indistinct, so long as entry to new firms into the market is restricted.". (Tradução livre: Central para este modelo é o conceito de capital de reputação é a idéia subsidiária que possa ser penhorado ou colocada em risco por atestação do gatekeeper para afirmações ou projeções de seus clientes. Como sempre, há uma lacuna entre a teoria e a realidade. Por exemplo, também que o capital reputacional é importante explica por que a entrada no mercado de serviços de gatekeeping é muitas vezes restrito. Simplificando, não se pode ser um gatekeeper 'acreditado' sem capital de reputacional significativo. Porque os novos operadores normalmente não têm esse capital, que, assim, enfrentam uma alta barreira à entrada. Este, por sua vez, implica uma tendência para esses mercados a concentração e até mesmo de oligopólio. Como será visto, em um mercado tão concentrado, guardiões podem conspirar, ou pelo menos se envolver em comportamento conscientemente paralelo, que subordina a proteção da capital de reputação para outros objetivos. Em vez de competir para melhorar suas reputações, eles podem tranquilamente permitir que suas reputações seja utilizadas de maneira indistinta pelas entidades, desde que a entrada de novas empresas no mercado fique restrita.).

guardião sem reputação e daí explica até uma concentração de mercado nas mãos de poucos agentes.

A possibilidade de perda da reputação, que levaria o auditor e a empresa de auditoria independente a não ter mais acesso ao mercado em que atua, ocasionando a paralisação das suas atividades, funciona como um fator inibidor de participação em fraudes corporativas. Com isso, o mercado tem a perspectiva de que o auditor considere que se participar de algo ilícito, certamente terá o acesso ao mercado fechado e acaba por confiar na sua atuação[115].

Outro pilar da confiança é que o auditor independente não teria retorno financeiro com a prática de uma determinada infração à lei. Na condição de prestador de serviços, a remuneração do auditor não guarda qualquer relação com o benefício que a administração da entidade pode auferir com a prática de um ilícito. Conforme Taimi Haensel, *"os ganhos limitados com o envolvimento em ilícitos seriam um desincentivo natural para que as profissões e instituições em exame se envolvam em tais atividades"*[116].

Nesse sentido, o mercado tem a percepção de que o auditor independente, por não ter qualquer incentivo financeiro, manterá a sua integridade e independência e não será intimidado financeiramente a compactuar com a prática de ilícitos. E por consequência, será capaz de impedir a prática de má conduta dos administradores, mesmo quando não puder dissuadi-lo a não praticar atos fraudulentos[117].

Os auditores independentes exercem uma função pública que transcende a relação cliente (entidade auditada) e empresa de auditoria. Seu compromisso é com o público, representado por investidores, credores, funcionários, entre outros, que *confiam* em seu relatório de auditoria e tomam decisões com base nas informações financeiras da entidade auditada.

De acordo com a Diretiva 2006/43/CE do Parlamento Europeu e do Conselho, de 17 de Maio de 2006, essa função pública do auditor independente

---

[115] HAENSEL, Taimi. *A figura dos gatekeepers:* aplicação às instituições intermediárias do mercado organizado de valores mobiliários brasileiro. São Paulo: Almedina, 2014. p. 77.
[116] HAENSEL, Taimi. *A figura dos gatekeepers:* aplicação às instituições intermediárias do mercado organizado de valores mobiliários brasileiro. São Paulo: Almedina, 2014. p. 79.
[117] COFFE, John C. *Gatekeepers the professions and corporate governance.* 1. ed. USA: Oxford, 2006. p. 5.

significa um maior número de pessoas e instituições que confiam na qualidade do seu trabalho[118].

Nos dizeres do Juiz da Suprema Corte Americana, Warren Burguer:

> Ao certificar os relatórios públicos que retratam coletivamente a situação financeira de uma empresa, o auditor independente assume uma responsabilidade pública que transcende qualquer relação de emprego com o cliente. O contador externo independente que executa esta função especial deve obediência final aos credores e acionistas da companhia, bem como ao público investidor. Esta função "de cão de guarda público" exige que o contador mantenha total independência do cliente em todos os momentos e requer plena fidelidade à confiança do público[119].

E, no Brasil, a Comissão de Valores Mobiliários (CVM) reconhece essa função pública do auditor independente expressada pelo Juiz da Suprema Corte Americana, Warren Burguer. O auditor tem como função servir ao público, pois o relatório de auditoria tem como objetivo dar confiança ao

---

[118] Diretiva 2006/43/CE do Parlamento Europeu e do Conselho, de 17 de Maio de 2006: "(9) Os revisores oficiais de contas deverão respeitar as normas deontológicas mais exigentes. Por conseguinte, deverão estar sujeitos a uma deontologia profissional que abranja, pelo menos, a sua função de interesse público, a sua integridade e objectividade e a sua competência e diligência profissionais. A função de interesse público dos revisores oficiais de contas significa que uma comunidade mais vasta de pessoas e instituições confia na qualidade do seu trabalho. A boa qualidade da auditoria contribui para o funcionamento ordenado dos mercados, melhorando a integridade e a eficiência das demonstrações financeiras. A Comissão poderá adoptar medidas de execução em matéria de deontologia profissional que constituam normas mínimas. Ao fazê-lo, poderá ter em conta os princípios enunciados no Código de Deontologia da Federação Internacional de Contabilistas (IFAC)."

[119] *United States v. Arthur Young & Co.*, 465 U.S. 805 (1984), U.S. Supreme Court, No. 82-687, decidido em 21 de março de 1984: "The independent public accountant performing this special function owes ultimate allegiance to the corporation's creditors and stockholders, as well as to the investing public. This "public watchdog" function demands that the accountant maintain total independence from the client at all times, and requires complete fidelity to the public trust. To insulate from disclosure a certified public accountant's interpretations of the client's financial statements would be to ignore the significance of the accountant's role as a disinterested analyst charged with public obligations."

mercado em relação aos números apresentados pelos administradores de uma companhia[120].

Por isso, a auditoria independente tem como função precípua atribuir confiabilidade às demonstrações contábeis que serão utilizadas pelos usuários. Quando da divulgação do seu relatório, a auditoria independente imprime o seu capital reputacional, adquirido durante anos, para aquela demonstração contábil, dizendo o que é confiável para a tomada de uma decisão.

O usuário da informação confia nas demonstrações financeiras divulgadas justamente porque está acompanhada de um relatório do auditor independente que goza de uma sensação de proteção contra eventuais fraudes ou erros cometidos pela administração da entidade ou seus executivos.

Inclusive, quando a confiabilidade dos usuários sobre a atividade do auditor é abalada, em decorrência de falha na sua atividade, isso é refletido diretamente na reputação do auditor. Weber at al (2008) [121], estudaram os

---

[120] Nesse sentido, (Colegiado da CVM, IA CVM RJ 2001/8280, Relator Diretor Wladimir Castelo Branco Castro, julgado em 14.11.2002): "(...) Uma das características fundamentais da auditoria independente é a responsabilidade em servir o público, entendido este como o conjunto dos interessados nas demonstrações financeiras, tais como, acionistas, credores, fornecedores, potenciais investidores e o mercado em geral. Nesse aspecto, o trabalho de auditoria independente é de inegável interesse público, contribuindo, com o seu parecer, para dar credibilidade e confiança aos números apresentados pelos administradores da companhia".

[121] WEBER, J.; WILLENBORG, M.; ZHANG, J. *Does auditor reputation matter? The case of KPMG Germany and ComROAD AG.* Journal of Accounting Research, v. 46, n. 4, set. 2008. p. 941/972: "We study the stock and audit market effects associated with a widely publicized accounting scandal involving a public company (ComROAD AG) anda large, reputable audit firm (KPMG) in a country (Germany) that has long provided auditors with substantial protection from shareholder legal liability. We use this event to study whether an auditor's reputation helps to ensure audit quality, a rationale for which recent literature and events provide scant support. Given the absence of a strong insurance rationale for audit quality, Germany permits a relatively clean test of whether auditor reputation matters. We find that KPMG's clients sustain negative abnormal returns of 3% at events pertaining to ComROAD, and that these returns are more negative for companies that are likely to have higher demands for audit quality. We also find an increase in the number of clients that drop KPMG in the year of the ComROAD scandal (mostly smaller, recently public companies that are similar to ComROAD). (Tradução livre: Estudamos os efeitos no mercado de ações e de auditoria associados a um escândalo de contabilidade amplamente divulgado envolvendo uma empresa pública (Comroad AG) e respeitável auditoria (KPMG) na Alemanha. Usamos esse evento para estudar se a reputação de um revisor de contas ajuda a garantir a qualidade da auditoria. Dada a ausência de uma forte lógica de seguro para a qualidade da auditoria, na Alemanha permite um teste para saber as questões relativas a reputação auditor. Achamos que os clientes

efeitos no mercado de ações e de auditoria associados ao escândalo contábil ocorrido na Alemanha, com a empresa Comroad AG, auditada pela auditoria independente KPMG.

Em 2002, a Comroad AG divulgou ao mercado que seu principal cliente, ou seja, que respondeu por 97% (noventa e sete por cento) das suas receitas no ano de 2000, tratava-se de uma empresa inexistente, criada com o objetivo de mostrar que a companhia era mais valiosa ou rentável do que verdadeiramente era. Após a divulgação desse fato, a KPMG deixou de prestar serviços de auditoria para a Comroad AG e anunciou que promoveria uma reavaliação dos trabalhos de auditoria realizados em empresas do mesmo segmento que a Comroad AG.

De acordo com as evidências analisadas, Weber at al (2008) concluíram que essa possível falha da KPMG no procedimento de auditoria afetou diretamente seus demais clientes listados no mercado de ações, pois o preço das ações dessas empresas tiveram retornos anormais após o período. Isto é, o mercado passou a não confiar nas informações auditadas pela KPMG, que refletiu diretamente no preço dos ativos negociados. Ademais, a própria KPMG perdeu muitos clientes no ano de 2002, principalmente empresas do mesmo porte e segmento que a Comroad AG.

A reputação dos auditores também foi afetada pela descoberta das falhas da auditoria ChuoAoyama, filial japonesa da PriceWaterhouse (PwC), em relação a Kanebo, uma grande empresa de cosméticos japonesa.

Em maio de 2006, a Agência de Serviços Financeiros japonesa (FSA) suspendeu a auditoria ChuoAoyama por dois meses para seu papel na fraude da Kanebo. Após isso, cerca de um quarto dos clientes da ChuoAoyama romperam seus contratos, demonstrando a importância da reputação dos auditores na prestação dos seus serviços[122].

---

da KPMG sustentaram retornos anormais negativos de 3% em eventos relativos à Comroad, e que esses retornos são mais negativos para as empresas que possam vir a ter maiores demandas para a qualidade da auditoria. Encontramos também um aumento no número de clientes que deixaram a KPMG no ano do escândalo Comroad (na sua maioria menores e empresas públicas semelhantes a Comroad.).

[122] SKINNER, D. D. J.; SRINIVASAN, S. *Audit Quality and Auditor Reputation:* Evidence from Japan. The Accounting Review, v. 87, n. 5, set. 2012. p. 1737/1765.

No entanto, em pesquisa realizada no Brasil relativa à fraude identificada no Banco Panamericano, o pesquisador Paulo Frederico Homero Junior[123] concluiu, diante das evidências coletadas, que uma possível falha da empresa de auditoria Deloitte em nada afetou a sua reputação junto ao mercado e seus demais clientes não tiveram qualquer retorno negativo nem anormal no preço de suas ações, do que as de companhias auditadas por outras firmas durante o período próximo ao anúncio das fraudes.

Para o autor, tal situação de aparente indiferença do mercado de capitais brasileiro aos danos causados à reputação da Deloitte pelo caso do Banco Panamericano, sugerida pelos resultados da pesquisa, associado ao baixo risco de litígios que os auditores enfrentam no país, condiz com um cenário preocupante, o que pode ocasionar uma relativização dos deveres éticos e profissionais pelos auditores, de modo a se preocuparem mais com o seu cliente do que com o mercado, seu verdadeiro cliente.

Com efeito, o estudo demonstra que o mercado de capitais brasileiro não é eficiente em relação às informações prestadas pelos auditores independentes. Ou desacredita totalmente na atividade de auditoria, ou não dá a essa atividade a importância que merece no mercado.

Independente dos resultados apresentados no Brasil, podemos identificar que a função do auditor não guarda relevância apenas em relação à confiança do investidor sobre as demonstrações financeiras de uma entidade. Ela transcende também como pressuposto essencial para o funcionamento de todo o mercado onde está inserido o auditor independente[124].

---

[123] HOMERO JR. Paulo Frederico. Impacto das fraudes contábeis no banco panamericano sobre a reputação da deloitte. Revista de Contabilidade e Controladoria. Universidade Federal do Paraná, Curitiba, v. 6, n.2, maio/ago. 2014. p. 40-53: "Ao analisar possíveis efeitos da divulgação de fraudes contábeis no Banco Panamericano sobre o mercado brasileiro de capitais, procurei evidências de que o impacto deste caso sobre a reputação da Deloitte, firma que prestava serviços de auditoria ao banco, tivesse afetado os retornos das ações dos demais clientes da firma. Os resultados do estudo de evento e dos testes de ruptura aplicados não deram suporte às hipóteses que as ações de companhias auditadas pela Deloitte tiveram retornos anormais negativos ou menores que os das demais companhias no período próximo à data do anúncio do caso, e tampouco de que tenha havido rompimentos nas tendências dos retornos das ações de companhias auditadas pela Deloitte em maior proporção do que os rompimentos ocorridos nas tendências dos retornos das ações de companhias auditadas por outras firmas."

[124] É desnecessário afirmar que o trabalho do auditor independente é imprescindível para a credibilidade do mercado de capitais e importante para a proteção dos investidores já que

Um mercado só pode existir quando há o compartilhamento de informações precisas e confiáves entre as partes com os mesmos interesses. Esse mercado só é confiável quando os dados são transparentes e neutros e não favorecem ou prejudicam uma parte em detrimento de outra. Quando isso falha, com a existência de alguma informação potenciamente não confiável, boa parte do mercado falha, ocasionando prejuízos e frustrações aos seus participantes.

Logo após a sua criação, a Comissão de Valores Imobiliários (CVM) editou a *"Regulação do Mercado de Valores Mobiliários: Fundamento e Princípios"*, aprovada pela Resolução nº 426/78, que sinalizou pela primeira vez a confiabilidade dos participantes desse mercado como atributo essencial para o desenvolvimento do mercado de valores mobiliários:

> A confiabilidade é requisito fundamental para a existência e o desenvolvimento de um vigoroso mercado de valores imobiliário. Esse mercado somente cumprirá a sua função alocativa com eficiência se todos os participantes acreditarem no seu funcionamento impessoal e equânime..

Nesse ambiente, a essencialidade da auditoria independente e a sua credibilidade para o desenvolvimento do mercado de valores mobiliários foi manifestada pela Comissão de Valores Mobiliários (CVM) quando da edição da Nota Explicativa nº 9/78, especificamente nas notas introdutórias da edição:

> A figura do auditor independente é imprescindível à credibilidade do mercado, representando um instrumento de inestimável valor na proteção do investidor, na medida em que sua função é zelar pela fidedignidade e confiabilidade das demonstrações financeiras das companhias abertas.

---

sua função é zelar pela fidedignidade e confiabilidade das demonstrações financeiras da empresa auditada. Daí é de fundamental importância que o auditor tenha conciência de seu verdadeiro papel nesse mercado. (Colegiado da CVM, IA CVM Rj 20025101, Rel. Diretora Norma Jonssen Parente, j. 09.10.2003).

O mercado demanda do auditor o mais alto nível de competência técnica, ausência de parcialidade na aferição da fidedignidade das demonstrações contábeis e constante preocupação com a integridade do processo de divulgação financeira.

E, quando há uma desconfiança de que uma das engrenagens do mercado – o auditor – não está funcionando corretamente, não exercendo aquilo que se demanda ou espera da sua atividade, o mercado é permeado com uma sensação de desconfiança que afeta todo o seu funcionamento.

Outra função precípua do auditor indepente, além de atribuir confiabilidade ao mercado, consiste em atuar como verdadeiros auxiliares dos órgãos reguladores[125] – no nosso caso a Comissão de Valores Mobiliários (CVM) e Banco Central do Brasil (BACEN) – na sua atuação fiscalizatória[126], uma vez que as normas regulamentares impõe ao auditor independente o dever de comunicar qualquer irregularidade relevante constatada no curso do processo de auditoria.

De acordo com o artigo 25 da Instrução Normativa nº 308/99[127], o auditor independente deve comunicar a Comissão de Valores Mobiliários (CVM), no prazo máximo de vinte dias, qualquer irregularidade que seja constatada no procedimento de auditoria, como por exemplo, erro ou fraude que resultem em incorreções relevantes nas demonstrações contábeis,

Por sua vez, a Resolução nº 3.198/2004[128], em seu artigo 23, impõe ao auditor independente, no prazo máximo de três dias úteis da constatação do fato,

---

[125] HAENSEL, Taimi. *A figura dos gatekeepers*: aplicação às instituições intermediárias do mercado organizado de valores mobiliários brasileiro. São Paulo: Almedina, 2014. p. 68: "Tais indivíduos ou instituições (a exemplo das instituições distribuidoras, das instituições intermediárias, dos analistas de valores mobiliários, dos auditores independentes, das agências de rating e dos advogados) teriam, concomitante, o papel de auxiliares do poder regulador tanto no mercado primário quanto no secundário.".

[126] A Nota Explicativa à Instrução Normativa CVM nº 308/99 consignou a atividade de auditoria como como suporte indispensável ao órgão regulador.

[127] INSTRUÇÃO NORMATIVA CVM Nº 308/99: "Art. 25. No exercício de suas atividades no âmbito do mercado de valores mobiliários, o auditor independente deverá, adicionalmente: (...) Parágrafo único. Constatada qualquer irregularidade relevante em relação ao que estabelece os incisos I e II, o auditor independente deverá comunicar o fato à CVM, por escrito, no prazo máximo de vinte dias, contado da data da sua ocorrência.".

[128] Resolução do Banco Central do Brasil nº 3.198/2004: "Art. 23. O auditor independente e o comitê de auditoria, quando instalado, devem, individualmente ou em conjunto, comunicar formalmente ao Banco Central do Brasil, no prazo máximo de três dias úteis da identificação, a existência ou as evidências de erro ou fraude representados por: I - inobservância de

o dever de comunicação ao Banco Central do Brasil (BACEN) da existência, ou evidências, de erro ou fraude.

Não é demais lembrar que os órgãos reguladores não estão presentes em todos aqueles que atuam no mercado sob as suas respectivas competência, sendo o auditor independente a pessoa que tem o primeiro contato com as informações produzidas pela entidade auditada e possui a obrigação legal de informar os orgãos reguladores de qualquer ilegalidade constatada, de forma que acabam por atuar como verdadeiros auxiliares dos órgãos reguladores na fiscalização dos agentes do mercado.

Dessa forma, as normas dos orgãos reguladores ao atribuir ao auditor a obrigação de comunicação impõe ao auditor uma atuação como *olhos* e *ouvidos* dos órgãos reguladores, de modo que acabam por atuar como um *longa manus* destes orgãos na sua função fiscalizatória.

4.3. A delimitação da atividade do auditor independente e o conteúdo da sua relação obrigacional com o mercado

Apesar da importância do auditor como engrenagem necessária para o funcionamento do mercado, com função de atribuir confiabilidade às demonstrações contábeis que serão utilizadas pelos usuários, atuando como guardião, impedindo uma determinada operação ou expurgando alguma entidade ao mercado, o relatório de auditoria não pode ser encarado como uma apólice de seguro[129], contra os riscos de divulgação de uma informação financeira com distorções em decorrência de fraude ou erro[130].

---

normas legais e regulamentares, que coloquem em risco a continuidade da entidade auditada; II - fraudes de qualquer valor perpetradas pela administração da instituição; III - fraudes relevantes perpetradas por funcionários da entidade ou terceiros; IV - erros que resultem em incorreções relevantes nas demonstrações contábeis da entidade.".

[129] GRAMLING, Audrey A., RITTENBERG, Larry E., JOHNSTONE, Karla M. Auditing. (tradução: Antonio Zorato Sanvicente). São Paulo: Cengage Learning, 2012. p. 661: "Os auditores desempenham um papel importante na economia de livre mercado, mas um relatório de auditoria que acompanha uma demonstração financeira não é uma garantia de que a companhia auditada está livre de riscos.".

[130] Utilizamos para *fraude ou erro* o conceito dado pelas normas de auditoria. De acordo com a Norma Brasileira de Contabilidade (NBC) PA 240, aprovada pela Resolução CFC

Quando dizemos risco de informação financeira, não podemos deixar de considerar que todos ou ao menos a sua maioria, os itens do balanço de uma determinada entidade são subjetivos e baseiam-se em julgamentos. A convergência às normas internacionais de contabilidade atribuiu maior responsabilidade aos profissionais da área contábil, pois os procedimentos descritos utilizam de estimativas, previsões e julgamentos subjetivos como o reconhecimento de um ativo intangível ou determinação do valor depreciável e vida útil econômica de um ativo imobilizado[131].

Nos dias de hoje não vemos entidades com demonstrações contábeis que sejam simplesmente a representação de débitos e créditos extraídos de um sistema de controle interno, com pouca ou nenhuma influência de um julgamento subjetivo de um profissional contábil.

Pelo contrário, nas demonstrações contábeis de uma determinada entidade há muitos julgamentos pautados na subjetividade do profissional contábil acerca da redução do valor de ativos, contabilidade por marcação a mercado, garantias, devoluções e estimativas quanto à vida útil dos ativos, dentre outros.

E, devido a essa subjetividade, o risco de divulgação de uma informação financeira com distorções em decorrência de fraude ou erro, aumenta ou diminui de acordo com a competência e a integridade da administração da entidade e de todos aqueles que elaboram a informação – e por seus incentivos para incluir informações incorretas nas demonstrações contábeis, como por exemplo, acordos envolvendo a compra de ações e o pagamento de bônus atrelado à rentabilidade – bem como em razão da complexidade de certas transações executadas pela entidade e controles internos insuficientes.

Nessa linha, o risco de divulgação de informação financeira com distorções em decorrência de fraude ou erro pode ocorrer, aumentar ou diminuir, pelos seguintes fatores, (a) subjetividade inerente daqueles que realizam julgamentos profissionais na elaboração das demonstrações contábeis, (b) competência

nº 1.207/2009, fraude é o ato intencional de um ou mais indivíduos da administração, dos responsáveis pela governança, empregados ou terceiros, que envolva dolo para obtenção de vantagem injusta ou ilegal. O fator distintivo entre fraude e erro está no fato de ser intencional ou não intencional a ação subjacente que resulta em distorção nas demonstrações contábeis.
[131] FIRMINO, José E. e PAULO, Edilson. *Aspectos comportamentais no julgamento profissional dos auditores independentes*. Revista de Contabilidade, Gestão e Governança – Brasília, v. 16, n. 3, set./dez. 2013, p. 17/40.

e integridade dos administradores e seus incentivos, (c) complexidade de transações e (d) controles internos insuficientes[132].

Esse risco não pode ser confundido com risco do investimento. Perder o capital investido ou não atingir as expectativas de rentabilidade de um investimento está na álea do investidor. O sucesso ou insucesso de uma determinada operação de investimento está atrelado ao risco que o investidor decidiu suportar quando tomou a decisão livre e fundamentada de realizar o investimento[133].

O auditor independente atua justamente nesse campo do risco de divulgação de informação financeira. O objetivo da sua atividade é mitigar esse risco por meio de um procedimento de auditoria, com base nas normas brasileiras e internacionais, consistente na coleta de evidências para comprovar as afirmações, geralmente feitas pelos administradores da entidade auditada e avaliar essas informações.

A obrigação do auditor não guarda relação com uma obrigação de garantia[134] que, nas lições de Fábio Konder Comparato[135], se refere à eliminação

---

[132] GRAMLING, Audrey A., RITTENBERG, Larry E., JOHNSTONE, Karla M. *Auditing*. (tradução: Antonio Zorato Sanvicente). São Paulo: Cengage Learning, 2012. p. 109/110.

[133] Como bem salientou o Ministro ALDIR PASSARINHO JUNIOR no voto proferido no REsp 747.149/RJ (REsp 747149/RJ, Rel. Ministro FERNANDO GONÇALVES, QUARTA TURMA, julgado em 06/10/2005, DJ 05/12/2005, p. 335): "(...) Se houve alteração na banda cambial no dia 19/01/1999 e, com isso, houve uma subida do dólar, queda de ações, etc., tudo faz parte do risco desse tipo de fundo, porque não é uma aplicação conservadora, como a poupança ou um fundo mais tradicional, é um fundo de alto risco. Desse modo, não há seguro nenhum em relação ao quanto perde o fundo, assim como, evidentemente, o aplicador, quando tem um lucro elevado nesses fundos, também não socializa esse lucro; o lucro é dele. Ele tanto recebe os bônus dessa operação, como tem de arcar com os ônus do risco nesse tipo de aplicação.".

[134] ROSENVALD, Nelson. *Obrigações de meio, resultado e garantia*. In: LOTUFO, Renan; MARTINS, Fernando Rodrigues. *20 anos do Código de Defesa do Consumidor*. São Paulo: Saraiva, 2011, p. 298: "O conteúdo dessa modalidade consiste na função atribuída ao devedor de eliminar um risco que pesa sobre o credor ou as suas consequências, propiciando-lhe maior segurança. O adimplemento da prestação se perfaz pelo simples fato da assunção do risco, independente do resultado.".

[135] COMPARATO, Fábio Konder. *Obrigações de meios, de resultado e de garantia*. In: NERY JUNIOR, Nelson; NERY, Rosa Maria de Andrade. *Doutrinas essenciais*: responsabilidade civil. São Paulo: Revista dos Tribunais, 2010, v. 5, p. 334-348: "(...) conteúdo das obrigações de garantia é a eliminação de um risco que pesa sobre o credor.[33] Eliminar um risco significa *a fortiori* reparar as consequências de sua realização. Mas mesmo que esta não se verifique, a simples assunção do risco pelo devedor de garantia representa o adimplemento de sua prestação.

de um risco que pesa sobre a fidedignidade das demonstrações contábeis apresentadas pela entidade. Essa obrigação é da administração da entidade, a quem cabe a criar as demonstrações contábeis, os demais dados explicativos e os controles internos da entidade, de maneira correta.

A auditoria de demonstrações contábeis consiste em uma atividade de asseguração razoável. Significa uma atividade na qual o auditor independente expressa uma conclusão com a finalidade de aumentar o grau de confiança dos usuários e, por conseguinte, reduzir o risco de divulgação de informação financeira com distorções em decorrência de fraude ou erro a um nível razoável, aceitavelmente baixo[136].

Eliminar risco de divulgação de informação financeira com distorções em decorrência de fraude ou erro não é o resultado visado com a atividade de auditoria e também não se mostra factível no contexto em que ela se desenvolve e é exigida pelas normas legais e profissionais[137].

"O fato de se não ter verificado o risco, em previsão do qual se fêz o seguro", reza o Código Civil (LGL\2002\400), "não exime o segurado de pagar o grêmio que se estipulou" (art. 1.452).".

[136] Norma Brasileira de Contabilidade (NBC) TA ESTRUTURA CONCEITUAL PARA TRABALHO DE ASSEGURAÇÃO, aprovada pela Resolução CFC nº 1.202/2009: "7. "Trabalho de asseguração" Significa um trabalho no qual o auditor independente expressa uma conclusão com a finalidade de aumentar o grau de confiança dos outros usuários previstos, que não seja a parte responsável, acerca do resultado da avaliação ou mensuração de determinado objeto de acordo com os critérios aplicáveis. 11. Segundo esta Estrutura Conceitual, existem dois tipos de trabalhos de asseguração cuja execução é permitida ao auditor independente: trabalho de asseguração razoável e trabalho de asseguração limitada. O objetivo do trabalho de asseguração razoável é reduzir o risco do trabalho de asseguração a um nível aceitavelmente baixo, considerando as circunstâncias do trabalho como base para uma forma positiva de expressão da conclusão do auditor independente. O objetivo do trabalho de asseguração limitada é o de reduzir o risco de trabalho de asseguração a um nível que seja aceitável, considerando as circunstâncias do trabalho, mas em que o risco seja maior do que no trabalho de asseguração razoável, como base para uma forma negativa de expressão da conclusão do auditor independente."

[137] Norma Brasileira de Contabilidade (NBC) TA ESTRUTURA CONCEITUAL PARA TRABALHO DE ASSEGURAÇÃO, aprovada pela Resolução CFC nº 1.202/2009: "52. "Asseguração razoável" é menos do que segurança absoluta. Reduzir o risco de trabalho de asseguração a zero é algo raramente factível ou vantajoso em termos de custo, como resultado de fatores como: (a) uso de testes seletivos; (b) limitações inerentes ao controle interno; (c) o fato de que muitas das evidências disponíveis ao auditor independente serem mais persuasivas do que conclusivas; (d) uso do julgamento na obtenção e na avaliação de evidências, bem como na formação de conclusões, com base nessas evidências; (e) em alguns casos, as características do objeto, quando avaliadas ou mensuradas em comparação com os critérios identificados.".

Um procedimento de auditoria se baseia na realização de testes seletivos com os registros da entidade auditada, para determinação, por amostragem, se são precisos ou não, se enfrenta limitações inerentes aos controles internos da entidade, além do fato de que muitas evidências são persuasivas e não conclusivas, exigindo do auditor uma carga de subjetividade no seu julgamento profissional, sem contar que quando esse profissional confronta a afirmação com os pronunciamentos legais, acaba por encontrar uma gama elevada de interpretações diante da complexidade dos processos contábeis.

As normas técnicas, em conjunto com as normas profissionais de auditoria, consistem no programa de atuação do auditor independente para o planejamento, execução e conclusão do procedimento de auditoria, com vistas a atingir o objetivo pretendido, não sendo possível delimitar um comportamento exato do auditor na consecução da sua atividade.

De fato, o que se almeja do auditor independente é um determinado comportamento, influenciado por um grau de aleatoriedade da sua conduta na realização de julgamentos profissionais, com vistas a cumprir um conjunto de poderes-deveres previstos nas normas legais e profissionais, visando reduzir a um nível razoável, e não eliminar, o risco de divulgação de informação financeira com distorções em decorrência de fraude ou erro.

Em outras palavras, exige-se do auditor independente o emprego de sua experiência e competência profissional na realização de testes com os registros da entidade para verificação se são precisos, na interpretação dos pronunciamentos contábeis para garantir que as demonstrações contábeis sejam apresentadas com propriedade, na emissão de pareceres sobre procedimentos contábeis complexos, tais como avaliação de estoque, reavaliação de ativos, dentre outros e, posteriormente testar os controles internos da entidade, tudo isto de maneira inteiramente objetiva, imparcial e profissionalmente cética[138].

Como podemos observar, a atividade de auditoria demanda um padrão de diligência na sua execução, em total aderência às normas legais e profissionais sem, contudo, vinculá-lo a um resultado certo e determinado, eis que o resultado almejado é reduzir a um nível razoável.

---

[138] GRAMLING, Audrey A., RITTENBERG, Larry E., JOHNSTONE, Karla M. *Auditing*. (tradução: Antonio Zorato Sanvicente). São Paulo: Cengage Learning, 2012. p. 109/110.

Quando falamos em relação obrigacional do auditor independente com o mercado, usuários da informação em geral, não podemos nos limitar a um conceito de vínculo entre devedor e credor, em posições antagônicas, cujo crédito e o débito são os únicos elementos dessa relação obrigacional.

Devemos encarar essa relação obrigacional sob uma perspectiva da pluralidade de deveres, direitos, poderes, ônus ou faculdades interligados e nascidos dessa relação obrigacional entre auditor e o mercado[139]. Nessa relação obrigacional, nas lições de Fernando Noronha, *"considera-se o conjunto de direitos e deveres que unem as partes intervenientes, em razão dos quais elas são adstritas a cooperarem, para a realização dos interesses de que sejam credoras, com o devido respeito pelos recíprocos interesses do devedor (...)."*[140]

A relação obrigacional do auditor independente com o mercado precisa ser compreendida sob a perspectiva de uma série de deveres, direitos, poderes, ônus ou faculdades que precisam ser interpretados, de forma sistemática com vistas a delinear a conduta exigida do auditor independente diante do caso concreto e, por conseguinte, a sua culpa na hipótese de violação.

Por outro lado, a existência de uma carga de subjetividade do auditor no seu julgamento profissional e gama elevada de interpretações possíveis em face da complexidade dos processos contábeis, imprime um traço marcante de aleatoriedade na conduta do auditor durante a execução dos seus trabalhos e na verificação do cumprimento dos seus deveres legais e profissionais.

E, essa dificuldade em estabelecer com segurança um liame causal entre a conduta do auditor e um resultado, é que nos dá parâmetros para verificação do conteúdo obrigacional do auditor independente em face dos usuários das demonstrações contábeis auditadas e considerá-la como uma *obrigação de meio*[141], consoante as lições de Demogue[142].

---

[139] SILVA, Clóvis do Couto. *A obrigação como processo*. São Paulo: FGV, 2006, p. 19: "A relação obrigacional pode ser entendida em sentido amplo ou em sentido estrito. Lato sensu, abrange todos os direitos, inclusive os formativos, pretensões, ações, deveres (principais, secundários, dependentes, independentes), obrigações, exceções e ainda posições jurídicas. (...) o débito e crédito não aparecem no vínculo como os únicos elementos existentes, mas ao lado de outros igualmente importantes, como os direitos formativos e as posições jurídicas.".

[140] NORONHA, Fernando. *Direito das obrigações*. 3. ed. São Paulo: Saraiva, 2010, p. 30.

[141] Em sentido contrário, (PEREIRA, Alexandre Demetrius. *Auditoria das Demonstrações Contábeis*: uma abordagem jurídica e contábil. São Paulo: Atlas, 2011. p. 89) conclui que a obrigação do auditor independente é de *resultado*: "Desse modo, verificamos que: (i) o resultado exigido

Há enraizado em nosso sistema uma distinção entre as obrigações de meio ou de resultado que, nas lições Comparatto, é justamente o critério de aleatoriedade do resultado esperado que ampara a distinção entre elas[143].

Explica Fábio Konder Comparato[144], que:

> Toda prestação compreende normalmente dois elementos: um elemento objetivo, que corresponde ao bem ou resultado (que não é forçosamente material) a ser produzido em benefício do credor, e um elemento subjetivo, consistente no comportamento do devedor em

do auditor não é a certeza absoluta quanto à veracidade de todos os lançamentos contábeis representados nas demonstrações auditadas, mas sim a obtenção de segurança razoável quanto à inexistência de distorções relevantes; (2) o resultado exigido pode ser facilmente alcançado pelo auditor, não estando fora de seu controle ou a depender de fatores aleatóreos; (3) a conceituação da obrigação do auditor como de resultado acarreta a inversão do ônus da prova, o que apresenta situação muito mais consentânea com a defesa do prejudicado, dentro de uma perspectiva razoável. A resposta favorável aos três tópicos supracitados faz que consideremos a obrigação do auditor, no que tange estritamente ao exame do conteúdo das demonstrações contábeis, como uma obrigação de resultado.".

[142] De acordo com Fabio Konder Comparatto, a bibliografia é vasta, a partir de R. Demogue, "Traité des Óbligations en Général", tomo 5, n. 1.237, pág. 358. Cf., entre outros, A. Tunc, "La Distinction des Obligations de Resultat et des Obligations de Diligence", " Juris-Classeur Périodique", 1945, I, n. 449, reproduzido na "Nuova Rivista di diritto com merciale, diritto sociale, diritto deli'economia", 1947-48, I, págs. 126, 145 ; Mazeaud e Tunc, "Traité Théorique et Pratique de la Responsabilité Civile, délictuelle et contractuelle", 6ª. ed., Paris, tomo I, n. 103; E. Betti, "Teoria Generale delle Obbligazioni", tomo I, Milão, 1953, § 3 ; Mengoni, "Obbligazioni di risulato ed obbligazioni di mezzi", na "Rivista del Diritto Commerciale e del Diritto Generale delle Obbligazioni", 1954, I, págs. 185 e segs., 280 e segs., 366 e segs. ; A. Trabucchi, "Istituzioni di Diritto Civile", 15ª ed., Pádua, 1966, pág. 513 e segs.; Orlando Gomes, "Obrigações", Rio de Janeiro, n. 11.A terminologia ainda é flutuante. "Obrigações de meios" e "obrigações de resultado" foram as denominações empregadas por Demogue. André Tunc prefere as expressões "obrigações determinadas" e "obrigações gerais de prudência e diligência". As obrigações de meios para Mengoni são "obrigações de simples comportamento", e para Betti "obrigações de conduta" ("contegno").

[143] COMPARATO, Fábio Konder. Obrigações de meios, de resultado e de garantia. In: NERY JUNIOR, Nelson; NERY, Rosa Maria de Andrade. *Doutrinas essenciais:* responsabilidade civil. São Paulo: Revista dos Tribunais, 2010, v. 5, p. 334-348: "Por conseguinte, é no critério da aleatoriedade do resultado esperado que se situa, em última análise, o fundamento da nova classificação das obrigações."

[144] COMPARATO, Fábio Konder. Obrigações de meios, de resultado e de garantia. In: NERY JUNIOR, Nelson; NERY, Rosa Maria de Andrade. *Doutrinas essenciais:* responsabilidade civil. São Paulo: Revista dos Tribunais, 2010, v. 5, p. 334-348.

vista deste resultado. Algumas vezes, porém, esse resultado final não pode entrar no vínculo, pelo fato de depender normalmente, segundo o critério do *"id quod plerumque acedit"*, de fatores estranhos à vontade do devedor. A prestação então compreenderá tão só um comportamento diligente e honesto do devedor em vista da obtenção desse resultado.

Nas obrigações de resultado, é possível estabelecer um liame causal entre um dado comportamento e a consecução de certo resultado, de modo que a conduta se encontrará essencialmente determinada. Por sua vez, nas *obrigações de meio*, não há a possibilidade de uma adequação funcional do comportamento por meio de uma previsão detalhada da atividade, de modo que a margem de indeterminação da prestação é tendencialmente maior[145], exigindo-se do devedor um comportamento *diligente* e honesto em vista da obtenção de um resultado esperado.

Em que pese o conteúdo obrigacional do auditor independente em face dos usuários das demonstrações contábeis auditadas ser considerada como uma *obrigação de meio*, exigindo-se desse profissional um comportamento *diligente*, consistente no cumprimento de um conjunto de deveres legais e profissionais, com vistas a cumprir a sua função no mercado (redução de risco), tal classificação não pode ser considerada como uma excludente de responsabilidade.

Lembra Nelson Rosenvald[146] que a distinção entre as duas espécies *"opera com base nos dados fornecidos pela experiência e conforme as circunstâncias. Se a aleatoriedade não é um traço das obrigações de resultado, também não se diga que há uma certeza quanto ao resultado. Sempre haverá uma margem de indeterminação do*

---

[145] MELO, Diogo Leonardo Machado de Melo. *Culpa extracontratual*. São Paulo: Saraiva, 2012. p. 124: "No primeiro caso (obrigações de resultado), sendo possível estabelecer, com segurança, um liame causal entre um comportamento e a consecução de certo resultado, a conduta se encontrará essencialmente determinada. Por sua vez, na ocasião do preenchimento da noção de diligência, quando a adequação funcional do comportamento não puder ser garantida pela detalhada previsão da atividade, então a margem de indeterminação da prestação será tendencialmente maior."

[146] ROSENVALD, Nelson. Obrigações de meio, resultado e garantia. In: LOTUFO, Renan; MARTINS, Fernando Rodrigues. *20 anos do Código de Defesa do Consumidor*. São Paulo: Saraiva, 2011, p. 294.

comportamento esperado, demandando do devedor condutas protetivas e cooperativas ao alcance do resultado."

E completa que: *"sendo a diligência parte indisponível de qualquer obrigação, independentemente de seu conteúdo, consistindo a sua ausência em critério de imputação de frustração da relação obrigacional, a mais valiosa distinção prática entre as obrigações de meio e de resultado consistirá na distribuição do ônus da prova. Na obrigação de meio o credor deverá evidenciar a culpa do devedor, a falta de cautela, e zelo necessários ao cumprimento do avençado. Em contrapartida, nas obrigações de resultado a culpa do devedor é presumida, invertendo-se o ônus da prova, a fim de que a contratante demonstre a sua diligência, consubstanciada na correspondência entre a atuação havida e a devida".*

O fato da obrigação do auditor independente corresponder a uma *obrigação de meio* guarda relevância prática apenas no que tange a a distribuição do ônus da prova. Sendo a obrigação do auditor independente considerada como uma *obrigação de meio,* tal situação jurídica, levará a uma atribuição de culpa presumida ao auditor independente, invertendo-se o ônus da prova[147][148].

---

[147] LÔBO, Paulo Luiz Netto. Responsabilidade civil dos profissionais liberais e o ônus da prova. In: NERY JUNIOR, Nelson; NERY, Rosa Maria de Andrade. *Doutrinas essenciais:* responsabilidade civil. São Paulo: Revista dos Tribunais, 2010, v. 5, p. 389/398: Consigna o autor que, no tocante aos profissionais liberais, a *culpa é sempre presumida*. Há, portanto, uma presunção *juris tantum* de que é *culpado* pelo defeito do serviço, não havendo que cogitar o ônus da prova ao cliente, cabendo ao profissional liberal que não agiu com imprudência, imperícia ou negligência.

[148] RINESSI, Antonio Juan. La culpa y el distingo entre obligaciones de medio y de resultado. *Revista de Derecho de Daños:* la culpa – II. Buenos Aires: Rubinzal-Culzoni, 2009, p. 289/298: "La distinción entre obligaciones de medio y de resultado no puede crear un ámbito de excepción en materia probatoria para proteger con espíritu corporativo. La distinción entre obligaciones de medio y de resultado sólo tiene relevancia incidental en materia de carga de la prueba, su verdadera dimensión hoy transita por el factor de atribución aplicable; se hace eco como regla de las particularidades que tienen tales obligaciones profesionales, que no son las únicas, ni agotan el catálogo de prestaciones de medios. No es posible tratar la misma manera la obligación de un médico o de un abogado que la de un transportista. El incumplimiento obligacional no queda evidenciado por el solo hecho de la falta de mejoría, o por haberse perdido el juicio, ya que, en tales supuestos, ni el éxito ni el fracaso dependen sólo de la voluntad del deudor, quien se compromete a emplear toda la diligencia que corresponde a las circunstancias del caso para alcanzar la mejoría o el éxito, pero sin asegurarlo. Poner en cabeza del abogado de la parte perdedora una presunción de incumplimiento, e invertir por ello inexorablemente la carga probatoria exigiendo la prueba del casis, puede conducir a soluciones extremas, disociadas de la realidad, tornando económicamente insostenibles

tales actividades". (Tradução livre: A distinção entre as obrigações de meios e resultado não pode criar uma exceção de alcance em matéria de prova para proteger espírito corporativo. A distinção entre as obrigações de meios e resultado guarda relevância na distribuição do ônus da prova, sua verdadeira luz atravessa agora o coeficiente de atribuição aplicável; eco como a regra especial com tais deveres profissionais, que não são os únicos, nem esgotam o catálogo de benefícios significa feito. Não podem ser tratados da mesma maneira a obrigação de um médico ou um advogado de uma transportadora. O descumprimento obrigacional não se justifica pelo simples fato de a falta de melhora, ou que a decisão seja perdida porque, em tais casos, nem o sucesso nem o fracasso depende apenas da vontade do devedor, que está empenhada em utilizar toda a diligência correspondente às circunstâncias para alcançar a melhoria ou o sucesso, mas não tenho certeza. Advogado coloca a parte vencida uma presunção de não-conformidade é investi-lo inexoravelmente do ônus da prova exigindo uma prova de sua diligência, pode levar a soluções extremas, dissociada da realidade, tornando-se economicamente insustentáveis tais atividades.).

5. DEVERES DE DILIGÊNCIA DOS AUDITORES INDEPENDENTES. DEVERES ÉTICOS E PROFISSIONAIS DE ATUAÇÃO NO CUMPRIMENTO DA SUA FUNÇÃO DE GUARDIÃO DO MERCADO

Sabemos que um mercado equilibrado e eficiente depende de dados precisos, confiáveis e neutros, que representem a realidade econômica de uma determinada entidade e as suas perspectivas futuras, para propiciar uma decisão de investimento livre de qualquer fator que possa influenciar essa decisão.

Um mercado livre e equilibrado só pode funcionar harmonicamente quando há informações em igualdade para todos os interessados, ou seja, que não favoreçam uma parte em detrimento de outra, acerca do desempenho de uma determinada entidade.

Audrey et al[149] afirmam que os dados divulgados devem refletir a natureza econômica das transações e as condições correntes dos ativos controlados e

---

[149] GRAMLING, Audrey A., RITTENBERG, Larry E., JOHNSTONE, Karla M. *Auditing*. (tradução: Antonio Zorato Sanvicente). São Paulo: Cengage Learning, 2012. p. 5/6: "Uma economia livre de mercado só pode existir quando há o compartilhamento de informações precisas e confiáveis entre as partes com interesses sobre o desempenho financeiro e as perpectivas futuras de uma organização. O mercado fica ainda mais fortalecido quando os dados são transparentes e neutros – ou seja, não favorecem uma das partes em detrimento de outra. Os dados divulgados devem refletir a natureza econômica das transações e as condições econômicas correntes dos ativos controlados e das obrigações devidas. Cada vez mais, o mercado também quer saber se os recursos confiados à organização têm sido utilizados adequadamente,

das obrigações devidas e, alerta, cada vez mais o mercado também quer saber se os recursos confiados à organização têm sido utilizados adequadamente, se os administradores não estão retirando dinheiro indevidamente dos acionistas ou utilizando ativos em benefício pessoal, ou se há fraudes que reflitam em divulgações de resultados financeiros inexatos.

Nesse ambiente, a atividade de auditoria independente desempenha uma tarefa especial de redução dos riscos de divulgação de uma informação inverídica. É certo que o auditor não cria as demonstrações financeiras, os controles internos e as demais informações a serem divulgadas ao mercado por uma determinada entidade. A auditoria independente emite relatório sobre as demonstrações financeiras a partir da análise de evidências coletadas, com a finalidade de atribuir confiabilidade às informações divulgadas, emprestando o seu capital reputacional a essas informações, o que traduz ao mercado que aquilo que foi divulgado passou pelo crivo do auditor e que este cumpriu integralmente os deveres éticos e profissionais na verificação da informação.

Como vimos anteriormente, a atividade de auditoria não consiste em uma obrigação de garantia. A função do auditor não é afastar do mercado o risco de assimetria de informações. Sua função consiste em reduzir (e não eliminar) o risco de que as demonstrações contábeis contenham distorção relevante, devido à fraude ou erro, por meio do emprego dos deveres éticos e profissionais no cumprimento da sua atividade.

E, essa redução do risco se traduz no cumprimento de uma série de normas de conduta e profissionais pelo auditor que, uma vez obedecidas integralmente, certamente proporcionará que a auditoria atinja a sua função sistêmica.

Quando a auditoria independente falha no cumprimento desses deveres, certamente o mercado sente os impactos dessa falha por meio da materialização de prejuízos ocasionados em decorrência da realização de um determinado investimento com base na confiabilidade existente na informação divulgada e no relatório da auditoria.

O mercado confia que a auditoria independente cumpriu integralmente a sua obrigação de diligência e daí diz que o auditor emprestou o seu capital

ou seja, que os administradores não estão retirando dinheiro indevidamente dos acionistas, por meio da manipulação de opção de compra de ações, usando ativos da empresa para benefício pessoal, ou fraude pura e simples, cometida por meio da apresentação de resultados enganosos e inexatos. (...)".

reputacional a informação divulgada. O parecer do auditor transmite ao mercado que aquela informação divulgada foi submetida a uma revisão por um profissional que, devido ao seu capital reputacional, cumpriu uma série de normas de conduta e profissionais no exercício da sua atividade.

Nos escândalos no início e durante a década de 2000, muito se colocou em xeque a atividade de auditoria independente. Após os escândalos ocorridos com a *Erom, WordCom, Lucent, Adelphia* e na incapacidade de identificar um gigantesco esquema de pirâmide (ponzi) no caso *Maddoff*, o mercado se questionou se o profissional de auditoria seria capaz de lidar com os desafios da sua função e obedecer a padrões de excelência profissional e ética.

Audrey et al[150] afirmam que a profissão perdeu completamente qualquer referência do seu papel no mercado, confundindo a sua atividade com os interesses dos administradores, mantendo-se apenas preocupados em conservar os seus contratos de consultoria que eram muito mais lucrativos que os serviços de auditoria. A cultura da arrogância e da ganância levou muitos profissionais de auditoria a enormes erros de julgamento ético e profissionais no exercício da sua atividade.

Depois que a lei *Sarbanes-Oxley* retirou o *poder* de autorregulamentação dos organismos de classe sobre a atividade de auditoria, com a criação *Public Companhy Accounting Oversight Board* (PCAOB)[151] [152], uma entidade sem fins

---

[150] GRAMLING, Audrey A., RITTENBERG, Larry E., JOHNSTONE, Karla M. Auditing. (tradução: Antonio Zorato Sanvicente). São Paulo: Cengage Learning, 2012. p. 72/73: "(...) As investigações feitas até hoje nas maiores falências mundiais (WorldCom e Enron) mostram que o mau processo decisório, culturas corporativas e padrões éticos inadequados foram fatores importantes para o colapso. A alta administração estava excessivamente preocupada em atingir as expectativas de lucro de *Wall Street* e gerar fortunas pessoais, e acabou realizando medidas extremas para gerar a ilusão de empresas que pareciam ótimas no papel. A cultura corporativa era tal que os funcionários sabiam que havia fraude, ou estavam preocupados com ela, mas tinham medo de denunciá-la: os conselhos de administração eram passivos e ineficazes; os auditores externos estavam preocupados em manter contratos de consultoria com os clientes; e os bancos eram tão liberais que foram incapazes de perceber sinais de alerta rotineiros. A filosofia da administração era: "faça-se o que for necessário para elevar o valor de mercado da nossa ação.".

[151] Tradução: Conselho de Supervisão Contábil de Companhias Abertas (PACAOB)

[152] Sarbanes-Oxley Act of 2002: SEC. 101. ESTABLISHMENT; ADMINISTRATIVE PROVISIONS. (a) ESTABLISHMENT OF BOARD.—There is established the Public Company Accounting Oversight Board, to oversee the audit of public companies that are subject to the securities laws, and related matters, in order to protect the interests of investors and further

lucrativos, composta por cinco membros com conhecimentos em finanças, com destaque nas suas áreas de atuação, integridade, reputação e comprometidos com os interesses dos investidores e do público, e com competência para fixar padrões relacionados a relatórios de auditoria e realizar inspeções em empresas de auditoria, devidamente registradas, estes ficaram adstritos à elaboração de Códigos de Ética, fiscalização e punição dos profissionais, justamente com o objetivo de resgatar a credibilidade do profissional de auditoria.

A partir desses fatos, nasce uma grande preocupação dos órgãos reguladores e de classe com a conduta do profissional de auditoria, por meio do enfoque em deveres éticos e profissionais, com o objetivo de devolver a confiança do mercado para a atividade de auditoria independente.

Nos EUA, os profissionais de auditoria estão sujeitos ao Código de Conduta Profissional (*Code of Professional Conduct*) da *American Institute of Certified Public Accountants (AICPA)*[153], que estabelece como requisitos e deveres de conduta, a integridade, objetividade, independência, cuidado devido e observância do escopo e natureza dos serviços[154].

Sobre o requisito de independência, o profissional de auditoria que atua em companhias abertas deve observar as regras da *Securities and Exchange Comission* (SEC) e da *Public Companhy Accounting Oversight Board* (PCAOB), que fixam normas e orientação de independência que se aplicam aos auditores de companhias abertas[155].

---

the public interest in the preparation of informative, accurate, and independent audit reports for companies the securities of which are sold to, and held by and for, public investors. The Board shall be a body corporate, operate as a nonprofit corporation, and have succession until dissolved by an Act of Congress. (Tradução livre: ESTABELECIMENTO; DISPOSIÇÕES ADMINISTRATIVAS. (a) o estabelecimento do BOARD.- Fica estabelecido a Public Company Accounting Oversight Board, para supervisionar a auditoria das empresas públicas que estão sujeitos às leis de valores mobiliários e questões conexas, a fim de proteger os interesses dos investidores e promover o interesse público na preparação dos relatórios de auditoria informativos, precisos e independentes para as empresas cujos valores mobiliários são vendidos a, e realizado por e para, investidores públicos. O Conselho será um órgão corporativo, operará como uma corporação sem fins lucrativos, até dissolver por um ato do Congresso.).

[153] Tradução: Instituto Americano de Contadores Públicos Certificados (AICPA)

[154] Código de Conduta Profissional (*Code of Professional Conduct*) da *American Institute of Certified Public Accountants (AICPA)*, Effective December 15, 2014. Disponível em: < http://www.aicpa.org/Pages/default.aspx> Acesso em 23 de março de 2015.

[155] SECURITIES AND EXCHANGE COMMISSION (SEC), Final Rule:Revision of the Commission's Auditor Independence Requirements, 05 de fevereiro de 2001.

A preocupação com os deveres éticos e profissionais do auditor independente também pode ser identificado nas normas da Comunidade Europeia. A Diretiva 2006/43/CE do Parlamento Europeu e do Conselho, de 17 de Maio de 2006, demonstra em sua exposição de motivos a preocupação da Comunidade Europeia com o cumprimento pelo auditor independente de um conjunto de deveres profissionais mais exigentes e que contemplem requisitos de integridade objetividade, competência e diligência profissionais e confidencialidade, com a finalidade proteger o usuário da informação auditada[156].

Demonstra, ainda, preocupação com o requisito independência, estabelecendo que o auditor deve abster-se dos processos de decisão internos da entidade auditada e, caso esteja numa situação de ameaça incontornável à sua independência por meio da aplicação de *salvaguardas*, deve renunciar ou abster-se do trabalho de revisão ou auditoria[157].

Disponível em: <http://www.sec.gov/rules/final/33-7919.htm> Acesso em 23 de março de 2015.

[156] Diretiva 2006/43/CE do Parlamento Europeu e do Conselho, de 17 de Maio de 2006: "(9) Os revisores oficiais de contas deverão respeitar as normas deontológicas mais exigentes. Por conseguinte, deverão estar sujeitos a uma deontologia profissional que abranja, pelo menos, a sua função de interesse público, a sua integridade e objectividade e a sua competência e diligência profissionais. A função de interesse público dos revisores oficiais de contas significa que uma comunidade mais vasta de pessoas e instituições confia na qualidade do seu trabalho. A boa qualidade da auditoria contribui para o funcionamento ordenado dos mercados, melhorando a integridade e a eficiência das demonstrações financeiras. A Comissão poderá adoptar medidas de execução em matéria de deontologia profissional que constituam normas mínimas. Ao fazê-lo, poderá ter em conta os princípios enunciados no Código de Deontologia da Federação Internacional de Contabilistas (IFAC). (10) É importante que os revisores oficiais de contas e as sociedades de revisores oficiais de contas respeitem a privacidade dos seus clientes. Por conseguinte, deverão estar vinculados a regras estritas de confidencialidade e sigilo profissional que não deverão, todavia, impedir a aplicação adequada da presente directiva. Estas regras de confidencialidade deverão aplicar-se também a qualquer revisor oficial de contas ou a qualquer sociedade de revisores oficiais de contas que tenha cessado de participar num trabalho específico de revisão ou auditoria.".

[157] Diretiva 2006/43/CE do Parlamento Europeu e do Conselho, de 17 de Maio de 2006: "(11) Os revisores oficiais de contas e as sociedades de revisores oficiais de contas deverão ser independentes quando realizarem revisões legais das contas. Poderão informar a entidade examinada das questões suscitadas pela revisão ou auditoria, mas deverão abster-se dos processos de decisão internos da entidade examinada. Caso estejam numa situação em que a importância das ameaças à sua independência seja elevada, mesmo após a aplicação de salvaguardas para atenuar estas ameaças, deverão renunciar ou abster-se do trabalho de revisão ou auditoria. (...)".

Por meio do Decreto-Lei nº 228/2008[158], Portugal incorporou as disposições da Diretiva 2006/43/CE do Parlamento Europeu e do Conselho, de 17 de Maio de 2006, ao seu ordenamento jurídico interno, reforçando os deveres de ordem deontológica dos auditores independentes, especialmente a integridade, objetividade, competência e diligência profissionais e confidencialidade, com a finalidade de proteger o usuário da informação auditada.

No Brasil, apesar dos profissionais de auditoria estarem sujeitos ao Código de Ética da profissão contábil[159], editado em 1996, já que se trata de atividade privativa de contador legalmente habilitado junto ao seu órgão de classe (CFC/CRC), o Conselho Federal de Contabilidade (CFC), por meio de Resolução CFC nº 1.203/2009, em consonância e com a finalidade de harmonização às normas internacionais da profissão, aprovou a Norma Brasileira de Contabilidade (NBC) TA 200, que trata dos *"Objetivos Gerais do Auditor Independente e a Condução da Auditoria em Conformidade com Normas de Auditoria"*.

Esta norma estabeleceu que os princípios fundamentais de ética profissional relevante ao auditor quando da condução dos trabalhos de auditoria de demonstrações financeiras estão implícitos no Código de Ética Profissional do Contabilista e são: *integridade e comportamento profissional, objetividade e independência, competência e zelo profissional,* e *sigilo profissional.*

A mesma Norma Brasileira de Contabilidade (NBC) TA 200, que trata dos *"Objetivos Gerais do Auditor Independente e a Condução da Auditoria em Conformidade com Normas de Auditoria"* estabeleceu como deveres profissionais do auditor independente a atuação com *ceticismo profissional,* a *coleta de evidência de auditoria apropriada* e a *condução da auditoria em conformidade com Normas Brasileiras de Contabilidade (NBC TAs).*

Como veremos a seguir, buscaremos o significado de cada um dos deveres éticos e profissionais de atuação dos auditores no cumprimento da sua função de guardião do mercado. Poderemos notar que o Conselho Federal

---

[158] Decreto-Lei 228/2008: "O presente decreto-lei introduz no Estatuto da Ordem dos Revisores Oficiais de Contas, aprovado pelo Decreto-Lei n.º 487/99, de 16 de Novembro, as alterações que decorrem da transposição para a ordem jurídica interna da Directiva n.º 2006/43/CE, do Parlamento Europeu e do Conselho, de 17 de Maio, relativa à revisão legal das contas anuais e consolidadas.".

[159] O Código de Ética Profissional do Contador, aprovado pela RESOLUÇÃO CFC Nº 803/96, prevê em seu artigo 2º os deveres do profissional de contabilidade, dentre outros, o exercício da profissão com zelo, diligência, honestidade, capacidade técnica, dignidade e independência:

de Contabilidade (CFC) nada mais fez que positivar padrões de conduta que são esperados de qualquer profissional de auditoria independente, mesmo antes da existência da Norma Brasileira de Contabilidade (NBC) TA 200, ou melhor, constituem padrões de conduta exigidos e de qualquer profissional, mesmo em outras áreas, ou de qualquer pessoa, ao menos com relação aos deveres éticos, no seu comportamento social.

Vale frisar que o profissional de auditoria que exerce atividade em companhias abertas deve observar, além das normas éticas e profissionais expedidas pelo Conselho Federal de Contabilidade (CFC), as regras da Comissão de Valores Mobiliários (CVM), como veremos mais detalhadamente a seguir.

5.1. Deveres éticos relacionados à auditoria de demonstrações contábeis

5.1.1. Integridade e comportamento profissional

Uma atividade que visa proteger os interesses do público investidor, principalmente a manutenção do valor do seu investimento, emprestando o seu capital reputacional para determinada informação deve ser exercida por uma pessoa íntegra.

Ter a qualidade de um sujeito íntegro não é privilégio apenas do auditor. A integridade (ou honestidade) é um padrão de conduta exigido do ser humano em todas as ocasiões da sua vida ou da sua profissão. Um ser humano íntegro não se sujeita, ainda que por um momento, a infringir normas ou prejudicar alguém ou a coletividade.

As investigações realizadas nas maiores falências mundiais (*WorldCom* e *Enron*) mostram que uma das causas da sua ocorrência foi a relativização de padrões éticos e morais dos auditores independentes que se preocuparam em amealhar fortunas pessoais e fecharam os olhos às fraudes financeiras que estavam sendo perpetradas pela administração das companhias falidas. Como consequência, a reputação dos auditores que atuavam nessas companhias foi totalmente destruída e ocasionou a falência da Arthur Andersen, até então uma empresa secular e considerada uma das melhores empresas de prestação de serviços de auditoria.

Daí a preocupação de se reforçar após esses escândalos o requisito ético de integridade como dever de conduta para a prestação de serviços de auditoria. A atividade do auditor tem como objetivo transmitir ao público confiabilidade no seu parecer, de modo que um sujeito sem integridade, por si só, já contamina a função do auditor.

A conceituação de um sujeito íntegro é muito difícil, já que as qualidades de um sujeito podem representar um "ser íntegro" para uns e não para outros. Por outro lado, no que se refere aos auditores independentes, com vistas a orientar os profissionais na maioria das situações que podem ser encontradas no curso da sua atividade, o Código de Conduta Profissional (*Code of Professional Conduct*) da *American Institute of Certified Public Accountants (AICPA)*[160], estabelece como conduta do auditor para preservação da sua integridade, não falsear fatos ou subordinar seu julgamento profissional aos interesses de outra pessoa[161].

---

[160] Tradução: Instituto Americano de Contadores Públicos Certificados (AICPA)

[161] Código de Conduta Profissional (*Code of Professional Conduct*) da *American Institute of Certified Public Accountants (AICPA)*, Effective December 15, 2014. Disponível em: < http://www.aicpa.org/Pages/default.aspx> Acesso em 23 de março de 2015: "Section 0.300.040 Integrity: 01 Integrity principle. To maintain and broaden public confidence, members should perform all professional responsibilities with the highest sense of integrity. 02 Integrity is an element of character fundamental to professional recognition. It is the quality from which the public trust derives and the benchmark against which a member must ultimately test all decisions. 03 Integrity requires a member to be, among other things, honest and candid within the constraints of client confidentiality. Service and the public trust should not be subordinated to personal gain and advantage. Integrity can accommodate the inadvertent error and honest difference of opinion; it cannot accommodate deceit or subordination of principle. 04 Integrity is measured in terms of what is right and just. In the absence of specific rules, standards, or guidance or in the face of conflicting opinions, a member should test decisions and deeds by asking: "Am I doing what a person of integrity would do? Have I retained my integrity?" Integrity requires a member to observe both the form and the spirit of technical and ethical standards; circumvention of those standards constitutes subordination of judgment. 05 Integrity also requires a member to observe the principles of objectivity and independence and of due care.". (Tradução livre: Seção 0.300.040 Integridade: 01 princípio de integridade. Para manter e ampliar a confiança do público, os membros devem executar todas as responsabilidades profissionais com o mais alto senso de integridade. 02 Integridade é um elemento de caráter fundamental para o reconhecimento profissional. É a qualidade da qual deriva a confiança do público e da referência contra a qual um membro deve finalmente testar todas as decisões. 03 integridade requer que um membro seja, entre outras coisas, honesto e sincero dentro das restrições de confidencialidade do cliente. Serviço é a confiança do público e não pode ser subordinado ao ganho pessoal e vantagem. Integridade pode

Para manter e ampliar a confiança do público, exige-se do auditor independente que seja íntegro (ou honesto), sincero e seu julgamento profissional não deve estar subordinado a interesses pessoais ou vantagens pecuniárias. O reconhecimento profissional do auditor pelos usuários – a formação da sua reputação no mercado, para atribuir confiabilidade a informação prestada pela entidade auditada – é consequência do agir do auditor como um "ser íntegro", pois aquele que é honesto colhe uma boa reputação junto ao mercado.

No mesmo sentido, Willian Atie[162] afirma que o auditor independente deve ser íntegro em suas relações com a empresa auditada, quanto às suas opiniões e exposições com o usuário da informação da auditoria, transmitindo validade e certificando a veracidade das informações contidas nas demonstrações financeiras ou informar quando tais demonstrações contenham erros ou distorções, não concedendo benefícios financeiros aos clientes ou aviltando honorários, que colocam em risco os objetivos do trabalho de auditoria.

Exige-se, ainda, que o comportamento profissional do auditor seja em total obediência às leis e os regulamentos da atividade, de modo a evitar qualquer ação ou omissão que possa macular a profissão de auditor.

---

acomodar o erro involuntário e diferença de opinião honesta; ele não pode acomodar engano ou subordinação de princípio. 04 Integridade é medida em termos do que é certo e justo. Na ausência de regras específicas, normas, ou orientação ou em face de opiniões conflitantes, um membro deve testar decisões e ações por perguntar: 'Estou fazendo o que uma pessoa de integridade faria? Tenho mantido minha integridade?' integridade requer um membro de observar tanto a forma como o espírito de padrões técnicos e éticos; A evasão dessas normas constitui subordinação do juízo. 05 Integridade também requer um membro de observar os princípios da objetividade e independência e de cuidado devido.)

[162] ATTIE, Wiliam. *Auditoria:* conceitos e aplicações. 6. ed. São Paulo: Atlas, 2011. p. 14: "O auditor independente deve ser íntegro em todos os seus comportamentos que envolvam: a) a empresa auditada quanto a suas exposições e opiniões, exercício de seu trabalho e os serviços e honorários profissionais; b) o público em geral e pessoas interessadas na opinião emitida pelo auditor independente, transmitindo validade e certificando a veracidade das informações contidas nas demonstrações contábeis ou de exposições quando não refletidas a realidade de tais demonstrações; c) a entidade de classe a qual pertença, sendo leal quanto à concorrência dos serviços junto a terceiros, não concessão de benefícios financeiros ou aviltando honorários, colocando em risco os objetivos do trabalho.".

5.1.2. Objetividade e independência

Como corolário da integridade, ao auditor impõe-se um padrão de conduta de objetividade[163], isto é, ser imparcial, intelectualmente honesto e livre de conflitos de interesse no cumprimento das suas responsabilidades profissionais, garantindo a sua independência para o exercício da sua atividade.

A objetividade se relaciona com os possíveis efeitos que tendenciosidades, conflitos de interesse ou influência que outros possam ter sobre o julgamento profissional do auditor, de modo a afetar a sua independência.

Uma ampla gama de situações pode ameaçar a objetividade, por exemplo, interesse próprio do auditor na entidade auditada, defesa dos interesses da entidade, familiaridade, auto-revisão e intimidação. Audrey et al (2012), apresentam o seguinte exemplo relativo a conflito de interesse que ameaça a objetividade do auditor:

> Pode haver conflito de interesse, por exemplo, quando um membro atende a um cliente tanto como auditor quanto como consultor jurídico. Os profissionais devem ser objetivos. O consultor jurídico é um defensor do cliente. Uma pessoa não pode fazer ambas as coisas ligando e desligando o botão de objetividade, conforme a necessidade.

---

[163] Código de Conduta Profissional (*Code of Professional Conduct*) da *American Institute of Certified Public Accountants (AICPA)*, Effective December 15, 2014. Disponível em: < http://www.aicpa.org/Pages/default.aspx> Acesso em 23 de março de 2015: "0.300.050 Objectivity and Independence: 0.300.050 Objectivity and Independence: 01 Objectivity and independence principle. A member should maintain objectivity and be free of conflicts of interest in discharging professional responsibilities. A member in public practice should be independent in fact and appearance when providing auditing and other attestation services. 02 Objectivity is a state of mind, a quality that lends value to a member's services. It is a distinguishing feature of the profession. The principle of objectivity imposes the obligation to be impartial, intellectually honest, and free of conflicts of interest. Independence precludes relationships that may appear to impair a member's objectivity in rendering attestation services. 03 Members often serve multiple interests in many different capacities and must demonstrate their objectivity in varying circumstances. Members in public practice render attest, tax, and management advisory services. Other members prepare financial statements in the employment of others, perform internal auditing services, and serve in financial and management capacities in industry, education, and government. They also educate and train those who aspire to admission into the profession. Regardless of service or capacity, members should protect the integrity of their work, maintain objectivity, and avoid any subordination of their judgment.

Da observância do padrão de conduta de objetividade, deriva a independência do auditor na consecução da sua atividade, sendo esta um pressuposto essencial para a manutenção da confiança no sistema. Um profissional imparcial, intelectualmente honesto e livre de conflitos de interesse no cumprimento das suas responsabilidades profissionais, apresenta uma postura de independência de pensamento, livre de qualquer influência dos administradores e demais empregados da entidade auditada.

Para a obtenção dos elementos de prova e exercício do seu julgamento profissional, o auditor necessita orientar o seu trabalho no sentido da verdade, para que qualquer ameaça a sua independência não constitua um elemento restritivo para a emissão do seu parecer[164].

De acordo com a Comissão de Valores Mobiliários (CVM), a independência é o fator preponderante que diferencia o profissional de contabilidade que presta serviços contábeis em geral, daquele que presta serviço de auditoria independente. E afirma que, *"o aspecto mais relevante da independência não é o fato do auditor ser independente, e sim se ele, além disso, aparenta ser independente, ou seja, se as pessoas que supostamente devem se beneficiar do seu trabalho veem o auditor como uma pessoa ou empresa independente."*[165].

O conceito de independência, para o Conselho Federal de Contabilidade (CFC)[166], compreende a *independência de pensamento* e a *aparência de independente*. A *independência de pensamento* se refere à postura que permite a apresentação de conclusão que não sofra efeitos de influências que comprometam o julgamento profissional, permitindo que o auditor atue com integridade, objetividade e ceticismo profissional. E, *aparência de independência* se refere a evitar fatos e circunstâncias que sejam tão significativos a ponto de que um terceiro

---

[164] ATTIE, Wiliam. *Auditoria: conceitos e aplicações*. 6. ed. São Paulo: Atlas, 2011. p. 14.
[165] Item 6 da nota explicativa à Instrução CVM Nº 308/99.
[166] Norma Brasileira de Contabilidade (NBC) PA 290, aprovada pela Resolução CFC nº 1.311/2010: 6. Independência compreende: *Independência de pensamento* Postura que permite a apresentação de conclusão que não sofra efeitos de influências que comprometam o julgamento profissional, permitindo que a pessoa atue com integridade, objetividade e ceticismo profissional. *Aparência de independência* Evitar fatos e circunstâncias que sejam tão significativos a ponto de que um terceiro com experiência, conhecimento e bom senso provavelmente concluiria, ponderando todos os fatos e circunstâncias específicas, que a integridade, a objetividade ou o ceticismo profissional da firma, ou de membro da equipe de auditoria ficaram comprometidos.

com experiência, conhecimento e bom senso provavelmente concluiria que a integridade, a objetividade ou o ceticismo profissional do auditor estariam comprometidos.

Em regra, o conceito de independência não se limita a uma atuação do auditor livre de conflitos de interesse no cumprimento das suas responsabilidades profissionais. Ele precisa transmitir ao público – usuário da informação – uma aparência de independência.

A exigência de independência, de acordo com a *Securities and Exchange Comission* (SEC), serve a dois objetivos relacionados, mas distintos. Um dos objetivos é promover auditorias de alta qualidade, minimizando a possibilidade de que quaisquer fatores externos possam influenciar no julgamento profissional. O segundo objetivo é o de promover a confiança dos investidores nas demonstrações financeiras auditadas[167].

A confiança na realização de um investimento repousa na percepção dos investidores que a informação financeira divulgada foi auditada de forma imparcial e objetiva. Os investidores estão dispostos a investir em papéis em que exista a percepção de que as informações financeiras divulgadas são confiáveis.

Daí a conceituação de independência corresponder não só a uma postura de transmitir a ideia de que o auditor não sofreu qualquer efeito de influências que comprometam a sua independência (independência de pensamento), mas também a de transmitir ao mercado uma confiabilidade nas informações divulgadas, isto é, criar uma percepção no investidor de modo que ele perceba que a informação financeira divulgada foi auditada de forma imparcial e objetiva (aparência de independência).

Em razão da independência do auditor estar atrelada a uma postura - um estado mental de objetividade do profissional - a *Securities and Exchange Comission* (SEC) optou por dar um enfoque preventivo para causas que poderiam afetar a independência do auditor, dada a dificuldade em promover o nexo entre uma determinada circunstância a um comportamento tendencioso deste profissional.

---

[167] SECURITIES AND EXCHANGE COMMISSION (SEC), Final Rule:Revision of the Commission's Auditor Independence Requirements, 05 de fevereiro de 2001. Disponível em: <http://www.sec.gov/rules/final/33-7919.htm> Acesso em 23 de março de 2015.

Preferiu agir de modo profilático para minimizar os riscos de ameaça da independência, proibindo determinadas condutas, sob a justificativa de que constitui um dever de agir da *Securities and Exchange Comission* (SEC) antes que uma grave desconfiança sobrevoasse o mercado[168].

Vale ressaltar que, a exemplo do Brasil, muitas das medidas preventivas que a *Securities and Exchange Comission* (SEC) optou por implantar, já haviam sido implantadas em outros países.

Essas medidas compreendem, (i) o sistema de rotatividade dos auditores independentes, (ii) proibição de prestação de serviços fora da área de auditoria para o mesmo cliente, os denominados *non-audit services*, e (iii) regras de impedimentos ao exercício da atividade.

Sobre a primeira medida, como forma de preservação da independência dos auditores, a legislação de diversos países determina a rotatividade dos auditores independentes, com vistas a assegurar ao público usuário da informação da auditoria que as atividades foram plenamente executadas à margem dos interesses pessoais do próprio profissional ou de influências exteriores como, por exemplo, da administração da entidade auditada.

Nos EUA, a seção 203[169] da lei *Sarbanes-Oxley* determinou, ainda, o revezamento do sócio da empresa de auditoria responsável pelo cliente, a cada cinco anos, bem como na sua seção n° 207[170], determinou a realização de

---

[168] SECURITIES AND EXCHANGE COMMISSION (SEC), Final Rule:Revision of the Commission's Auditor Independence Requirements, 05 de fevereiro de 2001. Disponível em: <http://www.sec.gov/rules/final/33-7919.htm> Acesso em 23 de março de 2015.

[169] Sarbanes-Oxley Act of 2002: SEC. 203. AUDIT PARTNER ROTATION. "(j) AUDIT PARTNER ROTATION.—It shall be unlawful for a registered public accounting firm to provide audit services to an issuer if the lead (or coordinating) audit partner (having primary responsibility for the audit), or the audit partner responsible for reviewing the audit, has performed audit services for that issuer in each of the 5 previous fiscal years of that issuer.". (Tradução livre: ROTAÇÃO DO RESPONSÁVEL PELA AUDITORIA - Será ilegal uma empresa de auditoria prestar serviços de auditoria para um emitente se na liderança estiver sócio de auditoria (o principal responsável pela auditoria), ou o parceiro de auditoria responsável para rever a auditoria, que executou serviços de auditoria pelo emitente em cada um dos 5 exercícios anteriores desse emitente.).

[170] Sarbanes-Oxley Act of 2002: SEC. 207. STUDY OF MANDATORY ROTATION OF REGISTERED PUBLIC ACCOUNTING FIRMS. (a) STUDY AND REVIEW REQUIRED.—The Comptroller General of the United States shall conduct a study and review of the potential effects of requiring the mandatory rotation of registered public accounting firms. (Tradução livre: Estudo de rotação obrigatória de registro de empresas de contabilidade pública. (a)

um estudo pelo Departamento de Prestação de Contas dos Estados Unidos (*General Accounting Office* – GAO), órgão ligado ao Congresso Americano, com responsabilidade de desenvolver os padrões de auditora nas verificações de contas dos órgãos do governo, sobre os impactos de um revezamento obrigatório das empresas de auditoria e não apenas do sócio responsável.

Na mesma esteira, a União Europeia, por meio da Diretiva 2006/43/CE[171], do Parlamento Europeu e do Conselho, determinou que os Estados Membros da Comunidade europeia devem adotar em suas legislações, regras para substituição do sócio responsável pela realização da auditoria a cada sete anos, podendo este prestar serviços de auditoria para a mesma entidade após um interstício de dois anos.

As disposições da Diretiva 2006/43/CE, foram incorporadas à legislação interna de Portugal por meio do Decreto-Lei nº 224/2008, que reproduziu as mesmas regras da norma da Comunidade Europeia, de modo que a cada sete anos o auditor responsável deve ser substituído por outro profissional da sociedade, devendo o substituído ficar afastado da entidade auditada por dois anos.

Essa disposição se aplica às sociedades cuja legislação portuguesa determina como sociedades de interesse público[172], que são aquelas que negociam

---

estudar e analisar. A Controladoria-Geral dos Estados Unidos devem realizar um estudo e avaliação dos efeitos potenciais de exigir a rotação obrigatória das firmas de contabilidade registrados.).

[171] Diretiva 2006/43/CE, Do Parlamento Europeu e do Conselho: Artigo 42 - 2. Os Estados--Membros devem assegurar que o(s) sócio(s) principal(is) responsável(is) pela realização da revisão legal das contas seja(m) substituído(s) no seu trabalho de revisão ou auditoria no prazo máximo de sete anos a contar da data de designação e seja(m) autorizado(s) a participar novamente na revisão ou auditoria da entidade examinada após um período mínimo de dois anos.

[172] Decreto-Lei n.º 225/2008: "Artigo 2º - Para efeitos do disposto no presente decreto-lei e do disposto no Estatuto da Ordem dos Revisores Oficiais de Contas, aprovado pelo Decreto-Lei n.º 224/2008, de 20 de Novembro, são qualificadas como entidades de interesse público: a) Os emitentes de valores mobiliários admitidos à negociação num mercado regulamentado; b) As instituições de crédito que estejam obrigadas à revisão legal das contas; c) Os fundos de investimento mobiliário previstos no regime jurídico dos organismos de investimento colectivo; d) Os fundos de investimento imobiliário previstos no regime jurídico dos fundos de investimento imobiliário; e) As sociedades de capital de risco e os fundos de capital de risco; f) As sociedades de titularização de créditos e os fundos de titularização de créditos; g) As empresas de seguros e de resseguros; h) As sociedades gestoras de participações sociais, quando as participações detidas, directa ou indirectamente, lhes confiram a maioria dos

valores mobiliários no mercado, para as instituições de crédito e para as empresas de seguros.

Nestas circunstâncias, em Portugal, a rotação dos auditores deverá ser efetuada, para as entidades de interesse público, pelo sócio responsável pela orientação ou execução direta da revisão legal de contas, após sete anos a contar da sua designação, no entanto poderá ser novamente designado, passados dois anos.

Para o Revisor Oficial de Contas (ROC) ou a Sociedade Revisora Oficial de Contas (SROC) eleito pela Assembleia Geral e que constitui um órgão de fiscalização da sociedade, o Código de Sociedades Comerciais[173] estabelece que o mandato (ou designação, como estabelecido na Lei) é de três anos, não fixando qualquer obrigação de rotatividade, de modo que o eleito poderá ser reconduzido ao cargo após o final do prazo, sem limite de reconduções.

Muito antes das alterações legislativas ocorridas nos demais países, a rotatividade dos auditores independentes foi incorporada à legislação brasileira, não se limitando à rotatividade dos sócios responsáveis pelo planejamento e execução da auditoria. A rotatividade no Brasil foi muito mais severa obrigando a troca da própria sociedade prestadora de serviços de auditoria.

Em 1999, a Instrução Normativa nº 308/99[174] estabeleceu a obrigatoriedade de substituição a cada cinco anos do auditor independente pessoa física ou jurídica, podendo estes prestar serviços de auditoria para a mesma entidade após um interstício de três anos, tendo sido fixada a data de 19/05/2004 o prazo limite para realização do primeiro rodízio de auditores. Ou seja, não se trata de substituir o sócio responsável pelo planejamento e execução do

---

direitos de voto nas instituições de crédito referidas na alínea b); i) As sociedades gestoras de participações sociais no sector dos seguros e as sociedades gestoras de participações mistas de seguros; j) Os fundos de pensões; l) As empresas públicas que, durante dois anos consecutivos, apresentem um volume de negócios superior a (euro) 50 000 000, ou um activo líquido total superior a (euro) 300 000 000."

[173] Decreto-Lei nº 262/86 (Código de Sociedades Comerciais): "Artigo 446 - 1. Nas sociedades com a estrutura referida na alínea b) do n.º 1 do artigo 278.º a assembleia geral deve designar um revisor oficial de contas ou uma sociedade de revisores oficiais de contas para proceder ao exame das contas da sociedade. 2. A designação é feita por tempo não superior a três anos.".

[174] INSTRUÇÃO NORMATIVA CVM Nº 308/99: "Art. 31 - O Auditor Independente - Pessoa Física e o Auditor Independente - Pessoa Jurídica não podem prestar serviços para um mesmo cliente, por prazo superior a cinco anos consecutivos, contados a partir da data desta Instrução, exigindo-se um intervalo mínimo de três anos para a sua recontratação."

serviço de auditoria, mas da troca do próprio prestador de serviço, seja pessoa física ou jurídica.

Posteriormente, a Instrução Normativa nº 509/2011[175], que alterou a Instrução Normativa nº 308/99, criou um novo regime para a rotação dos auditores independentes. Para as companhias que possuem Comitê de Auditoria Estatutário (CAE) e o auditor seja pessoa jurídica, o prazo de cinco anos foi elevado para dez anos, contudo, o responsável técnico, diretor, gerente e de qualquer outro integrante da equipe de auditoria com função de gerência, deve ser substituído a cada cinco anos consecutivos e poderá ser novamente designado como responsável na mesma entidade auditada após de três anos.

Com efeito, temos dois regimes de obrigatoriedade de rotação dos auditores independentes, de acordo com as normas da Comissão de Valores Mobiliários. O primeiro, para as empresas sem um Comitê de Auditoria Estatutário (CAE): obrigatoriedade de substituição a cada cinco anos do prestador de serviços de auditoria (pessoa física ou jurídica), podendo o substituído prestar serviços de auditoria para a mesma entidade após um interstício de três anos. O segundo, para as empresas sem um Comitê de Auditoria Estatutário (CAE) e com auditor independente pessoa jurídica: obrigatoriedade de substituição a cada dez anos do prestador de serviços de auditoria e substituição do responsável técnico, diretor, gerente e de qualquer outro integrante da equipe de auditoria com função de gerência a cada cinco anos, sendo os substituídos impedidos de prestar serviços ou de atuar dentro da mesma entidade durante três anos após a substituição.

Para as instituições financeiras e demais instituições autorizadas a funcionar pelo Banco Central do Brasil, a Resolução do Conselho Monetário

---

[175] INSTRUÇÃO NORMATIVA CVM Nº 509/2011: Art. 1º A Instrução nº 308, de 14 de maio de 1999, passa a vigorar acrescida dos arts. 31-A, 31-B, 31-C, 31-D, 31-E e 31-F, com as seguintes redações: "Art. 31-A O prazo estabelecido no art. 31 desta Instrução é de até 10 (dez) anos consecutivos caso: I – a companhia auditada possua Comitê de Auditoria Estatutário - CAE em funcionamento permanente; e II – o auditor seja pessoa jurídica. § 1º Para a utilização da prerrogativa prevista no caput, o CAE deverá estar instalado no exercício social anterior à contratação do auditor independente. § 2º Adotada a prerrogativa prevista no caput, o auditor independente deve proceder à rotação do responsável técnico, diretor, gerente e de qualquer outro integrante da equipe de auditoria com função de gerência, em período não superior a 5 (cinco) anos consecutivos, com intervalo mínimo de 3 (três) anos para seu retorno.".

Nacional (CMN) nº 2.267/96[176] [177] instituiu substituição do auditor independente contratado após a emissão por este de pareceres relativos a quatro exercícios sociais completos, sendo a sua recontratação permitida depois de decorridos três anos da sua substituição.

Posteriormente, a Resolução nº 3.198/2004[178], referente à prestação de serviços de auditoria independente, aumentou o prazo para a substituição do auditor independente contratado após a emissão por este de pareceres relativos, a cinco exercícios sociais completos, mantendo o impedimento para a sua recontratação por três anos.

Essa regra foi alterada pela Resolução nº 3.606/2008[179], fixando a obrigatoriedade de rotação apenas do responsável técnico, diretor, gerente, supervisor

---

[176] Resolução do Conselho Monetário Nacional (CMN) nº 2.267/96: "Art. 3º As instituições e entidades referidas no art. 1º, bem como as administradoras de fundos de investimento ali mencionados e de consórcio, devem proceder à substituição do auditor independente contratado, no máximo, após decorridos 4 (quatro) exercícios sociais completos desde sua contratação, vigorando essa exigência a partir do exercício social que se iniciar em 1º.01.97. Art. 4º A recontratação de auditor independente somente pode ser efetuada após decorridos 3 (três) exercícios sociais completos desde sua substituição.".

[177] Os artigos. 3.º e 4.º da Resolução do Conselho Monetário Nacional (CMN) nº 2.267/96, que tratam da rotatividade dos auditores e do prazo mínimo para recontratação da empresa de auditoria pelo mesmo cliente, foram objeto de Ação Declaratória de Inconstitucionalidade proposta pela Confederação Nacional das Profissões Liberais – CNPL, sob o fundamento de violação dos artigos 1.º, IV, 5.º, XIII, e 170, IV, e parágrafo único da Constituição Federal. A ação foi distribuída sob o nº 2.317-9, sob relatoria do Ministro Ilmar Galvão. Ao apreciarem o pedido liminar, os Ministros entenderam que a regra criada não se tratava de regulação da atividade profissional por um órgão administrativo, bem como pela razoabilidade da norma. No voto do Ministro Marco Aurélio, ficou consignado que "é razoável prever-se a rotatividade quanto aos auditores e a passagem de quatro anos para que se chegue à substituição do auditor que se quer independente.". E, nesses termos a liminar foi indeferida por unanimidade. (Revista de Direito Bancário e Mercado de Capitais nº 45, vol. 12, Abr/2001).

[178] Resolução do Banco Central do Brasil nº 3.198/2004: "Art. 9º As instituições, câmaras e prestadores de serviços referidos no art. 1º devem proceder à substituição do auditor independente contratado, no máximo, após emitidos pareceres relativos a cinco exercícios sociais completos. §1º Para fins de contagem do prazo previsto no caput, são considerados pareceres relativos a exercícios sociais completos aqueles referentes às demonstrações contábeis da data-base de 31 de dezembro. §2º A recontratação de auditor independente somente pode ser efetuada após decorridos três anos, contados a partir da data de sua substituição.".

[179] Resolução do Banco Central do Brasil nº 3.606/2008: "Art. 1° Fica alterado o art. 9º do Regulamento anexo à Resolução nº 3.198, de 27 de maio de 2004, que passa a vigorar com a seguinte redação: "Art. 9º As instituições, câmaras e prestadores de serviços referidos no art. 1º devem proceder à substituição do responsável técnico, diretor, gerente, supervisor e qualquer

e qualquer outro integrante, com função de gerência, da equipe envolvida nos trabalhos de auditoria, depois de emitidos pareceres relativos à, no máximo, cinco exercícios sociais completos, sendo que o substituído fica também impedido de atuar na mesma entidade durante três anos após a substituição.

A Resolução nº 3.606/2008, ao menos para as instituições financeiras, bem como demais instituições autorizadas a funcionar pelo Banco Central do Brasil, veio compatibilizar a obrigação de rotação com as regras da Europa e do EUA ao determinar apenas a substituição do responsável pelo planejamento e execução dos serviços de auditoria.

A causa para a determinação da rotação é a familiaridade do profissional com o cliente. Os auditores que atendem a um determinado cliente por anos podem desenvolver relacionamentos e amizades, que afetam o seu julgamento profissional. A familiaridade com o cliente pode levar o auditor a ignorar afirmações potencialmente incorretas e tomar decisões que possam afetar diretamente a credibilidade do seu relatório.

Nunca é demais lembrar que os administradores possuem incentivos para manipular os resultados, com o objetivo de melhorar o valor da companhia e/ou a sua própria remuneração, de modo que um auditor com longo tempo de atuação nesta companhia pode, em razão dos laços de amizade (ou até por interesse próprio), negligenciar algumas afirmações esquecendo-se da sua real função no sistema.

A questão principal que vem sendo debatida é se o rodízio compulsório de empresas de auditoria atinge efetivamente a sua finalidade, qual seja, a manutenção da independência do auditor.

Em 1997, os pesquisadores Benito Arruñada, da Universidade Pompeu Fabra, de Barcelona, e Cândido Paz-Ares, da Universidade Autónoma de Madri, publicaram o trabalho denominado *"Mandatory Rotation of Company Auditors: A Critical Examination"*[180], em que foram analisados dados coletados

---

outro integrante, com função de gerência, da equipe envolvida nos trabalhos de auditoria, após emitidos pareceres relativos a, no máximo, cinco exercícios sociais completos. §2º O retorno de responsável técnico, diretor, gerente, supervisor ou qualquer outro integrante, com função de gerência, da equipe envolvida nos trabalhos de auditoria pode ser efetuado após decorridos três anos, contados a partir da data de sua substituição.".

[180] ARRUÑADA, Benito e PAZ-ARES, Cândido. *Mandatory Rotation of Company Auditors: A Critical Examination*. International Review of Law and Economics nº 61, New York: Elsevier, 1997. p. 31/61.

dos países que haviam implantado o rodízio de empresas de auditoria (Itália e Espanha). O estudo conclui pela não implantação do rodízio obrigatório de empresas de auditoria, em razão do aumento dos custos iniciais para as empresas, uma vez que aquele que não conhece a atividade da entidade a ser auditada consumiria mais horas de trabalho no primeiro ano de auditoria, acarretando, inclusive, redução da qualidade dos serviços prestados e aumento do risco sistêmico (possibilidade de erros e fraudes não serem descobertos e risco do auditor emitir opinião errada sobre as demonstrações financeiras da entidade auditada)[181].

A Comissão de Valores Mobiliários (CVM), no MEMO/SNC/GNA nº 073/2005, divulgou um levantamento realizado junto às companhias abertas que trocaram seus auditores independentes para o exercício social de 2004, em função do artigo 31 da Instrução CVM n° 308/99.

Nesse estudo, no total de 360 companhias listadas na BOVESPA, foram identificadas 172 (47,7%) companhias que substituíram seus auditores independentes após o relatório emitido para as demonstrações contábeis encerradas em 31/12/2003. Assim, a SNC/GNA promoveu a confrontação dos relatórios relativos à datas-base de 31/12/2003, com os relatórios das datas-base de 31/12/2004, ou seja, o primeiro parecer dado pelas novas empresas de auditoria.

Das 172 (47,7%) companhias que substituíram seus auditores independentes, a SNC/GNA identificou que para 73 (42,4%) companhias houve mudança no texto do parecer emitido, com inclusão ou supressão de ressalvas e parágrafos de ênfase, não sendo possível concluir que houve melhora ou piora da qualidade dos pareceres emitidos, ou seja, não houve qualquer prova que o rodízio surtiu os efeitos desejados.

Um estudo divulgado em 2007, realizado por Alexandre Queiroz de Oliveira e Neusa Maria Bastos Fernandes dos Santos[182], em que foram analisados dados coletados por meio de entrevistas realizadas em 2002 com executivos que contratam empresas de auditoria e com os próprios auditores, apresenta uma conclusão que nos parece contemporânea para o debate sobre a

---

[181] Comissão de Valores Mobiliários (CVM), MEMO/SNC/GNA nº 073/2005.
[182] OLIVEIRA, Alexandre Queiroz de e SANTOS, Neusa Maria Bastos Fernandes dos, *Rodízio de Firmas de Auditoria: A experiência Brasileira e as Conclusões do Mercado*. Revista de Finanças e Contabilidade-USP, v. 18, nº 45, São Paulo. USP: set-dez 2007. p. 91-100.

obrigatoriedade do rodízio e se mostra eficaz para a manutenção da independência do auditor.

O referido estudo concluiu que a determinação de prazos para diminuir o relacionamento pessoal e profissional de longo prazo entre firmas de auditoria e clientes não extingue a possibilidade de falhas e erros no trabalho do auditor, pois os anos de relacionamento do auditor com o cliente não interferem na conduta pessoal deste. O que interfere é a formação ética e profissional e o histórico moral desse profissional. A independência do profissional só é perdida quando esse não age com integridade, o que o faz abandonar a sua objetividade ou imparcialidade. Com isso, o estudo afirma o seguinte: *"As propostas inadequadas de funcionários a auditores, ocorrências de fraudes corporativas e erros contábeis, tentativas de suborno, omissão de informações ao mercado e outras situações similares podem acontecer em um relacionamento de poucos meses, 2 anos, 20 anos ou até 50 anos."*.

Com isso, o estabelecimento de rotação como medida profilática para manutenção da independência do auditor – *independência de pensamento* e a *aparência de independente* – pode não ser o caminho adequado para atingir os efeitos almejados, exigindo-se uma constante reflexão dos órgãos reguladores quanto a sua instituição, não só quanto à manutenção da independência, mas também quanto à redução dos custos de transação aos participantes do mercado.

Após os escândalos ocorridos com a *Erom, WordCom, Lucent, Adelphia,* para reforçar a regra de independência do auditor, foram estabelecidas normas proibindo as empresas de auditoria e os auditores a prestarem serviços fora da área de auditoria às companhias abertas, que são clientes dos serviços de auditoria. Tratam-se dos denominados *non-audit services*.

Aliás, antes da proibição, os *non-audit services* importavam em honorários quase três vezes maiores do que os de auditoria[183], representando um incentivo econômico para o auditor preservar um relacionamento com o cliente, e, portanto, relativizar a objetividade necessária nos serviços de auditoria.

Em 2001, a *Securities and Exchange Comission* (SEC)[184] manifestou que, em razão das receitas geradas pelos *non-audit services*, o auditor estava em posição

---

[183] GRAMLING, Audrey A., RITTENBERG, Larry E., JOHNSTONE, Karla M. Auditing. (tradução: Antonio Zorato Sanvicente). São Paulo: Cengage Learning, 2012. p. 95.
[184] SECURITIES AND EXCHANGE COMMISSION (SEC), Final Rule:Revision of the Commission's Auditor Independence Requirements, 05 de fevereiro de 2001.

incompatível com a objetividade necessária para a prestação dos serviços de auditoria. Ao prestar serviços de contabilidade ao cliente, o auditor está na posição de efetuar as demonstrações financeiras e depois revisar (como auditor) o próprio trabalho.

Realizar serviços de avaliação para o cliente de auditoria também é incompatível com a independência. Um auditor que apreciou um importante ativo do cliente é menos provável a questionar seu próprio trabalho no futuro. Da mesma forma, um auditor que fornece serviços de recrutamento e seleção que tenha assessorado na contratação de um diretor financeiro, não irá questionar a sua competência perante o Comitê de Auditoria[185].

Por esse motivo, a lei *Sarbanes-Oxley* proibiu as empresas de auditoria de simultaneamente prestarem outros serviços[186] não relacionados aos serviços

---

Disponível em: <http://www.sec.gov/rules/final/33-7919.htm> Acesso em 23 de março de 2015.

[185] SECURITIES AND EXCHANGE COMMISSION (SEC), Final Rule:Revision of the Commission's Auditor Independence Requirements, 05 de fevereiro de 2001. Disponível em: <http://www.sec.gov/rules/final/33-7919.htm> Acesso em 23 de março de 2015: "Non-Audit Services Create Economic Incentives that May Inappropriately Influence the Audit: As explained above and in the Proposing Release, the rapid rise in the growth of non-audit services has increased the economic incentives for the auditor to preserve a relationship with the audit client, thereby increasing the risk that the auditor will be less inclined to be objective.77 Some commenters supported this analysis,78 while others took issue with it.79 The principal criticisms were: (i) the economic stake in the relationship with the audit client in fact had not materially increased and any such increase is offset by countervailing incentives on the auditor not to compromise his or her independence; and (ii) there is no proof that changing the mix of incentives has affected auditor behavior. We have considered each of these criticisms and address them below.". (Tradução livre: Serviços de não auditoria criam incentivos econômicos que podem influenciar inadequadamente a Auditoria: Como explicado acima, o rápido aumento do crescimento dos serviços de não auditoria aumentou os incentivos econômicos para o auditor preservar um relacionamento com o cliente de auditoria, aumentando assim o risco de que o auditor estará menos inclinado a ser objetivoe. 77 Alguns comentadores apoiou esta análise, 78 enquanto outros tiveram e as principais críticas foram: (i) a participação econômica no relacionamento com o cliente da auditoria na verdade, não havia substancialmente aumentada e esse aumento é compensado por incentivos de compensação sobre o auditor não comprometer a sua independência; e (ii) não há nenhuma prova que a mudança do mix de incentivos tem afetado o comportamento auditor. Nós consideramos cada uma destas críticas e resolvê-las abaixo.).

[186] CORDEIRO F., Ari. *Responsabilidade Quanto a Informações e Fraudes no Mercado de Valores: o Novo Regime Jurídico da Lei Americana – (Sarbanes-Oxley Act, de julho de 2002)*. Carta Mensal, Confederação Nacional do Comércio. Rio de Janeiro, V. 48, n° 574, janeiro, 2003. p. 22.

de auditoria, por serem incompatíveis com o requisito de independência do auditor. Tal proibição inclui: a) a contabilização ou outros serviços relacionados aos registros contábeis ou demonstrações financeiras; b) concepção e implementação de sistemas de informação; c) serviços de avaliação e laudos; d) serviços atuariais; e) serviços de auditoria interna; f) funções gerenciais ou de recursos humanos; g) serviços de conselheiro de investimento, banqueiro de investimento, de corretagem ou distribuição; h) serviços jurídicos; i) serviços de perícia, não relacionados à auditoria, e j) outros serviços a critério de regulamentação do PCAOB.

No âmbito da União Europeia, a Recomendação da Comissão n.º 2002/590/CE, optou por não proibir expressamente a prestação dos cumuladamente com os serviços de auditoria. Em seu item 11[187] da exposição de motivos, esclarece que uma abordagem baseada em princípios é preferível a uma abordagem baseada em regras pormenorizadas, pois proporciona aos órgãos reguladores uma flexibilidade necessária para reagirem com prontidão e eficácia às novas circunstâncias da vida econômica e do momento em que é efetuado o trabalho do auditor.

Assim, em seus itens 2.1.[188] e 3.2.[189] acabou por deslocar ao profissional de auditoria o julgamento se um determinado serviço extra-auditoria (*non-audit*

---

[187] Recomendação da Comissão n.º 2002/590/CE: "(11) Em matéria de independência dos revisores oficiais de contas, uma abordagem baseada em princípios é preferível a uma abordagem baseada em regras pormenorizadas, na medida em que permite criar um quadro sólido, no âmbito do qual os revisores oficiais são obrigados a justificar os seus actos. Além disso, uma abordagem desse tipo proporciona ao sector de revisão de contas e às entidades reguladoras competentes a flexibilidade necessária para reagirem com prontidão e eficácia às novas circunstâncias da vida econômica e do quadro em que é efectuada a revisão legal de contas. Ao mesmo tempo, evita a atitude altamente legalista e rígida quanto àquilo que é permitido, susceptível de surgir num regime baseado em regras. Uma abordagem baseada em princípios permite responder às variações quase infinitas de circunstâncias que surgem na prática e nos diferentes sistemas jurídicos em toda a UE. Por conseguinte, esta abordagem permitirá satisfazer melhor as necessidades dos mercados de capitais europeus, bem como as das PME.".
[188] Recomendação da Comissão n.º 2002/590/CE: "2.1. O revisor oficial de contas é responsável por assegurar o cumprimento do requisito de independência aplicável aos revisores oficiais.".
[189] Recomendação da Comissão n.º 2002/590/CE: "3.2. O nível de risco de independência de um revisor oficial de contas poder vir a ser comprometida e será determinado com base na importância das ameaças referidas, seja isoladamente ou em conjunto, e no seu impacto na independência do revisor oficial de contas. Para esse efeito, será necessário considerar as circunstâncias específicas da revisão legal de contas em causa.".

services), considerando as circunstâncias específicas do caso concreto, afeta ou não a sua independência.

No entanto, também identificou as situações em que o risco de independência é elevado e enumerou um conjunto de *non-audit services* como referência aos auditores, o que por si só, produziu os mesmos efeitos da proibição existente na lei *Sarbanes-Oxley*. São eles: (1) preparação de registros contábeis e demonstrações financeiras; (2) preparação e implementação de serviços tecnológicos de informação financeira; (3) serviços de avaliação; (4) participação em auditorias internas do cliente; (5) atuação, por conta do cliente, na resolução de litígios; e (6) recrutamento de pessoal para altos cargos de gestão.

Esse sistema principiológico foi consolidado na Diretiva 2006/43/CE do Parlamento Europeu e do Conselho, de 17 de Maio de 2006 e, por sua vez, incorporado ao ordenamento jurídico português, por meio do Decreto-Lei n.º 224/2008.

Em regra, em Portugal não há uma proibição expressa da prestação de *non-audit services* em conjunto com os serviços de auditoria, mas quando a própria norma elenca uma série de serviços que podem configurar uma violação da independência do auditor, indiretamente está proibindo a prestação desses serviços, afinal, na prática, haverá sempre uma presunção de culpa do auditor se identificada uma falha nos serviços de auditoria.

No Brasil, em 1999 e antes da edição da lei *Sarbanes-Oxley* e da Recomendação da Comissão n.º 2002/590/CE, a Comissão de Valores Mobiliários optou, por meio da Instrução Normativa (CVM) nº 308/99[190] (art. 23), em estabelecer um rol exemplificativo de serviços de consultoria, cuja prestação está vedada em conjunto com os serviços de auditoria.

---

[190] INSTRUÇÃO NORMATIVA CVM Nº 308/99: "Art. 23. É vedado ao Auditor Independente e às pessoas físicas e jurídicas a ele ligadas, conforme definido nas normas de independência do CFC, em relação às entidades cujo serviço de auditoria contábil esteja a seu cargo: II - prestar serviços de consultoria que possam caracterizar a perda da sua objetividade e independência. Parágrafo único. São exemplos de serviços de consultoria previstos no *caput* deste artigo: I - assessoria à reestruturação organizacional; II - avaliação de empresas; III - reavaliação de ativos; IV - determinação de valores para efeito de constituição de provisões ou reservas técnicas e de provisões para contingências; V - planejamento tributário; VI - remodelamento dos sistemas contábil, de informações e de controle interno; ou VII - qualquer outro produto ou serviço que influencie ou que possa vir a influenciar as decisões tomadas pela administração da instituição auditada.".

Por sua vez, a Norma Brasileira de Contabilidade (NBC) PA 290, aprovada pela Resolução CFC nº 1.311/2010, e que trata da independência do auditor, optou por trazer uma série de considerações importantes ao auditor na realização do julgamento se a prestação de um determinado *non-audit services* viola ou não a sua independência.

De acordo com essas regras procedimentais criadas pela norma do Conselho Federal de Contabilidade, na análise se um determinado *non-audit services* para uma companhia aberta configura ou não uma ameaça a sua independência, o auditor antes de qualquer formação de uma opinião deve ter em mente que as ameaças criadas mais frequentemente são relativas à autorrevisão, de interesse próprio e de defesa do interesse do cliente.

Neste sentido, se o serviço a ser prestado corresponde à elaboração de registros contábeis e de demonstrações contábeis (167 a 174), serviços de avaliação (175 a 180), serviços fiscais (181 a 194), serviços de auditoria interna (195 a 200), serviços de tecnologia da informação (201 a 206), serviços de suporte a litígio (207 e 208), serviços legais (209 a 2013), serviços de recrutamento (214 e 2015) ou serviços financeiros corporativos (216 e 209), o auditor deve percorrer as regras interpretativas específicas pela Norma Brasileira de Contabilidade (NBC) PA 290, para formação de uma opinião positiva pela contratação da prestação do serviço.

Como ocorre em Portugal, a norma brasileira elenca uma série de serviços que podem configurar uma violação da independência do auditor. Para evitar qualquer desconfiança quanto a sua conduta, as empresas de auditoria deixaram de prestar esses serviços.

Aliás, após essas regras, as quatro grandes auditorias (KPMG, Ernst&Young, PriceWaterhouse e Deloitte) acabaram por segregar as suas atividades em duas empresas (de auditoria e de serviços) e posteriormente venderam a sua operação de prestação de serviços. No entanto, após esse movimento, as empresas de auditoria têm proporcionado a prestação de diversos serviços, que são realizados por grupos distintos da função de auditoria, mas sob o mesmo controle[191]. Normalmente, o cliente de auditoria não pode ser cliente de consultoria.

---

[191] Da consulta realizada no site PriceWaterhouse em 20.07.2015 (www.pwc.com.br), podemos identificar que, além dos serviços de auditoria, a empresa presta serviços de consultoria de

Por fim, sobre as regras preventivas para manutenção da independência do auditor, no plano regulamentar, a Instrução Normativa (CVM) nº 308/99[192] (art. 23) estabelece que o auditor não deve possuir títulos ou valores mobiliários da entidade auditada ou de qualquer empresa do mesmo grupo econômico.

O que pretende a norma é vedar que um conflito de interesses do auditor em face das demonstrações financeiras da entidade auditada da qual ele mantém um interesse financeiro. Essas demonstrações financeiras e o seu relatório irão refletir diretamente no preço de mercado dos títulos e valores mobiliários da entidade auditada, de modo que se o auditor possui a propriedade sobre esses instrumentos de investimento, irá se beneficiar da informação auditada e tal fato constitui uma ameaça para a sua independência.

Na Nota Explicativa à Instrução Normativa CVM nº 308/99[193], ficou especificado que a vedação não se restringe apenas à pessoa do auditor, mas também às pessoas a ele ligadas, de acordo com a definição dada pelo Conselho Federal de Contabilidade (CFC).

A Norma Brasileira de Contabilidade (NBC) PA 291, aprovada pela Resolução CFC nº 1.312/2010[194], por sua vez, define como pessoas ligadas ao auditor os parentes imediatos e os próximos. O primeiro grupo corresponde

---

negócios, assessoria em transações, consultoria tributária e societária, mercado de capitais e transações comerciais internacionais. No mesmo sentido, vide KPMG (http://www.kpmg.com/br), Ernst&Young (http://www.ey.com/br) e Deloitte (http://www2.deloitte.com/br/pt.html)

[192] INSTRUÇÃO NORMATIVA CVM Nº 308/99: "Art. 23. É vedado ao Auditor Independente e às pessoas físicas e jurídicas a ele ligadas, conforme definido nas normas de independência do CFC, em relação às entidades cujo serviço de auditoria contábil esteja a seu cargo: I – adquirir ou manter títulos ou valores mobiliários de emissão da entidade, suas controladas, controladoras ou integrantes de um mesmo grupo econômico;".

[193] Nota Explicativa à Instrução Normativa CVM nº 308/99: "6) HIPÓTESES DE IMPEDIMENTO (Arts. 22 e 23): (...) Além disso, está sendo vedada ao auditor e às pessoas a ele ligadas a possibilidade de adquirir ou manter títulos ou valores mobiliários da entidade auditada. As pessoas ligadas ao auditor independente são as mesmas com quem ele mantém vínculo, relação, participação ou possui interesse, conforme definido pele CFC nas normas de independência profissional e que o impede de executar serviços de auditoria.".

[194] Norma Brasileira de Contabilidade (NBC) PA 291, aprovada pela Resolução CFC nº 1.312/2010: Definições: familiar imediato é o cônjuge (ou equivalente) ou dependente. Familiares próximos são pais, filhos ou irmãos que não são membros da família imediata.

ao cônjuge (ou equivalente) ou dependente e o segundo grupo são os pais, filhos ou irmãos que não são membros da categoria de parentes imediatos.

Esse impedimento abrange um interesse financeiro direto, cuja propriedade títulos ou valores mobiliários da entidade auditada são mantidos diretamente pela empresa de auditoria, pelo auditor, ou por seus parentes; ou um interesse financeiro indireto, cujos títulos ou valores mobiliários da entidade auditada são mantidos por um veículo de investimento (fundo, pessoa jurídica, etc.), no qual a empresa de auditoria, o auditor, ou seus parentes, mantém quotas e se beneficiam dos resultados obtidos por esses veículos, mas não têm o poder de supervisionar ou participar das decisões de investimento.

Quando há interesse financeiro direto – propriedade de títulos ou valores mobiliários da entidade auditada – pelo auditor ou pela empresa de auditoria, por disposição expressa à Instrução Normativa (CVM) nº 308/99 (art. 23, I) não há dúvidas que estão impedidos de prestar serviços de auditoria, pois nenhuma salvaguarda adotada poderia reduzir a ameaça da independência do profissional. Como o art. 23, inciso I se refere a *pessoas ligadas*, essa proibição atinge também os seus parentes, independente se classificados como imediatos ou próximos.

No Código de Conduta Profissional (*Sede of. Professional Conduta*)[195] da América Instituto *of. Certified Public Accountants (AICPA)*, o impedimento de prestar serviços de auditoria está atrelado à relevância do interesse financeiro direto. Considera-se interesse financeiro direto relevante àquele em que:

> O sócio ou empregado profissional da empresa de auditoria, a sua família imediata, ou qualquer grupo de tais pessoas agindo em conjunto possua mais de 5% de títulos ou valores mobiliários da entidade

---

[195] Código de Conduta Profissional (*Code of Professional Conduct*) da *American Institute of Certified Public Accountants (AICPA)*, Effective December 15, 2014. Disponível em: < http://www.aicpa.org/Pages/default.aspx> Acesso em 23 de março de 2015: "1.240.010 Overview of Financial Interests (...) 03 If a partner or professional employee of the firm, his or her immediate family, or any group of such persons acting together owned more than 5 percent of an attest client's outstanding equity securities or other ownership interests during the period of the professional engagement, the self-interest threat to compliance with the "Independence Rule" [1.200.001] would not be at an acceptable level and could not be reduced to an acceptable level by the application of safeguards. Accordingly, independence would be impaired. [Prior reference: paragraph .02B of ET section 101]".

auditada. Com efeito, podemos concluir que se o percentual acima não for superado, a empresa de auditoria, o auditor, ou seu parente próximo, pode manter interesse financeiro direto na entidade auditada.

Quando há um interesse financeiro indireto, a empresa de auditoria deverá realizar um julgamento objetivo sobre a relevância da participação (quotas) mantidas no veículo de investimento, de modo a verificar se esse interesse financeiro indireto é relevante ou irrelevante. Já o auditor, deverá verificar não só a relevância desse investimento para si, ou seus parentes imediatos, mas verificar também o seu nível de relacionamento, e a importância do investimento para o parente próximo.

A determinação quantitativa do nível de relevância é uma questão de julgamento profissional do auditor, realizada geralmente com base em percentual de um item específico das demonstrações financeiras e se poderá afetar a opinião de um usuário que depositará confiança nas demonstrações contábeis, levando em consideração a natureza da entidade que está apresentando as informações contábeis[196].

Para fins de quantificação daquilo que é *relevância do interesse financeiro*, direto ou indireto, a Norma Brasileira de Contabilidade (NBC) P 1.2., aprovada pela Resolução CFC nº 1.034/2005[197] estabelecia que um interesse financeiro

---

[196] Norma Brasileira de Contabilidade (NBC) PA 210, aprovada pela Resolução CFC nº 1.304/2009: "3. (a) (...) a relevância é avaliada em termos das informações necessárias para satisfazer as necessidades e informações financeiras comuns de ampla gama de usuários na tomada de decisões econômicas. Essas necessidades são normalmente satisfeitas pela apresentação da posição patrimonial e financeira, do desempenho das operações e dos fluxos de caixa da empresa.".

[197] Norma Brasileira de Contabilidade (NBC) P 1.2., aprovada pela Resolução CFC nº 1.034/2005: "1.2.3.2.1. Interesses financeiros diretos são aqueles sobre os quais o detentor tem controle, seja em ações, debêntures ou em outros títulos e valores mobiliários; e 1.2.3.2.2. Interesses financeiros indiretos são aqueles sobre os quais o detentor não tem controle algum, ou seja, são interesses em empresas ou outras entidades, mantidas por titular beneficiário mediante um plano de investimento global, sucessão, fideicomisso, fundo comum de investimento ou entidade financeira sobre os quais a pessoa não detém o controle nem exerce influência significativa. A relevância de um interesse financeiro indireto deve ser considerada no contexto da entidade auditada, do trabalho e do patrimônio líquido do indivíduo em questão. Um interesse financeiro indireto é considerado relevante se seu valor for superior a 5% do patrimônio líquido da pessoa. Para esse fim, deve ser adicionado o patrimônio líquido dos membros imediatos da família.".

indireto é considerado relevante se seu valor for superior a 5% do patrimônio líquido da pessoa (auditor, empresa de auditoria ou parente).

Porém, essa norma profissional foi revogada através da Norma Brasileira de Contabilidade (NBC) PA 290, aprovada pela Resolução CFC nº 1.311/2010, e que trata da independência do auditor que, por sua vez, não trouxe parâmetros para quantificação daquilo o que é *relevância do interesse financeiro* indireto.

No contexto da autorregulamentação americana o Código de Conduta Profissional *(Code of Professional Conduct)*[198] da *American Institute of Certified Public*

---

[198] Código de Conduta Profissional *(Code of Professional Conduct)* da *American Institute of Certified Public Accountants (AICPA)*, Effective December 15, 2014. Disponível em: < http://www.aicpa.org/Pages/default.aspx> Acesso em 23 de março de 2015: 1.240.030 Mutual Funds: 01. A covered member who owns shares in a mutual fund has a direct financial interest in the mutual fund. However, whether the underlying investments in the mutual fund are considered to be the covered member's direct financial interests or indirect financial interests depends on the proportion of the mutual fund's outstanding shares that the covered member owns and whether the mutual fund is diversified. 02. If a covered member owns 5 percent or less of the outstanding shares of a diversified mutual fund, the underlying investments would be considered immaterial indirect financial interests. Accordingly, the self-interest threat would be at an acceptable level, and independence would not be impaired. To determine if the mutual fund is diversified, the covered member should consider referring to (a) the mutual fund's prospectus for disclosure regarding fund management's determination regarding diversification and (b) Section 5(b)(1) of the Investment Company Act of 1940. 03. If a covered member owns more than 5 percent of a diversified mutual fund's outstanding shares, or if a covered member owns a financial interest in a nondiversified mutual fund, the covered member should evaluate the mutual fund's underlying investments to determine whether the covered member holds a material indirect financial interest in any of the underlying investments. (Tradução livre: Um membro coberto é quem possui ações em um fundo mútuo e tem um interesse financeiro direto no fundo mútuo. No entanto, se os investimentos subjacentes no fundo mútuo são considerados interesses financeiros diretos do membro coberto ou interesses financeiros indiretos depende da proporção de ações em circulação do fundo mútuo que o membro coberto possui e se o fundo mútuo é diversificado. 02. Se um membro coberto detém 5 por cento ou menos das ações em circulação de um fundo mútuo diversificado, os investimentos subjacentes seriam considerados interesses financeiros imaterial indiretos. Por conseguinte, a ameaça de interesse seria em um nível aceitável, e independência não seria prejudicada. Para determinar se o fundo mútuo é diversificada, o membro coberto deve considerar referindo-se a (a) prospecto do fundo mútuo para a divulgação a respeito da gestão de fundos de determinação sobre diversificação e (b) Seção 5 (b) (1) da Companhia de Investimento Act de 1940 . 03. Se um membro coberto possui mais de 5 por cento das ações em circulação de um fundo mútuo diversificado, ou se um membro coberto detém uma participação financeira em um fundo mútuo nondiversified, o membro coberto deve avaliar investimentos subjacentes do fundo mútuo para determinar se a coberto membro tem um interesse financeiro indireto material em qualquer dos investimentos subjacentes.).

Accountants (AICPA)[199] adota o percentual estabelecido na norma profissional brasileira e revogada (5%), estabelecendo que para verificação da relevância de interesse financeiro indireto é necessário calcular a relação entre a participação do veículo de investimento na entidade auditada, a participação do titular no capital do veículo de investimento e o patrimônio do auditor, ou dos seus parentes, ou da empresa de auditoria.

Suponhamos que os ativos de um determinado veículo de investimento sejam de R$ 10 milhões, compostos de 10% de títulos ou valores mobiliários da entidade auditada, portanto, R$ 1 milhão. Se o auditor, ou seus parentes, ou a empresa de auditoria, têm 1% do patrimônio do veículo de investimento (R$ 100 mil), seu interesse financeiro indireto equivale a R$ 10 mil. A relevância desse investimento será constatada se for superior a 5% do patrimônio líquido do auditor, ou seus parentes, ou a empresa de auditoria.

Logo, se aplicada à regra acima, se o auditor ou a empresa de auditoria constatarem que o interesse financeiro indireto que possuem é relevante, não há qualquer óbice para a prestação dos serviços de auditoria. Contudo, se identificada a relevância do interesse financeiro, estarão impedidos de prestar serviços de auditoria para a entidade.

Quando o auditor tem um familiar próximo e sabe que este tem interesse financeiro indireto na entidade auditada, terá que analisar alguns fatores antes da tomada de decisão. Deverá verificar, além da relevância – com base na regra acima – do interesse financeiro, a natureza do relacionamento entre o auditor e o familiar próximo.

Caso o auditor constate que o interesse financeiro indireto é relevante e a intimidade entre ambos possa levar à revelação de alguma informação da entidade auditada que influencie na sua decisão de investimento, deverá adotar algumas salvaguardar para reduzir a ameaça a sua independência, quais sejam, solicitar ao parente próximo que proceda a alienação das quotas relativas ao veículo de investimento, ou uma parte suficiente que torne o investimento em irrelevante, ou solicitar a revisão, por outro auditor, do trabalho realizado, ou deixar de promover a auditoria na entidade[200].

---

[199] Tradução: Instituto Americano de Contadores Públicos Certificados (AICPA).
[200] Norma Brasileira de Contabilidade (NBC) PA 291, aprovada pela Resolução CFC nº 1.312/2010.

Além do impedimento acima previsto expressamente na Instrução Normativa (CVM) nº 308/99, a Nota Explicativa[201] sobre essa norma cita outros impedimentos ao auditor independente e remete o intérprete a percorrer as regras interpretativas especificadas pela Norma Brasileira de Contabilidade (NBC) PA 290, para formação de uma opinião positiva pela contratação da prestação do serviço, no que se refere a empréstimos e garantias (102 a 117), relacionamentos comerciais (124 a 126), vínculo conjugal ou de parentesco com clientes (127 a 133), relação de trabalho (134 a 141), designações de pessoal temporário para a entidade auditada (142), serviços prestados recentemente ao cliente e que podem importar em autorrevisão (143), exercício de cargo ou função incompatível (146 a 159); fixação de honorários condicionais ou de risco (220 a 227); e empréstimos e garantias (102 a 117).

Quando a auditoria envolve instituições integrantes do sistema financeiro, a empresa de auditoria e o auditor devem observar, além da regulação da Comissão de Valores Mobiliários (CVM) e da autorregulação do Conselho Federal de Contabilidade (CFC), as normas específicas do Banco Central do Brasil (BACEN), referentes aos deveres de diligência, específicos para a realização da auditoria.

Isto porque a Resolução Normativa (BACEN) nº 3.198/04 determina em seu artigo 6º, inciso I[202], que o auditor e a empresa de auditoria devem observar as normas relativas a impedimento ou incompatibilidades, previstos nas normas regulamentares da Comissão de Valores Mobiliários (CVM), nas normas éticas e profissionais do Conselho Federal de Contabilidade (CFC) ou do Instituto dos Auditores Independentes do Brasil (Ibracon).

---

[201] Nota Explicativa à Instrução Normativa CVM nº 308/99: "6) HIPÓTESES DE IMPEDIMENTO (Arts. 22 e 23): "Outros conflitos de interesses, tais como: vínculo conjugal ou de parentesco com clientes; relação de trabalho; exercício de cargo ou função incompatível; fixação de honorários condicionais ou de risco; e interesses financeiros ou participação societária na empresa auditada, já são proibidos pelas normas profissionais do Conselho Federal de Contabilidade.".

[202] Resolução do Banco Central do Brasil nº 3.198/2004: "Art. 6º São vedadas a contratação e a manutenção de auditor independente por parte das instituições, das câmaras e dos prestadores de serviços referidos no art. 1º, caso fique configurada qualquer uma das seguintes situações: I - ocorrência de quaisquer hipóteses de impedimento ou incompatibilidade para a prestação do serviço de auditoria independente previstas em normas e regulamentos da CVM, do CFC ou do Instituto dos Auditores Independentes do Brasil (Ibracon).".

Assim, se a auditoria envolve um banco, por exemplo, a empresa de auditoria e o auditor envolvido na prestação dos serviços devem percorrer a Resolução Normativa (BACEN) nº 3.198/04, com vistas a identificar quais outros deveres de diligência devem ser observados, além daqueles já previstos na regulação da Comissão de Valores Mobiliários (CVM) e na autorregulação do Conselho Federal de Contabilidade (CFC).

Nunca é demais lembrar que o auditor é um profissional de contabilidade, portanto, sujeito às normas éticas e profissionais do Conselho Federal de Contabilidade (CFC). Assim, mesmo que a entidade a ser auditada não seja uma companhia aberta ou instituição financeira, deve observar as normas do seu órgão profissional (CFC).

Quando o trabalho envolve uma entidade de capital aberto, deve observar ainda as normas regulamentares da Comissão de Valores Mobiliários (CVM). E, quando a auditoria se refere a uma instituição financeira, deve observar também as normas regulamentares do Banco Central do Brasil (BACEN).

E, todos os órgãos reguladores e autorreguladores acima, possuem poder de fiscalizar e punir a empresa de auditoria e o auditor envolvido na prestação dos serviços, sendo que os limites dessa competência para fiscalizar e punir dependerá da natureza da entidade auditada, se companhia aberta ou fechada e se é instituição financeira ou não.

No plano regulamentar do Banco Central do Brasil (BACEN), a Resolução Normativa (BACEN) nº 3.198/04, em seu artigo 6º, cria ainda outros deveres ao auditor e à empresa de auditoria para manutenção da sua independência.

De acordo com inciso II[203] do referido artigo o auditor independente, responsável técnico, diretor, gerente, supervisor ou qualquer outro integrante, com função de gerência ou da equipe envolvida nos trabalhos de auditoria, estão impedidos de manter qualquer participação acionária direta ou indireta na entidade auditada ou em empresas coligadas ou controladas.

---

[203] Resolução do Banco Central do Brasil nº 3.198/2004: Art. 6º São vedadas a contratação e a manutenção de auditor independente por parte das instituições, das câmaras e dos prestadores de serviços referidos no art. 1º, caso fique configurada qualquer uma das seguintes situações: (...) II - participação acionária, direta ou indireta, do auditor independente, responsável técnico, diretor, gerente, supervisor ou qualquer outro integrante, com função de gerência, da equipe envolvida nos trabalhos de auditoria, na entidade auditada ou em suas ligadas.".

Note-se que a norma afasta as regras previstas Norma Brasileira de Contabilidade (NBC) PA 290, aprovada pela Resolução CFC nº 1.311/2010 para análise da relevância do interesse financeiro, bem como se é direto e indireto e opta por vedar que o auditor e a empresa de auditoria possuam qualquer participação acionária na entidade auditada.

O inciso III[204] do referido artigo veda completamente a existência de operação ativa ou passiva junto à entidade auditada ou suas ligadas, inclusive por meio de fundos de investimento por elas administrados, de responsabilidade ou com garantia do auditor independente, responsável técnico, diretor, gerente, supervisor ou qualquer outro integrante, com função de gerência e da equipe envolvida nos trabalhos de auditoria na instituição.

Já no plano da autorregulação, a Norma Brasileira de Contabilidade (NBC) PA 290, aprovada pela Resolução CFC nº 1.311/2010, em seu item 120[205], diz que um empréstimo concedido por um cliente da auditoria, que é uma instituição financeira, em condições normais de mercado (prazos e condições de financiamento), para a empresa de auditoria, aos auditores, ou para familiar imediato dessa pessoa não cria ameaça à independência.

Apesar dessas regras preventivas que buscamos descrever, a objetividade não é passível de verificação externa e a integridade não pode ser avaliada antecipadamente. Assim, a manutenção da independência do auditor – com o fito de transmitir ao mercado que o parecer do auditor foi elaborado sem qualquer comprometimento da sua integridade ou objetividade – está na

---

[204] Resolução do Banco Central do Brasil nº 3.198/2004: Art. 6º São vedadas a contratação e a manutenção de auditor independente por parte das instituições, das câmaras e dos prestadores de serviços referidos no art. 1º, caso fique configurada qualquer uma das seguintes situações: (...) III - existência de operação ativa ou passiva junto à entidade auditada ou suas ligadas, inclusive por meio de fundos de investimento por elas administrados, de responsabilidade ou com garantia do auditor independente, responsável técnico, diretor, gerente, supervisor ou qualquer outro integrante, com função de gerência, da equipe envolvida nos trabalhos de auditoria na instituição".

[205] Norma Brasileira de Contabilidade (NBC) PA 290, aprovada pela Resolução CFC nº 1.311/2010: "120. Um empréstimo ou uma garantia de empréstimo para membro da equipe de auditoria ou para familiar imediato dessa pessoa, concedido por cliente de auditoria que é banco ou instituição semelhante não cria ameaça à independência se o empréstimo ou a garantia for concedido segundo procedimentos, prazos e condições de financiamento normais. Exemplos desses empréstimos incluem hipotecas residenciais, saques a descoberto, financiamentos de automóveis e saldos de cartão de crédito.".

regular aplicação de determinadas ações pelas empresas de auditoria nas suas decisões e em face dos auditores, bem como na efetividade dos meios já existentes na legislação como métodos coercitivos a ameaças a independência e a sua divulgação dentro do mercado.

Se aplicados corretamente e regularmente, funcionarão como "contra-incentivo" ao profissional de auditoria para a tomada de decisões em seu próprio interesse e para que não se submeta a qualquer situação que possa afetar a sua integridade e objetividade.

Ao mercado, as empresas de auditoria devem divulgar a realização dessas atividades, com a finalidade de manter a sua credibilidade. Dizer aos usuários da informação que o profissional de auditoria que elaborou o parecer não é apenas independente porque cumpriu regularmente regras preventivas de ameaça à sua independência, como rotatividade, não prestação dos denominados *non-audit services*, regras de impedimentos ao exercício da atividade.

É independente porque sobre ele não há qualquer incentivo para a prática de uma conduta com desvio da sua finalidade, haja vista que a empresa de auditoria independente adota mecanismos para preservação da sua objetividade, como a recusa de clientes que representam um alto risco de erro no relatório do auditor e, por conseguinte, uma ameaça de responsabilização; que o profissional obedece um rigoroso código de ética interno, efetivamente aplicado, inclusive com punições na hipótese de violação; e que o trabalho desse profissional sofre uma efetiva revisão interna e externa.

As empresas de auditoria devem possuir comitês compostos de profissionais de alto nível hierárquico, que avaliam as decisões de aceitação ou retenção de clientes, com base em modelos pré-determinados de avaliação de riscos para a reputação, que é o maior patrimônio da empresa de auditoria. As decisões não podem ser baseadas apenas em aspectos econômicos de manutenção ou majoração da receita gerada por um determinado cliente. A empresa de auditoria deve eliminar o risco de associar a sua imagem com clientes inescrupulosos.

O estabelecimento de um código de conduta pela empresa de auditoria, reforçado por meio de treinamento constante, com um comitê de fiscalização, que efetivamente aplique punições e de modo coercitivo demonstre a todos os colaboradores da empresa que condutas com desvio de finalidade podem se mostrar eficazes para gerir ameaças à independência do profissional de auditoria[206].

O conhecimento pelo auditor de que o seu trabalho será revisto antes e depois da sua conclusão, reforça a necessidade de tomada de decisões profissionais com qualidade elevada. Por isso, a efetividade de um programa de revisão interno e externo, de modo a garantir um grau de aderência às normas técnicas e profissionais, constitui mais um obstáculo a ameaças dirigidas à objetividade e independência do profissional de auditoria.

No plano normativo da Comissão de Valores Mobiliários (CVM), a Instrução Normativa nº 308/99 (art. 32[207]) instituiu a obrigação pelas empresas de auditoria de implementação de um programa interno de controle de qualidade, ora denominado de revisão interna, que deverá seguir as diretrizes traçadas pelo Conselho Federal de Contabilidade (CFC) e pelo Instituto Brasileiro de Contadores (IBRACON).

Por sua vez, um programa interno de controle de qualidade foi regulamentado pelo Conselho Federal de Contabilidade (CFC) por meio da Norma Brasileira de Contabilidade (NBC) PA 01, aprovada pela Resolução CFC nº 1.201/09, cujo objetivo é estabelecer diretrizes para o programa, com vistas a obter segurança razoável que: (a) a firma e seu pessoal cumprem as normas técnicas e as exigências regulatórias e legais aplicáveis; e (b) os relatórios sobre demonstrações contábeis e demais relatórios emitidos pela firma e pelos sócios encarregados do trabalho são apropriados para as circunstâncias.

Sobre o programa de revisão e externo de qualidade, a Lei *Sarbanes-Oxley* exige que o *Public Companhy Accounting Oversight Board* (PCAOB)[208] [209] realize

---

[206] GRAMLING, Audrey A., RITTENBERG, Larry E., JOHNSTONE, Karla M. Auditing. (tradução: Antonio Zorato Sanvicente). São Paulo: Cengage Learning, 2012. p. 96.

[207] INSTRUÇÃO NORMATIVA CVM Nº 308/99: "Art. 32. O auditor independente deverá implementar um programa interno de controle de qualidade, segundo as diretrizes emanadas do Conselho Federal de Contabilidade – CFC e do Instituto Brasileiro de Contadores - IBRACON, que vise a garantir o pleno atendimento das normas que regem a atividade de auditoria de demonstrações contábeis e das normas emanadas desta Comissão de Valores Mobiliários.".

[208] Tradução: Conselho de Supervisão Contábil de Companhias Abertas (PACAOB)

[209] Sarbanes-Oxley Act of 2002: SEC. 104. C. 104. INSPECTIONS OF REGISTERED PUBLIC ACCOUNTING FIRMS. (a) IN GENERAL. The Board shall conduct a continuing program of inspections to assess the degree of compliance of each registered public accounting firm and associated persons of that firm with this Act, the rules of the Board, the rules of the Commission, or professional standards, in connection with its performance of audits, issuance

inspeções regulares nas empresas de auditoria. As instituições de grande porte, aquelas com mais de 100 emitentes de valores mobiliários na sua carteira, são inspecionadas pelo órgão anualmente, enquanto as instituições de pequeno porte são inspecionadas uma vez a cada três anos.

As empresas de auditoria registradas no *Public Companhy Accounting Oversight Board* (PCAOB)[210] também são obrigadas a se inscrever no Programa de Revisão por Pares do Centro de Firmas de Auditoria de Companhias Abertas do *American Institute of Certified Public Accountants (AICPA)*[211] e examinadas de acordo com as regras desse programa.

No Brasil, a Instrução Normativa nº 308/99 (art. 33[212]) determinou a obrigatoriedade das empresas de auditoria se submeterem a um programa de qualidade externo (*peer review*) a cada quatro anos, que será realizado por outro auditor independente, também registrado na Comissão de Valores Mobiliários (CVM), cuja escolha deverá ser comunicada previamente e, posteriormente, realizar o envio do relatório de revisão ao órgão regulador.

---

of audit reports, and related matters involving issuers. (b) INSPECTION FREQUENCY. (1) IN GENERAL.—Subject to paragraph (2), inspections required by this section shall be conducted (A) annually with respect to each registered public accounting firm that regularly provides audit reports for more than 100 issuers; and (B) not less frequently than once every 3 years with respect to each registered public accounting firm that regularly provides audit reports for 100 or fewer issuers. (Tradução livre: O Conselho deve realizar um programa contínuo de inspeções para avaliar o grau de cumprimento de cada empresa de auditoria e de pessoas associadas dessa empresa com esta Lei, as normas do Conselho, as regras da Comissão ou normas profissionais, em conexão com seu desempenho de auditorias, emissão de relatórios de auditoria, e assuntos afins que envolvem emitentes. (b) freqüência de inspeção. (1) Em geral. (2) as inspecções exigidas por esta seção devem ser realizadas (A) anualmente em relação a cada empresa de auditoria que fornece regularmente relatórios de auditoria para mais de 100 emitentes; e (B) não menos frequência do que uma vez a cada 3 anos, com relação a cada empresa de auditoria que fornece regularmente relatórios de auditoria para 100 ou menos emissores.).

[210] Tradução: Conselho de Supervisão Contábil de Companhias Abertas (PACAOB).

[211] Tradução: Instituto Americano de Contadores Públicos Certificados (AICPA).

[212] INSTRUÇÃO NORMATIVA CVM Nº 308/99: "Art. 33. Os auditores independentes deverão, a cada quatro anos, submeter-se à revisão do seu controle de qualidade, segundo as diretrizes emanadas do Conselho Federal de Contabilidade - CFC e do Instituto Brasileiro de Contadores – IBRACON, que será realizada por outro auditor independente, também registrado na Comissão de Valores Mobiliários, cuja escolha deverá ser comunicada previamente a esta Autarquia".

O programa externo de controle de qualidade foi regulamentado pelo Conselho Federal de Contabilidade (CFC) por meio da Norma Brasileira de Contabilidade (NBC) PA 11, aprovada pela Resolução CFC nº 1.323/11, cujo objetivo é verificar se: (a) os procedimentos e as técnicas de auditoria, utilizados para execução dos trabalhos nas empresas clientes estão em conformidade com as Normas Brasileiras de Contabilidade Técnicas e Profissionais, editadas pelo CFC e, quando aplicável, com outras normas emitidas por órgão regulador; e (b) o sistema de controle de qualidade desenvolvido e adotado pelo Auditor está adequado e conforme o previsto na NBC PA 01 – Controle de Qualidade para Firmas (Pessoas Jurídicas e Físicas) de Auditores Independentes.

Situações inadequadas de incentivos para o acobertamento de fraudes ou erros contábeis podem acontecer em decorrência de um relacionamento entre um funcionário da companhia e um auditor, sem qualquer relação com tempo de convivência entre as partes, ou da amplitude ou qualidade dos serviços que a empresa de auditoria presta para o cliente.

A independência está relacionada ao comportamento do indivíduo e intimamente ligada à formação ética e moral do profissional de auditoria. A integridade e objetividade do profissional de auditoria são atributos essenciais para a manutenção da sua independência, pois um indivíduo íntegro e objetivo sabe lidar com incentivos inadequados dentro da sua profissão. A perda da independência decorre da perda da objetividade e da integridade, padrões comportamentais que são inerentes a cada pessoa[213].

O auditor deve ter como regra que os seus clientes são os acionistas, credores e investidores e não a entidade auditada ou a sua administração. A entidade auditada só paga os seus honorários, mas a prestação dos seus serviços ocorre em benefício de terceiros, os usuários da informação. Por outro lado, a entidade auditada deve pagar por um serviço que beneficia um terceiro e ter a consciência que é o ônus suportado por quem pretende obter crédito acessando a poupança popular.

Conviver com situações inadequadas – de incentivos para o desvio de finalidade pelo auditor da sua função sistêmica – não é um privilégio apenas do profissional de auditoria, mas de todo e qualquer profissional, uma vez que

---

[213] GRAMLING, Audrey A., RITTENBERG, Larry E., JOHNSTONE, Karla M. Auditing. (tradução: Antonio Zorato Sanvicente). São Paulo: Cengage Learning, 2012. p. 99.

os conceitos morais estão sendo relativizados ao longo do tempo e principalmente de uma geração para outra.

5.1.3. Competência e zelo profissional

Ter a competência e agir com zelo profissional também não se trata de um pressuposto apenas para atuação do auditor independente. Todo e qualquer profissional que se dispõe a executar uma atividade deve possuir competência para isso, agindo adequadamente e de acordo com as normas dessa atividade. Um piloto de aviação deve ter competência para tal, adquirida por meio de cursos e de horas e voo e quando está conduzindo uma aeronave deve agir com zelo profissional, seguir todas as orientações da profissão, sob pena de colocar em risco a própria vida e a dos passageiros.

Os serviços de auditoria independente devem ser prestados mediante rigor e cuidados técnicos necessários a propiciar um planejamento eficiente, referente ao prazo, à extensão e ao momento da investigação e obtenção de provas[214]. Um profissional de auditoria que atua com zelo profissional é aquele que durante todo o procedimento de auditoria toma o cuidado para aplicação dos padrões técnicos e profissionais aplicáveis ao procedimento.

O profissional de auditoria necessita entender o negócio do seu cliente e o seu setor de atuação. Precisa identificar os problemas setoriais, entender as condições econômicas e políticas do setor de atuação do seu cliente, além de comunicar-se de maneira eficaz com os administradores da entidade auditada, com seus colegas de empresa e os auditores internos da entidade, reconhecendo, assim, elementos de risco empresarial[215].

Em virtude da complexidade crescente do ambiente de negócios e a necessidade do auditor estar integralmente familiarizado com os pronunciamentos técnicos de contabilidade e de auditoria, é crescente a preocupação dos órgãos reguladores e dos órgãos profissionais em melhorar o padrão de capacitação técnica dos profissionais de contabilidade habilitados à prestação de serviços de auditoria.

---

[214] ATTIE, Wiliam. *Auditoria:* conceitos e aplicações. 6. ed. São Paulo: Atlas, 2011. p. 15.
[215] GRAMLING, Audrey A., RITTENBERG, Larry E., JOHNSTONE, Karla M. *Auditing.* (tradução: Antonio Zorato Sanvicente). São Paulo: Cengage Learning, 2012. p. 19.

Isto porque, o auditor tem o dever permanente de manter um nível elevado de conhecimento acerca dos pronunciamentos técnicos de contabilidade e de auditoria para garantir ao mercado que este receba uma informação confiável.

No âmbito da Comissão de Valores Mobiliários (CVM), a Instrução Normativa nº 308/99[216], instituiu a obrigatoriedade de realização de exame de qualificação técnica a ser aplicada pelo Conselho Federal de Contabilidade (CFC), em conjunto com o Instituto Brasileiro de Contadores (IBRACON), ou por qualquer outra instituição indicada pelo órgão regulador, cuja aprovação é requisito essencial para obtenção de registro de auditor independente.

Na exposição de motivos da referida Instrução Normativa, a Comissão de Valores Mobiliários (CVM) consignou que:

> O exame de qualificação técnica reflete a preocupação da CVM com a atuação dos auditores exclusivamente no âmbito do mercado de valores mobiliários, não se confundindo com a regulamentação do Conselho Federal de Contabilidade, que já prevê o exame de competência profissional para a obtenção do registro de contador [217].

Além disso, a mesma Instrução Normativa obrigou a criação e manutenção pelas empresas prestadoras de serviços de auditoria de uma política de educação continuada dos seus profissionais, com o objetivo de garantir a qualidade e o pleno atendimento das normas que regem o exercício da atividade de auditoria de demonstrações contábeis[218].

---

[216] Instrução CVM N° 308/99: "Art. 30. O exame de qualificação técnica será realizado, no mínimo no primeiro semestre de cada ano, com vistas à habilitação do auditor independente para o exercício da atividade de auditoria de demonstrações contábeis para todas as entidades integrantes do mercado de valores mobiliários. Parágrafo único. O exame de qualificação técnica será aplicado pelo Conselho Federal de Contabilidade - CFC em conjunto com o Instituto Brasileiro de Contadores - IBRACON ou por instituição indicada pela CVM, nos moldes a serem definidos em ato próprio."

[217] Item 7 da nota explicativa à Instrução CVM N° 308/99.

[218] Instrução CVM N° 308/99: "Art. 34. Os auditores independentes deverão manter uma política de educação continuada de todo o seu quadro funcional e de si próprio, conforme o caso, segundo as diretrizes aprovadas pelo Conselho Federal de Contabilidade - CFC e pelo Instituto Brasileiro de Contadores - IBRACON, com vistas a garantir a qualidade e o pleno atendimento das normas que regem o exercício da atividade de auditoria de demonstrações contábeis.".

Na seara da Comunidade Europeia, a Diretiva 2006/43/CE do Parlamento Europeu e do Conselho, de 17 de Maio de 2006, demonstra também a preocupação em melhorar o padrão de capacitação técnica dos profissionais de contabilidade habilitados à prestação de serviços de auditoria, ao estabelecer que os Estados-Membros organizem exame de aptidão profissional para obtenção de registro profissional de Revisor Oficial de Contas (ROC)[219].

No mesmo sentido daquilo que foi estabelecido no Brasil pela Comissão de Valores Mobiliários (CVM), referente à criação de um programa de educação continuada, a mesma Diretiva estabelece que os Estados-Membros devem exigir que os Revisores Oficiais de Contas (ROC) participem de programas de formação contínua, a fim de que mantenham um nível suficientemente elevado de conhecimentos teóricos, de qualificação profissional e de valores deontológicos[220].

Por fim, a mesma preocupação pode ser verificada nos Estados Unidos. Audrey et al (2012)[221] afirmam que *"Em virtude da complexidade crescente do ambiente de negócios, as exigências feitas ao auditor profissional têm certamente aumentado. A maioria dos estados, atualmente, exige 150 horas-semestre para a concessão de licenças de CPA."*

---

[219] Diretiva 2006/43/CE do Parlamento Europeu e do Conselho, de 17 de Maio de 2006: "Artigo 6º - Qualificações acadêmicas. Sem prejuízo do artigo 11º, uma pessoa singular só pode ser aprovada para efeitos da realização de revisão legal das contas após ter obtido um nível acadêmico correspondente ao que permite o acesso à universidade ou um nível equivalente, ter completado subsequentemente um curso de formação teórica, ter obtido formação prática e ter obtido aprovação num exame de aptidão profissional de nível correspondente ao exame de fim de estudos universitários ou equivalente, organizado ou reconhecido pelo Estado-Membro em questão. Artigo 7º - Exame da aptidão profissional. O exame da aptidão profissional referido no artigo 6º deve assegurar o nível necessário de conhecimentos teóricos das matérias relevantes para a revisão legal das contas e a capacidade para aplicar na prática esses conhecimentos. Pelo menos, uma parte desse exame deve ser escrita.".
[220] Diretiva 2006/43/CE do Parlamento Europeu e do Conselho, de 17 de Maio de 2006: "Artigo 13º - Formação contínua. Os Estados-Membros devem assegurar que seja exigida aos revisores oficiais de contas a participação em programas adequados de formação contínua, a fim de manterem um nível suficientemente elevado de conhecimentos teóricos, de qualificação profissional e de valores deontológicos, e que o incumprimento dos requisitos em matéria de formação contínua se encontra sujeito a sanções adequadas, de acordo com o previsto no artigo 30º.".
[221] GRAMLING, Audrey A., RITTENBERG, Larry E., JOHNSTONE, Karla M. Auditing. (tradução: Antonio Zorato Sanvicente). São Paulo: Cengage Learning, 2012. p. 19.

5.1.4. Sigilo profissional

A atividade de auditoria permite que o profissional tenha livre acesso a informações estratégicas importantes da entidade auditada, como os custos de produção, distribuição, novas tecnologias em desenvolvimento, bem como uma infinidade de outros dados relevantes que, uma vez divulgados, podem influenciar no mercado de atuação da entidade auditada e na cotação dos seus valores mobiliários em circulação[222].

Com efeito, o sigilo dos dados tem como finalidade proteger o segredo da própria entidade auditada, o chamado *segredo de empresa*, que consistente nos conhecimentos, informações, dados confidenciais, utilizáveis na indústria, comércio ou prestação de serviços, excluídos daqueles que sejam de conhecimento público ou que sejam evidentes por um profissional técnico da matéria[223].

E, também, evitar a prática pelo próprio profissional de auditoria ou terceiros de *insider tradding*. O dever de sigilo profissional objetiva resguardar certas informações da companhia que ainda não foram reveladas ao mercado. Caso essas informações sejam reveladas e utilizadas por um terceiro, ou utilizadas pelo auditor, na tomada de decisão de comprar ou vender valores mobiliários da companhia, podem influenciar na cotação dos papéis, trazendo vantagens a quem possuía a informação em detrimento dos demais participantes do mercado[224].

---

[222] ATTIE, Wiliam. *Auditoria:* conceitos e aplicações. 6. ed. São Paulo: Atlas, 2011. p. 15.
[223] COELHO, Fabio Ulhoa. *Curso de direito comercial, volume 1:* empresa e estabelecimento, títulos de crédito. 16. ed. São Paulo: Saraiva, 2012. p. 202: "O segredo de empresa não está totalmente desamparado no direito brasileiro. Pelo contrário, a lei tipifica como crime de concorrência desleal a exploração, sem autorização, de "conhecimentos, informações, dados confidenciais, utilizáveis na indústria, comércio ou prestação de serviços, excluídos daquels que sejam de conhecimento público ou que sejam evidentes por um técnico no assunto", se o acesso foi fraudulento ou derivou de relação contratual ou empregatícia (LPI, art. 195, XII e XI). Desse modo, a usurpação de segredo de empresa gera responsabilidade penal e civil, com fundamento na disciplina jurídica da concorrência.".
[224] EIZIRIK, Nelson. *Insider trading e responsabilidade do administrador de companhia aberta.* Revista de Direito Mercantil 50. p. 42/56): "*insider trading* é simplificadamente a utilização de informações relevantes sobre uma companhia, por parte das pessoas, que, por força do exercício profissional, estão 'por dentro' de seus negócios, para transacionar com suas ações antes que tais informações sejam de conhecimento público". Assim, o insider compra ou vende

Nesse sentido, o sigilo profissional visa proteger a entidade auditada da ocorrência de danos à sua atividade, por força da violação de um *"segredo de empresa"*, e ao próprio mercado, evitando que seus participantes sofram perdas em decorrência da criação de um preço fictício dos papéis negociados, em razão da manipulação de informação privilegiada por seus detentores, da forma que havendo a violação desse dever de diligência (sigilo) e a ocorrência de um dano para a entidade auditada ou para os participantes do mercado, nasce a obrigação que esse dano seja reparado.

Aliás, a Instrução Normativa (CVM) nº 308/99 (art. 35, III[225]), estabelece como infração administrativa, punida com advertência, multa ou cassação do registro perante a Comissão de Valores Mobiliários (CVM) a utilização em benefício próprio, ou de terceiros, de informações a que o profissional de auditoria tenha tido acesso em decorrência do exercício da atividade.

Em razão disso, para assegurar que haja um fluxo livre de informação entre o profissional de auditoria e a entidade auditada (cliente), este precisa ter a certeza que essas informações sensíveis não serão transmitidas a agentes externos[226].

Assim, o sigilo profissional é condição elementar para que uma auditoria consiga atingir os seus objetivos. Deveras, sem o sigilo profissional do auditor, certamente informações seriam sonegadas pela entidade auditada ao auditor no curso dos seus trabalhos, o que afetaria que o relatório de auditoria cumprisse a sua função.

No Brasil, o dever de sigilo profissional encontra fundamento de validade no Código de Ética da profissão contábil, editado em 1996, aplicável aos auditores, já que se trata de atividade privativa de contador legalmente habilitado

---

no mercado a preços que ainda não estão refletindo o impacto de determinadas informações sobre a companhia, que são de seu conhecimento exclusivo.".

[225] INSTRUÇÃO NORMATIVA CVM Nº 308/99: "Art. 35. O Auditor Independente – Pessoa Física, o Auditor Independente – Pessoa Jurídica e os seus responsáveis técnicos poderão ser advertidos, multados, ou ter o seu registro na Comissão de Valores Mobiliários suspenso ou cancelado, sem prejuízo de outras sanções legais cabíveis, quando: (...) III - utilizarem, em benefício próprio ou de terceiros, ou permitirem que terceiros se utilizem de informações a que tenham tido acesso em decorrência do exercício da atividade de auditoria.".

[226] GRAMLING, Audrey A., RITTENBERG, Larry E., JOHNSTONE, Karla M. *Auditing*. (tradução: Antonio Zorato Sanvicente). São Paulo: Cengage Learning, 2012. p. 88/89.

junto ao seu órgão de classe (CFC/CRC). Seu artigo 2º, inciso II[227], estabelece que são deveres do profissional de contabilidade, guardar sigilo, ressalvados os casos previstos em lei ou quando solicitado por autoridades competentes, entre estas, os Conselhos Regionais de Contabilidade.

Inclusive, a Norma Brasileira de Contabilidade (NBC) PA 291, aprovada pela Resolução CFC nº 1.312/2010[228], eleva o sigilo profissional à condição de um princípio de atuação do auditor, de modo que ao auditor cabe o respeito absoluto ao sigilo das informações obtidas em decorrência de relacionamentos profissionais e comerciais e, portanto, não deve divulgar nenhuma dessas informações a terceiros, a menos que haja algum dever legal ou profissional de divulgação, nem usar as informações para obtenção de vantagem pessoal ilícita pelo auditor ou por terceiros.

Apesar da ausência de previsão normativa, o sigilo profissional abrange ainda os registros e procedimentos executados, da evidência de auditoria obtida e conclusões alcançadas pelo auditor. Esses registros são usualmente tratados pela expressão *papéis de trabalho* do auditor.

Isto porque, os papéis de trabalho relatam o exame praticado pelo profissional de auditoria durante a realização dos trabalhos e gozam de sigilo, uma vez que podem conter informações sensíveis da entidade auditada e que gozam de proteção[229].

---

[227] O Código de Ética Profissional do Contador, aprovado pela RESOLUÇÃO CFC Nº 803/96: "Art. 2º São deveres do Profissional da Contabilidade: (...) II – guardar sigilo sobre o que souber em razão do exercício profissional lícito, inclusive no âmbito do serviço público, ressalvados os casos previstos em lei ou quando solicitado por autoridades competentes, entre estas os Conselhos Regionais de Contabilidade; (...)".

[228] Norma Brasileira de Contabilidade (NBC) PA 291, aprovada pela Resolução CFC nº 1.312/2010: Definições: Familiar imediato é o cônjuge (ou equivalente) ou dependente. Familiares próximos são pais, filhos ou irmãos que não são membros da família imediata.

[229] O debate sobre sigilo profissional é sempre contemporâneo e objeto de decisões acerca da ponderação entre a inviolabilidade dos papéis de auditoria, de propriedade do auditor e protegidos pelo sigilo profissional e o poder de fiscalização dos órgãos regulamentares, ou o poder de requisição de informações pelo Poder Judiciário no curso de um processo judicial. Com relação a esse último, essa ponderação foi enfrentada no âmbito do Superior Tribunal de Justiça, quando do julgamento do Recurso em Mandado de Segurança nº 9.612/SP (RMS 9.612/SP, Rel. Ministro CESAR ASFOR ROCHA, QUARTA TURMA, julgado em 03/09/1998, DJ 09/11/1998. A questão debatida se referia à possibilidade de um Juiz de Direito requisitar que uma determinada empresa de auditoria revelasse documentos protegidos por sigilo profissional para a elaboração de um laudo pericial judicial em processo em que a empresa

Disposição semelhante quanto ao sigilo profissional podemos encontrar em Portugal. O Estatuto da Ordem dos Revisores Oficiais de Contas (OROC), criado pelo Decreto-Lei nº 487/99, estabelece em seu artigo 72[230] que o Revisor Oficial de Contas (ROC), regra da qual o auditor está submetido, não pode revelar a terceiros quaisquer informações sobre fatos ou documentos que tenha conhecimento por força da prestação dos seus serviços, exceto quando a lei imponha essa divulgação ou quando autorizado, por escrito, pela entidade auditada.

Na mesma linha, o Código de Conduta Profissional (*Code of Professional Conduct*) da *American Institute of Certified Public Accountants (AICPA)*[231], estabelece que um profissional de auditoria no exercício da sua atividade não deverá divulgar qualquer informação confidencial de um cliente sem o consentimento expresso[232].

Ao comentar a regra de sigilo da *American Institute of Certified Public Accountants (AICPA)*, Audrey et al (2012) [233] afirmam que as únicas hipóteses em que se justifica a violação do sigilo são:

de auditoria não compõe a relação jurídica processual. A questão de fundo versava sobre o conflito entre o dever de colaboração de todos com o Poder Judiciário na busca da apuração dos fatos reais e a inviolabilidade dos papéis de auditoria, de propriedade do auditor e protegidos pelo sigilo profissional. O Ministro Relator Cesar Asfor Rocha ponderou em seu voto, a necessidade social de se tutelar a confiança depositada em algumas profissões – do auditor independente – sem o qual seria inviável o desempenho das suas funções, faz-se necessária a manutenção do sigilo profissional, pois se assim não fosse, poderíamos chegar ao absurdo de se exigir do advogado que depusesse contra o seu constituinte ou o padre em desfavor do confidente. E, por unanimidade, a Turma Julgadora concedeu a segurança garantindo a inviolabilidade dos papéis de auditoria.

[230] Estatuto da Ordem dos Revisores Oficiais de Contas (OROC), criado pelo Decreto-Lei nº 487/99: "Artigo 72: 1 — Os revisores oficiais de contas não podem prestar a empresas ou outras entidades públicas ou privadas quaisquer informações relativas a fatos, documentos ou outras de que tenham tomado conhecimento por motivo de prestação dos seus serviços, exceto quando a lei o imponha ou quando tal seja autorizado por escrito pela entidade a que diga respeito.".
[231] Tradução: Instituto Americano de Contadores Públicos Certificados (AICPA)
[232] Código de Conduta Profissional (*Code of Professional Conduct*) da *American Institute of Certified Public Accountants (AICPA)*, Effective December 15, 2014. Disponível em: < http://www.aicpa.org/Pages/default.aspx> Acesso em 23 de março de 2015: 1.700.001 Confidential Client Information Rule. 01 A member in public practice shall not disclose any confidential client information without the specificconsent of the client.
[233] GRAMLING, Audrey A., RITTENBERG, Larry E., JOHNSTONE, Karla M. *Auditing*. (tradução: Antonio Zorato Sanvicente). São Paulo: Cengage Learning, 2012. p. 89.

(a) para assegurar a adequação das divulgações contábeis exigidas pelos princípios de contabilidade aceitos em geral, (b) para cumprir uma notificação judicial emitida e executável com validade ou uma ordem de cumprimento de leis e regulamentação governamentais aplicáveis; (c) para fornecer informação relevante visando a um exame externo de qualidade da prática da empresa perante o PCAOB, o AICPA, ou a comissão estadual de autorização do exercício da contabilidade, (d) para dar inicio a uma reclamação ou responder a uma investigação da divisão de ética profissional do AICPA ou da CPAs ou a comissão estadual de regulamentação do exercício da contabilidade."

Igualmente como ocorre nos EUA, nas normas relativas a atividade de auditoria no Brasil, podemos identificar que o sigilo profissional pode ser afastado nos casos previstos em lei ou quando solicitado por autoridades competentes, entre estas, os Conselhos Regionais de Contabilidade[234].

O artigo 9º, inciso I, da Lei nº 6.385/76, autoriza a Comissão de Valores Mobiliários (CVM), o exame e extrair cópias de todos os documentos, inclusive programas eletrônicos e arquivos magnéticos relacionados ao trabalho do auditor independente, bem como seus papéis de trabalho, devendo tais documentos ser mantidos em perfeita ordem e estado de conservação pelo auditor, pelo prazo mínimo de 5 (cinco) anos.

A Instrução Normativa (CVM) nº 308/99 (artigo 25, II[235]), estabelece que o auditor independente deve dar acesso à fiscalização da Comissão de Valores Mobiliários (CVM) aos seus papéis de trabalho e que tenham servido de base à emissão do relatório de revisão especial de demonstrações trimestrais ou do parecer de auditoria. Logo, havendo uma investigação disciplinar pela

---

[234] O Código de Ética Profissional do Contador, aprovado pela RESOLUÇÃO CFC Nº 803/96: "Art. 2º São deveres do Profissional da Contabilidade: (...) II – guardar sigilo sobre o que souber em razão do exercício profissional lícito, inclusive no âmbito do serviço público, ressalvados os casos previstos em lei ou quando solicitado por autoridades competentes, entre estas os Conselhos Regionais de Contabilidade; (...)".

[235] Instrução Normativa (CVM) nº 308/99: Art. 25. No exercício de suas atividades no âmbito do mercado de valores mobiliários, o auditor independente deverá, adicionalmente: (...) V - dar acesso à fiscalização da CVM e fornecer ou permitir a reprodução dos documentos referidos no item III, que tenham servido de base à emissão do relatório de revisão especial de demonstrações trimestrais ou do parecer de auditoria; (...)".

Comissão de Valores Mobiliários (CVM) o auditor terá o dever de quebrar o sigilo profissional e disponibilizar para a fiscalização os seus papéis de trabalho.

Podemos, ainda, encontrar disposição idêntica na Resolução do Banco Central do Brasil nº 3.198/2004 (artigo 21, parágrafo 2º[236]), que determina que os auditores devem manter à disposição do Banco Central do Brasil, pelo prazo mínimo de 5 (cinco) anos, ou por prazo superior, em decorrência de determinação expressa do órgão, os relatórios exigidos no mesmo artigo da norma[237], bem como os papéis de trabalho, correspondências, contratos de prestação de serviços e outros documentos relacionados com os trabalhos de auditoria.

Como vemos, o arcabouço normativo da atividade de auditoria independente prevê o sigilo profissional como um princípio de atuação do auditor, cuja inviolabilidade poderá ser afastada por requisição do Conselho Regional de Contabilidade, da Comissão de Valores Mobiliários (CVM) e do Banco Central do Brasil (BACEN), no exercício dos seus respectivos poderes de fiscalização, dos papéis de auditoria, de propriedade do auditor e protegidos pelo sigilo profissional.

5.2. Deveres técnicos relacionados á auditoria de demonstrações contábeis

Sabemos que o parecer do auditor é o produto final do seu trabalho, cuja função é transmitir confiabilidade às demonstrações contábeis auditadas.

---

[236] Resolução do Banco Central do Brasil nº 3.198/2004: "Art. 21. (...) § 2º. As entidades auditadas, bem como os respectivos auditores independentes, devem manter à disposição do Banco Central do Brasil, pelo prazo mínimo de cinco anos, ou por prazo superior em decorrência de determinação expressa aquela Autarquia, os relatórios referidos neste artigo, bem como os papéis de trabalho, correspondências, contratos de prestação de serviços e outros documentos relacionados com os trabalhos de auditoria.".

[237] A Resolução do Banco Central do Brasil nº 3.198/2004 (artigo 21) determina que o auditor independente deve produzir os seguintes relatórios: I - de auditoria, expressando sua opinião sobre as demonstrações contábeis e respectivas notas explicativas, inclusive quanto a adequação às normas contábeis emanadas do Conselho Monetário Nacional e do Banco Central do Brasil; II - de avaliação da qualidade e adequação do sistema de controles internos, inclusive sistemas de processamento eletrônico de dados e de gerenciamento de riscos, evidenciando as deficiências identificadas; III - de descumprimento de dispositivos legais e regulamentares, que tenham, ou possam vir a ter reflexos relevantes nas demonstrações contábeis ou nas operações da entidade auditada; e IV - demais requeridos pelo Banco Central do Brasil.

Uma informação devidamente auditada transmite ao mercado uma sensação de segurança – de que um *guardião* atuou como monitor daquilo que foi elaborado pela administração – com o objetivo de reduzir risco de distorção em decorrência de erro ou fraude.

Essa confiabilidade impressa no parecer do auditor, transmite ainda que todas as normas profissionais relativas à atividade e editadas pelos órgãos competentes foram integralmente cumpridas. Em outras palavras, o mercado, acreditando no capital reputacional do auditor, tem a segurança razoável de que o seu parecer constitui uma opinião fundamentada, elaborada por uma pessoa independente e dotada de capacitação técnica e profissional para emiti--la, que cumpriu com todos os procedimentos relacionados à sua atividade, que são os deveres técnicos previstos nas normas de auditoria.

A condução de um procedimento de auditoria se desenvolve por meio de um exercício constante pelo auditor de um *standard* de atuação, conformada pelas normas técnicas de auditoria, que consistente na análise de uma determinada afirmação, sua avaliação, obtenção de elementos comprobatórios e formação de uma opinião acerca de um fato.

E, o pilar de sustentação desse *standard* de atuação encontra-se em quatro deveres técnicos e gerais que o auditor deve observar para a condução do trabalho em conformidade com as normas técnicas de auditoria. São eles, o *ceticismo profissional*, o *julgamento profissional*, a *evidência de auditoria apropriada e suficiente e risco de auditoria* e a *condução da auditoria em conformidade com a Norma Brasileira de Contabilidade (NBC)*.

Esses deveres são trazidos pela Norma Brasileira de Contabilidade (NBC) TA 200, aprovada pela Resolução CFC nº 1.203/09, que trata dos objetivos gerais do auditor independente e da condução dos trabalhos de auditoria.

5.2.1. Ceticismo profissional

Um sujeito cético é aquele tem disposição para duvidar de tudo. Mantém--se incrédulo, em estado de descrença quanto a tudo que está à sua frente. O auditor deve agir sempre com ceticismo em relação a tudo que analisa durante a realização dos trabalhos de auditoria, isto é, sempre deve refletir, desconfiar e estar alerta para a existência de condições que possam indicar possível distorção devido a erro ou fraude.

O *American Institute of Certified Public Accountants (AICPA)*[238] *define* ceticismo profissional como *"uma atitude que inclui uma mente interrogativa, alerta para condições que possam indicar uma possível distorção devido a erro ou a fraude, e uma avaliação crítica da evidência de auditoria."*[239].

O auditor deve ter como premissa que quem elabora as demonstrações financeiras objeto da auditoria tem incentivo econômico para maquiar essas informações, com o objetivo de transmitir ao mercado que são mais lucrativas e estáveis do que realmente são. Por isso, a norma técnica impõe ao auditor assumir uma postura de agir com descrença sobre os documentos e respostas a indagações e outras informações obtidas junto à administração e aos responsáveis pela governança.

O auditor deve realizar um julgamento sobre a confiabilidade da informação, se esta é capaz de fornecer evidência suficiente sobre a afirmação que está sendo avaliada. Cabe ao profissional de auditoria impor o seu conhecimento e experiência e concluir pela confiabilidade ou não da evidência de auditoria.

O ceticismo profissional inclui estar alerta, por exemplo, em relação às evidências de auditoria que contradigam outras evidências obtidas, informações que coloquem em dúvida a confiabilidade dos documentos e respostas a indagações a serem usadas como evidências de auditoria e condições que possam indicar possível fraude.

Em casos de dúvida a respeito da confiabilidade das informações ou indicações de possível fraude (por exemplo, se condições identificadas durante a auditoria fizerem o auditor crer que um documento pode não ser autêntico ou que o conteúdo do documento pode ter sido falsificado), as normas de auditoria exigem que o auditor faça investigações adicionais e determine que modificações ou adições aos procedimentos de auditoria são necessárias para buscar a verdade real[240] [241].

---

[238] Tradução: Instituto Americano de Contadores Públicos Certificados (AICPA)
[239] Due Professional Care in the Performance of Work, AU Section 230 da *American Institute of Certified Public Accountants (AICPA)* Disponível em: < http://www.aicpa.org/Pages/default.aspx> Acesso em 23 de março de 2015.
[240] Norma Brasileira de Contabilidade (NBC) TA 200, aprovada pela Resolução CFC nº 1.203/09, item A21.
[241] A Comissão de Valores Mobiliários (CVM) instaurou em face da KPMG Auditores Independentes e seu sócio e responsável técnico, Francesco Luigi Celso, o processo administrativo sancionador nº RJ 2013/10172 com o objetivo de verificar a conduta da sociedade responsável

5.2.2. Julgamento profissional

O auditor deve exercer julgamento profissional ao planejar e executar a auditoria de demonstrações contábeis. Trata-se da aplicação do conhecimento e experiência relevante do profissional de auditoria na interpretação e aplicação das exigências éticas e profissionais relevantes e das normas de auditoria durante todo o procedimento de auditoria.

É a aplicação prática da educação profissional adquirida com o conhecimento técnico pelo estudo permanente de novas ferramentas, das normas éticas e profissionais e dos procedimentos previstos nas normas técnicas, acrescido da experiência adquirida, que se traduz na capacitação mental e intelectual de que o profissional possa avaliar, planejar e executar a auditoria em uma determinada entidade[242].

A Norma Brasileira de Contabilidade (NBC) TA 200, aprovada pela Resolução CFC nº 1.203/09, em seu item A23, estabelece que o julgamento profissional é relevante nas decisões sobre, (i) a materialidade e risco de auditoria, (ii) a natureza, a época e a extensão dos procedimentos aplicados para o cumprimento das exigências das normas de auditoria e a coleta de evidências, (iii) avaliar se foi obtida evidência de auditoria suficiente e apropriada e se

---

pelo parecer de auditoria relativo às demonstrações financeiras do exercício encerrado em 31.12.07 dos fundos Diamante Fundo de Investimento – Multimercado - Crédito Privado, Coopmútuo Fundo de Investimento – Multimercado – Crédito Privado e Bancoob Capital Fundo de Investimento – Multimercado geridos e administrados pela Bancoob Administração e Gestão de Recursos Ltda. – AGR. Dentre os diversos itens apontados, o termo de acusação consignou que os "os auditores não realizaram testes para a totalidade dos títulos integrantes das carteiras dos fundos auditados sob a alegação de que os procedimentos adotados para a marcação do mercado eram automatizados pelo próprio cliente". Na sequência, a área técnica manifestou que, "ainda que o item 11.3.2.6 da mesma norma faculte ao auditor o uso de documentos e demonstrações confeccionados ou fornecidos pela entidade auditada, exige-se que o auditor avalie a consistência dessa documentação e se satisfaça com sua forma e conteúdo." e concluiu que "a KPMG e seu sócio Francesco Luigi Celso não exerceram o ceticismo profissional exigido dos auditores durante seus trabalhos.". Diante de tal fato, dentre outros, a auditoria acabou por celebrar Termo de Compromisso com a Comissão de Valores Mobiliários (CVM), de modo que se comprometeu a pagar o montante total de R$ 650.000,00 (seiscentos e cinquenta mil reais) e que seu sócio Francesco Luigi Celso deixará de exercer, pelo prazo de 2 (dois) anos, a função/cargo de responsável técnico independente em auditorias de companhias abertas e entidades integrantes do mercado de valores mobiliários.
[242] ATTIE, Wiliam. *Auditoria:* conceitos e aplicações. 6. ed. São Paulo: Atlas, 2011. p. 6.

algo mais precisa ser feito para que sejam cumpridos os objetivos das normas técnicas da atividade, (iv) para avaliação das opiniões da administração na aplicação da estrutura de relatório financeiro aplicável da entidade, (v) para formação de conclusões baseadas nas evidências de auditoria obtidas, por exemplo, pela avaliação da razoabilidade das estimativas feitas pela administração na elaboração das demonstrações contábeis.

Porém, o que devemos refletir é qual o *standard* de um julgamento profissional correto. Quando podemos considerar que um auditor, apesar de preencher todas as qualificações técnicas e de experiência, falhou no seu julgamento profissional, diante da vagueza do conceito de capacidade técnica e intelectual para avaliar e concluir os dados em exame.

Ao conceituar o dever de diligência dos administradores das sociedades anônimas, Fabio Ulhoa Coelho[243] afirma que um administrador diligente é aquele que emprega na condução dos negócios sociais as cautelas, métodos, recomendações, postulados e diretivas da ciência da administração de empresas, em contraposição ao paradigma de bom pai de família do direito romano ou de um homem ativo e probo expresso no artigo 153[244] da Lei nº 6.404/76.

De igual modo, o julgamento profissional do auditor deve refletir uma aplicação competente dos métodos, recomendações, postulados e diretivas prescritos nas normas de auditoria e na ciência contábil.

Seu exercício deve ocorrer ao longo de toda a auditoria e ser adequadamente documentado pelo profissional em seus papéis de trabalho. Essa documentação deve permitir que outro auditor experiente entenda o trabalho

---

[243] COELHO, Fabio Ulhoa. *Curso de direito comercial, volume 2*: direito da empresa. 16. ed. São Paulo: Saraiva, 2012. p. 273/274: "O mais apropriado meio de operacionalização do *standard* do dever de diligência, segundo penso, é considerá-lo em relação aos cânones da "ciência" da administração de empresas (a expressão *ciência*, referida ao conhecimento das técnicas de administração empresarial, está aqui grafada entre aspas porque considero que tal conhecimento, a exemplo do jurídico tem natureza tecnológica e não científica. (...) Diligente, de acordo com essa solução, é o administrador que observa os postulados daquele corpo de conhecimentos tecnológicos, fazendo o que nele se recomenda e não fazendo o que se desaconselha. (...) O administrador diligente é aquele que emprega na condução dos negócios sociais as cautelas, métodos, recomendações, postulados e diretivas da "ciência" da administração de empresas."
[244] Lei nº 6.404/76: "Art. 153. O administrador da companhia deve empregar, no exercício de suas funções, o cuidado e diligência que todo homem ativo e probo costuma empregar na administração dos seus próprios negócios.".

desenvolvido e consiga chegar à mesma conclusão expressa no parecer do auditor.

O julgamento profissional como atuação no campo de subjetividade do auditor não pode ser uma excludente de responsabilidade ou justificativa para decisões que não são apoiadas em fatos e circunstâncias do trabalho, nem por evidência de auditoria apropriada e suficiente[245].

Com efeito, para verificação se um profissional realizou um julgamento profissional adequado, não há como afastar a necessidade de prova pericial, de forma que seus papéis de trabalho serão submetidos à avaliação de um *expert*, que irá analisar a aplicação das normas éticas e profissionais relevantes durante todo o procedimento de auditoria, diante dos fatos e circunstâncias conhecidos pelo auditor até a data do seu relatório de auditoria. Considerando tudo isso, o *expert* deverá concluir ou não se chegaria à mesma conclusão em cada julgamento profissional realizado pelo auditor[246].

5.2.3. Evidência de auditoria apropriada e suficiente em relação ao risco de auditoria

Evidência de auditoria é toda informação utilizada pelos auditores para fundamentar o seu parecer, se em determinada demonstração contábil elaborada pela administração da entidade auditada há distorções em decorrência de erro ou fraude. A norma técnica Norma Brasileira de Contabilidade (NBC) TA 500, aprovada pela Resolução CFC nº 1.217/09, fixa uma série de procedimentos

---

[245] Norma Brasileira de Contabilidade (NBC) TA 200, aprovada pela Resolução CFC nº 1.203/09: "A27. O julgamento profissional precisa ser exercido ao longo de toda a auditoria. Ele também precisa ser adequadamente documentado. Neste aspecto, exige-se que o auditor elabore documentação de auditoria suficiente para possibilitar que outro auditor experiente, sem nenhuma ligação prévia com a auditoria, entenda os julgamentos profissionais significativos exercidos para se atingir as conclusões sobre assuntos significativos surgidos durante a auditoria (NBC TA 230, item 8). O julgamento profissional não deve ser usado como justificativa para decisões que, de outra forma, não são sustentados pelos fatos e circunstâncias do trabalho nem por evidência de auditoria apropriada e suficiente.".

[246] Norma Brasileira de Contabilidade (NBC) TA 200, aprovada pela Resolução CFC nº 1.203/09: "A26. O julgamento profissional pode ser avaliado com base no fato de que o julgamento exercido reflete uma aplicação competente ou não competente dos princípios de auditoria e contábeis e se ele é apropriado considerando os fatos e circunstâncias conhecidos pelo auditor até a data do seu relatório de auditoria e compatível com estes.".

a serem observados na coleta de evidência, cujo auditor tem o dever legal de observar no exercício da sua atividade.

Audrey et al (2012) [247] afirmam que *"a coleta de evidências e a sua avaliação constituem a parte central dos trabalhos dos auditores, pois é nessa fase que gastam a maior parte do tempo dedicado a realização de um procedimento de auditoria."*.

A administração faz afirmações – contidas em suas demonstrações financeiras da entidade auditada – acerca dos valores existentes em caixa próprio, valores depositados em bancos, valores investidos em aplicações financeiras, estoque, direitos, investimentos realizados, bem como obrigações a cumprir, como pagamento a fornecedores, empréstimos e tributos a pagar[248]. Cabe ao auditor obter a evidência apropriada e suficiente por meio de procedimentos a serem executados e previstos nas normas técnicas para verificar, ainda que por amostragem, a veracidade dessas informações, com vistas a produzir um parecer de auditoria.

Nesse processo, o auditor deve ter muito bem traçado o risco de auditoria a que está exposto o seu trabalho. O risco de auditoria é definido como aquele em que o auditor não consegue encontrar informações materiais incorretas nas demonstrações financeiras da entidade auditada e acaba por emitir um parecer sem qualquer ressalva.

O profissional deve reconhecer que não é possível eliminar o risco de auditoria, mas reduzi-lo por meio da análise de diversos fatores, como a integridade da administração, a independência e competência dos executivos e do conselho de administração, a qualidade do processo de gestão de risco e dos controles internos da entidade, a saúde financeira da organização e a existência de transações entre partes relacionadas[249].

Assim, considerando o *risco de auditoria* identificado, cabe ao auditor obter um volume apropriado de evidência a respeito da fidedignidade das demonstrações elaborada pela entidade auditada e a sua conformidade com os princípios contábeis aceitos em geral. Em outras palavras, o auditor deve coletar

---

[247] GRAMLING, Audrey A., RITTENBERG, Larry E., JOHNSTONE, Karla M. *Auditing*. (tradução: Antonio Zorato Sanvicente). São Paulo: Cengage Learning, 2012. p. 238.
[248] ATTIE, Wiliam. *Auditoria: conceitos e aplicações*. 6. ed. São Paulo: Atlas, 2011. p. 25.
[249] GRAMLING, Audrey A., RITTENBERG, Larry E., JOHNSTONE, Karla M. *Auditing*. (tradução: Antonio Zorato Sanvicente). São Paulo: Cengage Learning, 2012. p. 111.

evidências suficientes e apropriadas, capazes de oferecer confiabilidade à equipe de auditoria quanto à correção ou incorreção da informação auditada[250].

Os procedimentos para obtenção de evidência de auditoria podem incluir a inspeção, observação, confirmação, recálculo, reexecução e procedimentos analíticos, muitas vezes em combinação, além da indagação.

A inspeção envolve o exame de registros ou documentos, internos ou externos, em forma de papel, em forma eletrônica ou em outras mídias, ou ainda o exame físico de um ativo. Sua realização fornece evidências de auditoria com graus variáveis de confiabilidade, dependendo de sua natureza e fonte. A contagem de um estoque pode dar uma evidência ao auditor da sua existência, assim como a vistoria no parque industrial para verificação de uma determinada máquina utilizada na produção. Porém, não irá demonstrar a titularidade desses bens ou a sua avaliação, sendo necessário que o auditor combine com outro procedimento de coleta de evidência para que esta seja considerada apropriada.

A observação consiste no exame do processo ou procedimento executado pela entidade auditada, por exemplo, para quantificar o seu estoque, ou acerca da quantidade de produtos que são produzidos durante um período de tempo, com o objetivo de dar ao auditor a certeza de que os controles internos utilizados pela entidade, ainda que verificados por amostragem, podem ser fontes de uma informação correta.

Uma confirmação externa representa evidência de auditoria obtida pelo auditor como resposta escrita de terceiro (a parte que confirma) ao auditor, em forma escrita, eletrônica ou em outra mídia sobre saldos contábeis, contratos, garantias, e toda qualquer transação que possa permitir ao auditor um julgamento profissional correto acerca da informação auditada.

A informação tida como externa, fornecida por terceiros após a circularização do auditor, é considerada, via de regra confiável, mas a sua credibilidade depende de dois fatores, (i) se a documentação é preparada por um terceiro com conhecimento para prestar uma informação coerente e correta e (ii) se a fonte da informação guarda independência em relação à entidade auditada.[251]

---

[250] Norma Brasileira de Contabilidade (NBC) TA 500, aprovada pela Resolução CFC nº 1.217/09, item A5.
[251] GRAMLING, Audrey A., RITTENBERG, Larry E., JOHNSTONE, Karla M. *Auditing*. (tradução: Antonio Zorato Sanvicente). São Paulo: Cengage Learning, 2012. p. 245.

Caso contrário, o auditor deverá realizar um julgamento profissional sobre a confiabilidade da informação prestada, combinando com outros procedimentos de coleta de evidência, para confirmação da legitimidade da informação.

O auditor tem o dever de buscar a confirmação externa para concluir pela fidedignidade da informação auditada, sob pena de sua responsabilização. Em nenhuma hipótese, até por imposição do dever de agir com ceticismo profissional, o auditor deve se basear apenas em documentação interna da entidade auditada.

A informação gerada internamente é preparada por indivíduos sujeitos à influência hierárquica e que não guardam a independência necessária em relação à administração da entidade, além do mais, a administração tem incentivos econômicos para distorcer as informações (fraude), o que torna a informação gerada internamente como não confiável.

Vejamos como exemplo o escândalo da Parmalat.

Em dezembro de 2003, a Parmalat anunciou a inexistência de recursos que constavam como aplicações financeiras em seu balanço e logo após este fato, foi descoberto que a empresa tinha dívidas ocultas da ordem de EUR 14,3 bilhões.

A fraude consistia em um sistema de faturamento duplicado das mercadorias, que permitia à Parmalat dar a impressão de que seus recebíveis eram bem maiores do que de fato eram. O resultado de todas as manipulações ao longo dos anos foi a transferência de dívidas (em contrapartida a ativos inexistentes) para sociedades em paraísos fiscais por meio de uma complexa estrutura societária.

Quando ocorreu a descoberta da fraude, constavam nas demonstrações financeiras da Parmalat recursos de aplicações financeiras da ordem de EUR 3,95 bilhões que simplesmente não existiam, mas que foram auditados e aceitos pela auditoria Grant Thornton, que prestou serviços de auditora para a Parmalat durante a década de 1990 e, em 1999, foi substituída pela Delloite & Touche.

Ao que tudo indica, os auditores da Grant Thornton sempre confiaram nas informações internas falsificadas pela administração da companhia, conduta mantida pela Delloite & Touche, ou seja, falharam no seu dever de buscar a confirmação externa da informação[252].

---

[252] SILVEIRA, Alexandre Di Miceli da . *Governança corporativa no Brasil e no mundo: teoria e prática*. 1. ed. Rio de Janeiro: Elsevier, 2010. v. 1. p 358/369.

Além dos procedimentos de auditoria para obtenção de evidência acima, temos o recálculo e a reexecução. O primeiro consiste na verificação da exatidão matemática de documentos ou registros e o segundo é a execução pelo auditor de procedimentos ou controles que foram originalmente realizados pela entidade para elaboração da informação, com o objetivo de verificar falhas, que são um ponto de partida para a avaliação da afirmação a ser auditada.

Os procedimentos analíticos também constituem importante ferramenta ao auditor para testar a existência de vendas, determinar a relação entre as contas contábeis e o saldo monetário das contas contábeis. Esses testes constituem um ponto de partida para o auditor, não só na execução do procedimento de auditoria, como também no seu planejamento.

E, ainda, temos como um procedimento a coleta de evidência, que é a indagação, a busca de informações junto a pessoas com conhecimento financeiro e não financeiro, dentro ou fora da entidade. As respostas às indagações podem fornecer ao auditor informações não obtidas anteriormente ou evidência de auditoria comprobatória, como também divergências que precisarão ser melhor investigadas por meio de outros procedimentos de coleta[253].

O termo *evidência apropriada* está relacionado com a qualidade da evidência de auditoria, isto é, a sua relevância e confiabilidade para fornecer suporte às conclusões em que se fundamenta a opinião do auditor. Por sua vez, a confiabilidade da evidência é influenciada pela sua fonte e sua natureza e depende das circunstâncias em que é obtida.

De certo que evidências conseguidas diretamente pelo auditor são mais confiáveis que as obtidas indiretamente e obtidas junto à administração da entidade. Do mesmo modo, evidências provenientes de um sistema de informação bem controlado e seguro é mais confiável do que as obtidas de um sistema com falhas, especialmente da sua segurança. Além disso, evidências verbais não apoiadas em documentos não originais se mostram menos confiáveis que aquelas apoiadas em documentos originais.

Porém, em muitos casos o auditor será confrontado com situações que não conseguirá coletar evidências perante terceiros e/ou fundada em documentos

---

[253] Norma Brasileira de Contabilidade (NBC) TA 500, aprovada pela Resolução CFC nº 1.217/09, itens A22 a A25.

oficiais que possam persuadi-lo da correção ou incorreção do saldo de uma determinada conta contábil (afirmação).

Caberá ao profissional de auditoria obedecer rigorosamente aos critérios estabelecidos nas normas técnicas de auditoria e aplicar toda a sua experiência no julgamento profissional sobre quais evidências relevantes precisam ser buscadas, em que quantidade e de qual fonte, de modo a garantir o mais elevado grau possível de confiabilidade ao seu parecer.

Por exemplo, se os testes preliminares apontam um alto risco para a existência de informações materiais incorretas em uma determinada conta, evidências de maior qualidade e quantidade precisam ser obtidas, muitas vezes por meio da aplicação combinada de diversos procedimentos, para que o profissional consiga formar a sua opinião.

A avaliação do auditor sobre a amplitude dos procedimentos a serem adotados na coleta de evidências é desenvolvida por meio de treinamento, experiência e ceticismo do profissional envolvido na condução dos trabalhos. A amplitude dos procedimentos decorre exclusivamente do julgamento profissional do auditor diante do risco de auditoria identificados previamente sobre a entidade auditada [254].

O termo *evidência suficiente* está ligado à quantidade em relação ao risco de distorções identificado pelo auditor preliminarmente. Quanto maior o risco identificado pelo auditor, maior a quantidade de evidências a serem perseguidas pelo mesmo para o seu convencimento quanto à correção ou incorreção do saldo de uma conta.

Assim, o risco de auditoria, a qualidade e quantidade das evidências a serem buscadas durante o processo auditorial estão intimamente ligados: Quanto maior o risco de auditoria, maior a qualidade das evidências a serem buscadas e, quanto menor a qualidade das evidências, maior é a quantidade a ser perseguida.

---

[254] Norma Brasileira de Contabilidade (NBC) TA 500, aprovada pela Resolução CFC nº 1.217/09: "A4: A suficiência e adequação da evidência de auditoria estão inter-relacionadas. A suficiência é a medida da quantidade de evidência de auditoria. A quantidade da evidência de auditoria necessária é afetada pela avaliação do auditor dos riscos de distorção (quanto mais elevados os riscos avaliados, maior a probabilidade de que seja exigida mais evidência de auditoria) e também pela qualidade de tal evidência de auditoria (quanto maior a qualidade, menos evidência pode ser exigida). A obtenção de mais evidência de auditoria, porém, não compensa a sua má qualidade."

5.2.4. Condução da auditoria em conformidade com as Normas Brasileiras de Contabilidade (NBC)

A Comissão de Valores Mobiliários (CVM), dentro da sua competência regulamentar, estabeleceu no artigo 20 da Instrução Normativa CVM nº 308/99, que o auditor deve observar as normas profissionais e técnicas emanadas pelos órgãos competentes, no que se refere à conduta profissional, ao exercício da atividade e à emissão de pareceres e relatórios de auditoria.

No mesmo sentido, a Resolução do Banco Central do Brasil nº 3.198/2004, determina em seu artigo 20[255] que o auditor independente deve observar no procedimento de auditoria as normas e procedimentos estabelecidos pelo Conselho Monetário Nacional, pelo Banco Central do Brasil e, no que não forem conflitantes, àquelas emanadas pelos órgãos competentes e pela Comissão de Valores Mobiliários (CVM).

As normas técnicas, em conjunto com as normas profissionais de auditoria, consistem no programa de atuação do auditor independente para o planejamento, execução e conclusão do procedimento de auditoria, com vistas a atingir o objetivo pretendido com a sua atividade e a sua função sistêmica.

São nas normas profissionais de auditoria que o auditor encontrará com *standard* de conduta diante de cada fato a ser verificado, como deve proceder na análise de uma determinada afirmação, sua avaliação, obtenção de elementos comprobatórios e formação da sua opinião acerca de um fato.

A aderência do auditor no curso do procedimento de auditoria às normas profissionais se constitui como um dever legal do profissional de auditoria e pressuposto essencial para a verificação da sua responsabilidade perante os usuários da informação auditada.

---

[255] Resolução do Banco Central do Brasil nº 3.198/2004: "Art. 20. O auditor independente deve observar, na prestação de seus serviços, as normas e procedimentos de auditoria estabelecidos pelo Conselho Monetário Nacional, pelo Banco Central do Brasil e, no que não for conflitante com estes, aqueles determinados pela CVM, o CFC e pelo Ibracon.".

6. RESPONSABILIDADE CIVIL: NOÇÕES GERAIS E SITUAÇÕES JURÍDICAS DE RESPONSABILIDADE DO AUDITOR INDEPENDENTE

A visão histórica da responsabilidade civil tem relação direta com as primeiras atividades humanas regulamentadas. Nas sociedades primitivas, todo o dano causado tinha como resposta a vingança da vítima, em uma atitude espontânea de defesa, como a que hoje vemos em uma criança que se machuca com um objeto e o destrói.

Nessa fase, a reparação do dano imputada ao agressor era realizada da forma mais primitiva, selvagem talvez, mas humana, de reação espontânea e natural contra o mal sofrido, solução comum a todos os povos nas suas origens, para a reparação do mal pelo mal.[256].

A injustiça estava mais ligada ao efeito do dano que a sua causa, afastando qualquer investigação quanto à intenção daquele que causou o dano ou da sua capacidade de entender que causou um dano.

A paixão que movia as vítimas acabava por deixar de lado qualquer interesse quanto à culpabilidade, pois havia mais interesse no castigo que o agente do dano iria sofrer do que efetivamente pela reparabilidade dos prejuízos sofridos, reparabilidade esta que estava à margem do direito[257].

---

[256] DIAS, José de Aguiar. *Da responsabilidade civil*. São Paulo: Renovar, 2006. p. 26.
[257] ALSINA, Jorge Bustamante. *Teoria General de la responsabilidad civil*. 9ª ed. Buenos Aires: Abeledo-Perrot. Buenos Aires, 1997. p. 27/63.

Com a *Lei das XII Tábuas* (450 a.C), esta paixão deixa espaço para uma maior reflexão e a vítima pode perdoar o ofensor, desde que este lhe entregue uma soma em dinheiro, em verdadeira composição voluntária de danos no âmbito privado[258].

Essa soma em dinheiro era tarifada pela norma, isto é, a norma descrevia um fato e fixava o valor a ser pago pelo ofensor[259].

Posteriormente, com a *Lei Aquilia* (que deu o nome à responsabilidade extracontratual como *aquiliana*) ocorre uma evolução na responsabilidade civil com o surgimento de um elemento preponderante para reparação do dano, que é a análise do elemento culpa, isto é, surge um elemento regulador da reparação do dano, que vem a ser a fonte direta da concepção da culpa *aquiliana*.

Nessa lei, as penas tarifadas estabelecidas pela *Lei das XII Tábuas* (450 a.C) são substituídas por uma pena proporcional ao dano causado.

Essa noção de responsabilidade civil extracontratual, cuja gênese está na Lei Aquilia, teve sua propagação e consolidação nas legislações do mundo ocidental, inclusive no Código Civil Brasileiro[260], com o estabelecimento de um dever de não causar dano (*neminem leadere*[261]), por meio de um dever positivo de reparar de forma proporcional o dano causado[262].

---

[258] DONNINI, Rogério. *Prevenção de danos e a extensão do princípio neminem laedere*. In: DONNINI, Rogério & NERY, Rosa Maria de Andrade. Responsabilidade civil: estudos em homenagem ao professor Rui Geraldo Camargo Viana. São Paulo: Revista dos Tribunais, 2009. p. 483-504: "Na Lei das XII Tábuas (450 a.C.), embora ainda a vingança (*vindicta*) nessa fase fosse privada, a intervenção do Poder Público já sucedia, com o escopo de discipliná-la. Nessa mesma lei, pode-se observar uma efetiva evolução da responsabilidade civil, com a possibilidade de composição voluntária, em que a pessoa lesada podia transigir e receber certa soma de dinheiro pelo dano suportado. Portanto, a ideia já era a da reparação do dano suportado mediante a compensação pecuniária e não apenas a vingança primitiva."

[259] DONNINI, Rogério. *Prevenção de danos e a extensão do princípio neminem laedere*. In: DONNINI, Rogério & NERY, Rosa Maria de Andrade. Responsabilidade civil: estudos em homenagem ao professor Rui Geraldo Camargo Viana. São Paulo: Revista dos Tribunais, 2009. p. 483-504.

[260] Código Civil: "Art. 927. Aquele que, por ato ilícito (artigos 186 e 187), causar dano a outrem, fica obrigado a repará-lo.".

[261] Enciclopédia Saraiva do Direito. Coordenação do Professor R. Limongi França. v. 54, São Paulo: Saraiva, 1977. p. 193: O princípio do *neminem leadere (alterum nom laedere)* consubstancia um dos princípios gerais do direito, tendo sido inserido entre os *iuris praecepta*, por *Justiniano*, em suas *Institutas*. Do direito natural, serve de base para as construções jurídicas positivas. Ao lado do *neminem laedere*, dois outros preceitos eram positivados no *Digesto*, quais sejam: o *honeste vivere* e o *suum cuique tribuere*, que significam, respectivamente, viver honestamente e dar a cada um o que é seu.

O princípio *neminem leadere* foi o pilar da teoria da responsabilidade civil, sendo fonte normativa do dever jurídico de reparar a lesão causada (artigo 927, do Código Civil). Seu enunciado (não lesar a outrem) transcendeu o plano meramente moral e ético e irradiou no ordenamento jurídico do mundo ocidental um dever jurídico de não causar dano que, uma vez violado, nasce o dever positivo de reparar a lesão causada[263].

Sérgio Cavalieri Filho[264] afirma que para atingir um ideal de conduta que a sociedade exige de um indivíduo, a ordem jurídica estabelece regras e impõe limites que, conforme a natureza do direito a que correspondem, podem ser positivos, de dar ou fazer, como negativos, de não fazer ou tolerar alguma coisa. Trata-se de um dever geral de não prejudicar a ninguém expresso no princípio *neminem leadere*.

Sobre isso Rogério Donini[265] afirma:

> A ideia de responsabilidade civil é a do *neminem leadere*. No entanto, é necessário que exista o dano para que exista o dever de reparação

---

[262] FRANÇA, R. Limongi. *As raízes da responsabilidade civil aquiliana*. In: NERY Jr., Nelson e NERY, Rosa Maria de Andrade. Doutrinas essenciais – responsabilidade civil. v. 1. São Paulo: Revista dos Tribunais, 2010. p. 278: "É curioso e importante notar que a Lex Aquilia, a despeito de, desde os primórdios, ter sido tomada como o referencial absoluto a respeito de quanto se entenda com a responsabilidade extracontratual, tanto que tomou o nome de culpa aquiliana (...).".

[263] ESTEVILL, Luis Pascual. *La responsabilidad extracontractual, aquiliana o delictual*. v.2, Barcelona: Bosch, 1992. p. 73.: "(...) El ordenamiento jurídico sustituye así, el deber negativo de no danar, contravenido por una conducta antijurídica, por el deber positivo de reparar la lesión causada.".

[264] CAVALIERI FILHO, Sérgio. *Programa de responsabilidade civil*. 12. ed. São Paulo: Atlas, 2012. p. 15.: "O principal objetivo da ordem jurídica, afirmou o grande San Tiago Dantas, é proteger o lícito e reprimir o ilícito. Vale dizer: ao mesmo tempo em que ela se empenha em tutelar a atividade do homem que se comporta de acordo com o Direito, reprime a conduta daquele que o contraria (Programa de Direito Civil, v. I/341, Ed. Rio). Para atingir esse desidrato, a ordem jurídica estabelece deveres que, conforme a natureza do direito a que correspondem, podem ser positivos, de dar ou fazer, como negativos, de não fazer ou tolerar alguma coisa. Fala-se, até, em um dever geral de não prejudicar a ninguém, expresso pelo Direito Romano através da máxima *neminem laedere*.".

[265] DONNINI, Rogério. *Prevenção de danos e a extensão do princípio neminem laedere*. In: DONNINI, Rogério & NERY, Rosa Maria de Andrade. Responsabilidade civil: estudos em homenagem ao professor Rui Geraldo Camargo Viana. São Paulo: Revista dos Tribunais, 2009. p. 483-504.

pelo agente causador. Aquele, portanto, que viola, fere o direito e causa dano a uma pessoa comete ato ilícito e tem o dever de reparar esse prejuízo. É o que estabelece o artigo 186, combinado com o artigo 927 do Código Civil [251].

Segundo Giselda Hironaka:

> Os propósitos da responsabilidade têm por força motriz não só a garantia e defesa da cidadania – centro da atenção da ordem jurídica atual, fincada no cerne da matriz constitucional do estado democrático brasileiro – mas também a garantia e defesa da dignidade da pessoa humana, valor constitucional que resplandece como verdadeiro norte de validação dos pressupostos do dever de indenizar [266].

A ideia de responsabilidade civil traduz a obrigação de reparar o dano causado em decorrência de uma conduta que violou um dever jurídico[267] de não lesar a outrem (*neminem leadere*) implícito ou expresso na lei[268]. Em outras palavras, a violação de um dever jurídico configura um ato antijurídico que pode acarretar um dano que, por conseguinte, gera um novo dever jurídico de reparar este dano (responsabilidade civil).

---

[266] HIRONAKA, Giselda Maria F. Novaes. *Responsabilidade pressuposta*. Belo Horizonte: Del Rey, 2005, p. 4.
[267] GOMES, Orlando. *Direito das obrigações (At. Por Humberto Theodoro Junior)*. 12. ed. Rio de Janeiro: Forense, 1999, p. 6: "O conceito de obrigação deve ser depurado da intromissão de outras noções jurídicas tecnicamente distintas, tais como as de dever jurídico, sujeição e ônus. A obrigação é, numa relação jurídica, o lado passivo do direito subjetivo, consistindo no dever jurídico de observar certo comportamento exigível pelo titular deste. (...) O dever jurídico é a necessidade que corre a todo indivíduo de observar as ordens ou comandos do ordenamento jurídico, sob pena de incorrer numa sanção, como o dever universal de não perturbar o exercício do direito do proprietário.".
[268] STOCO, Rui. *Tratado de responsabilidade civil*. 6. ed. São Paulo: Revista dos Tribunais, 2004. p. 119-120.

6.1. Espécies de responsabilidade: a dicotomia entre contratual e extracontratual

Vimos que a violação de um dever jurídico configura um ato antijurídico que pode acarretar um dano. Esse dever pode ter como fonte uma relação jurídica obrigacional preexistente, isto é, um dever derivado de um contrato, ou pode ter como fonte um dever imposto pela norma, ou por um preceito geral de direito.

É com base nessa dicotomia, conforme Sérgio Cavalieri Filho[269], que reside a diferença entre responsabilidade contratual e extracontratual. Se existe um vínculo obrigacional entre as partes – um contrato, por exemplo, o dever de indenizar decorre do inadimplemento, já se o dever de indenizar surge em virtude de uma lesão a direito subjetivo, sem que entre as partes exista um vínculo obrigacional, temos a responsabilidade extracontratual, ou aquiliana.

Em suma, na responsabilidade contratual ou extracontratual, há a violação de um dever preexistente. A distinção está justamente na fonte desse dever, ou seja, se em um negócio jurídico mantido entre as partes (contrato), a responsabilidade será contratual. Por outro lado, se o dever estiver previsto na norma, uma vez violado, a responsabilidade será extracontratual.

A doutrina critica essa divisão entre responsabilidade contratual e extracontratual, pois ambas regulam-se pelos mesmos princípios, a violação de um dever preexistente, e a ideia de responsabilidade, conforme Rui Stocco (2004)[270], é una e seus efeitos são uniformes[271].

---

[269] CAVALIERI FILHO, Sérgio. *Programa de responsabilidade civil*. 12. ed. São Paulo: Atlas, 2012. p. 33.: "É com base nessa dicotomia que a doutrina divide a responsabilidade civil em contratual e extracontratual, isto é, de acordo com a qualidade da violação. Se preexiste um vínculo obrigacional, e o dever de indenizar é consequência do inadimplemento, temos a responsabilidade contratual, também chamada de ilícito contratual, ou relativo; se esse dever surge em virtude de lesão a direito subjetivo, sem que entre o ofensor e a vítima preexista qualquer relação jurídica que o possibilite, temos a responsabilidade extracontratual, também chamada de ilícito aquiliano ou absoluto.".
[270] STOCO, Rui. *Tratado de responsabilidade civil*. 6. ed. São Paulo: Revista dos Tribunais, 2004. p. 137: "Tenha-se em mente, porém, que a responsabilidade extracontratual e a contratual regulam-se racionamento pelos mesmos princípios, porque a ideia de responsabilidade, como já enfatizado, é uma.".
[271] CAVALIERI FILHO, Sérgio. *Programa de responsabilidade civil*. 12. ed. São Paulo: Atlas, 2012. p. 34.: "Os adeptos da teoria unitária, ou monista, criticam essa dicotomia, por entenderem que

No entanto, no que se refere à análise da culpa e à atribuição do ônus da prova, a divisão entre responsabilidade contratual e extracontratual se mostra relevante. Como veremos a seguir, na responsabilidade contratual há um dever positivo no programa contratual objeto da avença que, uma vez violado, repercute na órbita jurídica da outra parte, de modo que a parte infratora terá o ônus da prova que agiu corretamente, que adimpliu a obrigação[272]. Já na responsabilidade extracontratual ou *aquiliana*, o lesado deverá demonstrar o comportamento antijurídico do autor do dano (ônus da prova) e evidenciar o dano específico que suportou[273].

E, por isso, para os fins que se pretende, iremos adotar a clássica distinção entre responsabilidade contratual e extracontratual com vistas à identificação de um regime de responsabilização do auditor independente, especialmente com base na qualificação do usuário da informação auditada[274].

6.2. Responsabilidade civil extracontratual ou *Aquiliana*

Na responsabilidade extracontratual ou *aquiliana* há a violação de um dever legal[275] preexistente, cujo lesado deverá demonstrar o comportamento

---

pouco importam os aspectos sobre os quais se apresente a responsabilidade civil no cenário jurídico, já que os seus efeitos são uniformes. Contudo, nos códigos dos países em geral, tem sido acolhida a tese dualista ou clássica.".

[272] Rui. *Tratado de responsabilidade civil*. 6. ed. São Paulo: Revista dos Tribunais, 2004. p. 137.

[273] DINIZ, Maria Helena. *Curso de direito civil brasileiro:* Responsabilidade civil. 25. ed. São Paulo: Saraiva: 2011. v. 7. p. 543.

[274] De acordo com Guido Alpa, a diferença entre a responsabilidade contratual e extracontratual importa em critérios de distinção no ônus da prova, notificação, dano, prazo de prescrição e à lei aplicável. (ALPA, Guido. *La responsabilità civile:* parte generale. Torino: UTET, 2010. p 127): "Fermi restando dunque i criteri distintivi - onere della prova, costituzione in mora, dano risarcibile, prescrizione dell'azione, imputabilitá del fatto dannoso, legge applicabile, solidarietá, ripartizione della giurisdizione, ripartizion della competenza – si dovrà verificare quali tipo di rimedi siano consentiti, e se i rimedi si possano cumulare.". (Tradução livre: Não obstante, portanto, os critérios de diferenciação, ônus da prova, notificação, dano compensável, prazo de prescrição, a responsabilidade pelo ato lesivo, à lei aplicável, a solidariedade, a partilha de jurisdição, repartição do poder, você terá que verificar que tipo de remédios são permitidos e quais que podem se cumular).

[275] ALVIM, Agostinho. *Da inexecução das obrigações e suas consequências*. 2. ed. São Paulo: Saraiva, 1955, p. 268-269: "mas qual a natureza do dever jurídico, cuja violação induz a culpa?

antijurídico do autor do dano (ônus da prova) e evidenciar o dano específico que suportou.

O Código Civil adota como concepção clássica de responsabilidade civil extracontratual ou *aquiliana* a modalidade subjetiva, no qual o elemento subjetivo *culpa*, segundo Sérgio Cavalieri Filho[276], é empregada em sentido amplo para indicar não só a culpa *stricto sensu* como também o dolo. Nessa modalidade, a culpa é o principal pressuposto para a responsabilização do agente.

> Em matéria contratual, o dever jurídico consiste na obediência do avençado; ou, então, ao prometido, se se trata de obrigação unilateral. Mas quando se cogita de culpa fora do contrato a interrogação se impõe. É claro que se há violação de uma lei, ou regulamento administrativo, o requisito do elemento objetivo da culpa estará satisfeito. Assim, se é proibido conduzir um veículo imprimindo-lhe velocidade além de tanto, aquele que o fizer estará violando dever jurídico. Mas bem pode acontecer que a hipótese não esteja prevista. E facilmente se imagina um número infinito de casos que não estão nem podem estar regulados. (...) Um esbarrão pode produzir a queda de uma pessoa, ou de um objeto, que venha a quebrar-se indo de encontro ao solo. O disparo de uma arma pode não ser proibido em certo lugar, como acontece nas propriedades campestres, fora da cidade. Nem o poderia ser, uma vez que é esse o modo habitual de caçar. Mas facilmente pode causar dano. (...) Todavia, dado que pratique, nem por isso se negaria haver aí o elemento objetivo da culpa: a violação de um dever. Qual, pois, o caráter desse dever? A dificuldade surge quando se encara a responsabilidade fora do contrato e não existe lei prevendo o dever que se diz violado. Este último assunto foge, como se vê, à matéria da culpa contratual e, portanto, ao nosso objetivo neste trabalho. (...) Mas, ao lado do dever imposto por lei, ou contrato, resultante de um texto claro que obrigue a fazer ou deixar de fazer alguma coisa, há o dever *indeterminado*, que explica aqueles casos a que atrás aludimos, isto é, as hipóteses em que o elemento objetivo da culpa existe, sem que corresponda a um texto expresso de lei, ou imposição de vontade. Exemplificando: se um indivíduo, por descuido, deixa derramar a tinta que leva num vidro e mancha a roupa do seu companheiro de ônibus, ele atenta, certamente, contra o direito deste, porque, do direito de ordem geral que a este assiste, de ir e vir, decorre o direito de poder fazê-lo de modo incólume, sem dano. Aí está um exemplo de violação de direito que não está nem podia estar prevista, a não ser de modo geral. (...) Somente o senso do jurista é que pode perceber, nos casos concretos, a existência ou não da infração de dever".

[276] CAVALIERI FILHO, Sérgio. *Programa de responsabilidade civil*. 12. ed. São Paulo: Atlas, 2012. p. 34.: "A ideia de culpa está visceralmente ligada à responsabilidade, por isso que, de regra, ninguém pode merecer censura ou juízo de reprovação sem que tenha faltado com o dever de cautela de agir. Daí ser a culpa, de acordo com a teoria clássica, o principal pressuposto da responsabilidade civil subjetiva. O Código Civil de 2002, em seu art. 186 (art. 159 do Código Civil de 1916), manteve a culpa como fundamento da responsabilidade subjetiva. A palavra culpa está sendo aqui empregada em sentido amplo, *lato sensu*, para indicar não só a culpa *stricto sensu*, como também o dolo.".

Essa modalidade de responsabilidade civil extracontratual está prevista no artigo 927, combinado com os artigos 186 e 187 do Código Civil[277], que podem ser traduzidos como aquele que, por ação ou omissão voluntária, negligência, imprudência ou em abuso de uma posição jurídica, violar direito e causar dano a outrem, fica obrigado a repará-lo[278].

Conforme Arnaldo Rizzardo[279]:

> Trata-se da situação mais comum e normal que desencadeia a responsabilidade civil, pois decorre do princípio natural e universal de que todos devem responder pelos próprios atos, data a liberdade que cada pessoa se reconhece de decidir por seus atos e dirigir a sua vida em consonância com a própria vontade.

A Lei especial relativa ao mercado de capitais[280], como veremos mais adiante, adota a modalidade de responsabilidade subjetiva dos auditores independentes, baseada na culpa desses profissionais no exercício da sua atividade, pelos prejuízos que causarem a terceiros.

Nesta modalidade de responsabilidade civil, são pressupostos: um comportamento voluntário que viola um dever jurídico (ato ilícito); por meio de uma conduta omissiva ou comissiva (conduta culposa); a ocorrência de um dano; e a relação de causalidade entre a conduta e o dano ocasionado, isto é, a relação entre a causa e o efeito entre a conduta e o resultado.

---

[277] Código Civil: "Art. 186. Aquele que, por ação ou omissão voluntária, negligência ou imprudência, violar direito e causar dano a outrem, ainda que exclusivamente moral, comete ato ilícito. Art. 187. Também comete ato ilícito o titular de um direito que, ao exercê-lo, excede manifestamente os limites impostos pelo seu fim econômico ou social, pela boa-fé ou pelos bons costumes. Art. 927. Aquele que, por ato ilícito (arts. 186 e 187), causar dano a outrem, fica obrigado a repará-lo.".

[278] AZEVEDO, Álvaro Vilaça. *Teoria geral das obrigações e responsabilidade civil*. 11. ed. São Paulo: Atlas, 2008. p. 262.: "O caput do art. 927 do CC reedita o sentido da indenização por ato ilícito e por abuso de direito, constante dos arts. 186 e 187. Desse modo, quem, por ato ilícito, causar dano a outrem, fica obrigado a repará-lo.".

[279] RIZZARDO, Arnaldo. *Responsabilidade civil: Lei nº 10.406, de 10.01.2002*. Rio de Janeiro: Forense, 2009. p. 49.

[280] Lei nº 6.385/76: "Artigo 26. (...) Parágrafo 2º: "as empresas de auditoria contábil ou auditores contábeis independentes responderão, civilmente, pelos prejuízos que causarem a terceiros em virtude de culpa ou dolo no exercício das funções previstas neste artigo.".

Via de regra, a vítima obterá a reparação *se provar* a prática pelo agente de uma conduta violadora de um dever jurídico; se agiu com culpa; a existência de um dano e a relação de causa (conduta) e efeito (dano) existente entre os dois primeiros.

Outro modal de responsabilidade civil extracontratual adotado pelo Código Civil é a objetiva, cujo parágrafo único do artigo 927[281] *abstrai o elemento culpa (ou dolo) do agente* como um dos pressupostos da responsabilidade e atribui o desempenho de uma atividade de risco para configuração da responsabilidade do agente, conforme veremos no item 64. a seguir.

6.3. Pressupostos da responsabilidade civil extracontratual

6.3.1. Conduta

O elemento primário de todo e qualquer ato contrário à ordem jurídica é o comportamento humano voluntário, que se exterioriza por meio de uma ação ou omissão que produz consequências jurídicas. De acordo com Rui Stocco, *"a lesão a um bem jurídico cuja existência se verificará no plano normativo da culpa, está condicionada a existência, no plano naturalístico da conduta, de uma ação ou omissão que constitui a base do resultado lesivo."*[282].

A ação e a omissão, formas de exteriorização da conduta humana, constituem o primeiro momento da responsabilidade civil. A ação é a forma mais comum de exteriorização da conduta, consistente em um comportamento positivo no mundo exterior, de modo que a violação de um determinado dever contratual ou extracontratual se dá por meio de um fazer. Em outras palavras, uma pessoa está obrigada por contrato ou por uma norma a se abster de uma

---

[281] Código Civil: "Art. 927. Aquele que, por ato ilícito (arts. 186 e 187), causar dano a outrem, fica obrigado a repará-lo. Parágrafo único. Haverá obrigação de reparar o dano, independentemente de culpa, nos casos especificados em lei, ou quando a atividade normalmente desenvolvida pelo autor do dano implicar, por sua natureza, risco para os direitos de outrem.".

[282] STOCO, Rui. *Tratado de responsabilidade civil*. 6. ed. São Paulo: Revista dos Tribunais, 2004. p. 131.

determinada conduta e, por meio de um comportamento positivo viola esse dever geral de abstenção[283].

De outro lado, a omissão se caracteriza pela inatividade, pela abstenção de alguma conduta devida. Na causalidade natural, aquele que deveria praticar um determinado ato previsto na ordem jurídica, permanece inerte ou pratica ação diversa da que lhe era imposta[284].

A rigor, conforme Sérgio Cavalieri Filho[285], uma conduta omissiva adquire relevância jurídica e torna o *omitente* responsável quando este tinha o dever jurídico de agir, fundado na lei ou em um contrato, de impedir um resultado. Por exemplo, os pais podem ser responsabilizados por deixar de alimentar os filhos, pois cabe a eles o dever legal de alimentá-los. Ou também um profissional que é omisso no cumprimento dos deveres legais (profissionais ou éticos) impostos pela norma para o exercício da sua atividade. Em tais casos, não agir significa, ou pode significar, a produção de um resultado, um dano, a alguém.

Sobre a omissão na doutrina portuguesa, Pessoa Jorge comenta que:

---

[283] CAVALIERI FILHO, Sérgio. *Programa de responsabilidade civil*. 12. ed. São Paulo: Atlas, 2012. p. 41.: "Entende-se, pois por conduta o comportamento humano voluntário que se exterioriza através de uma ação ou omissão, produzindo consequências jurídicas. A ação ou omissão é o aspecto físico, objetivo, da conduta, sendo a conta de o seu aspecto psicológico, ou subjetivo.".

[284] STOCO, Rui. *Tratado de responsabilidade civil*. 6. ed. São Paulo: Revista dos Tribunais, 2004. p. 131: "Na precisa lição de Frederico Marques, 'a omissão é uma abstração, um conceito de linhagem puramente normativa, sem base naturalística. Ela aparece, assim, no fluxo causal que liga a conduta ao evento, porque o imperativo jurídico determina um *facere* para evitar a ocorrência do resultado e interromper a cadeia de causalidade natura, e aquele que deveria praticar o ato exigido, pelos mandamentos da ordem jurídica, permanece inerte ou pratica ação diversa da que lhe é imposta.".

[285] CAVALIERI FILHO, Sérgio. *Programa de responsabilidade civil*. 12. ed. São Paulo: Atlas, 2012. p. 41.: "A ação é a forma mais comum de exteriorização da conduta, porque, fora do domínio contratual, as pessoas estão obrigadas a abster-se da prática de atos que possam lesar o seu semelhante, de sorte que a violação desse dever geral de abstenção se obtém através de um fazer. Consiste, pois, a ação em um movimento corpóreo comissivo, um comportamento positivo, como a destruição de uma coisa alheia, a morte ou lesão corporal causada em alguém, e assim por diante. Já, a omissão, forma menos comum de comportamento, caracteriza-se pela inatividade, abstenção de alguma conduta devida. Vieira dizia, com absoluta propriedade, que omissão é aquilo que se faz não fazendo.".

O emprego da palavra omissão não significa que o ato ilícito implique *sempre* uma atitude de inércia ou abstenção; é, aliás, afirmação evidente, apontada por diversos autores. Trata-se [na realidade] de omissão do *comportamento devido,* omissão que, em si mesma, pode consistir numa *abstenção,* se se tinha o dever de praticar um ato que não se praticou ou numa ação *positiva,* se se realizou um ato quando se tinha o dever de não praticar nenhum (violação de dever negativo) ou se praticou ato diferente daquele a que se estava obrigado (execução parcial ou defeituosa).

6.3.2. Culpa

A culpa *lato sensu* é o *agir* de uma pessoa quando não deveria agir; ou não age, omitindo-se, quando seria necessária e exigível uma determinada conduta para evitar um dano. Em outras palavras, culpa, em sentido amplo, é um ato omissivo ou comissivo, independente se praticado com dolo ou culpa *stricto sensu*[286], que se constitui em um descumprimento intencional ou não, quer de uma obrigação contratual ou de uma prescrição legal, quer do dever que incumbe ao homem de se comportar com diligência e lealdade com os seus semelhantes.

A culpa, como um *erro de conduta,* um comportamento consciente do agente que, sem o propósito de provocar o dano injusto a outrem, causa o evento lesivo, é exteriorizada por meio da negligência, imprudência e imperícia[287].

---

[286] PEREIRA, Caio Mário da Silva. *Responsabilidade civil.* Rio de Janeiro: Forense, 1999, p. 70: "(...) cumpre, todavia, assinalar que se não insere, no contexto da "voluntariedade" o propósito e a consciência do resultado danoso, ou seja, a deliberação ou a consciência de causar prejuízo. Este é um elemento definidor do dolo. A voluntariedade pressuposta na culpa é a da ação em si mesma. Quando o agente procede voluntariamente, e sua conduta voluntária implica ofensa ao direito alheio, advém o que se classifica como procedimento culposo.". Com efeito, para configuração da culpa na responsabilidade civil, é irrelevante o elemento volitivo da conduta, se dolosa ou não.

[287] MACHADO DE MELO, Diogo. *Culpa extracontratual.* São Paulo. Saraiva, 2013, p. 124-125: "Observa-se, nesse ponto, que *imprudência, negligência* e *imperícia,* como a própria *culpa,* não representam conceitos *unívocos.* Representam, na realidade, *conceitos jurídicos indeterminados,* que, em dado momento histórico, passaram a ser explicados pela doutrina como formas possíveis e exemplificativas de exteriorização da conduta *culposa.*".

A *negligência* é a culpa por omissão. É a inobservância das normas que nos ordenam a operar com atenção, capacidade, solicitude e discernimento. Traduz-se na falta de atenção e ausência de reflexão necessária, uma *preguiça psíquica*, falta de precaução, desídia do agente[288], isto é, quando o agente deixa de agir quando deveria fazê-lo e deixa de observar regras do bom senso[289].

Veremos a seguir, que a conduta culposa do auditor – consistente na violação ao dever de observância das normas legais e profissionais relativas a atividade, que em determinadas circunstâncias impõe um dever de agir de modo diferente do modo como o profissional agiu – é exteriorizada por um comportamento *negligente*, na chamada culpa por omissão, que é, como dissemos, a falta de atenção e ausência de reflexão necessária, uma *preguiça psíquic*, falta de precaução, desídia do auditor.

A *imprudência*, por sua vez, é conceituada como a falta de cuidado ou cautela na realização de uma conduta positiva[290]. É, conforme Rui Stocc[291], o comportamento açodado, precipitado, apressado, exagerado ou excessivo, com pequena consideração aos interesses alheios à prática de ato perigoso, temerário[292].

A *imperícia* é a atuação profissional sem o necessário conhecimento técnico ou científico que desqualifica o resultado e conduz ao dano[293]. É também chamada de *culpa profissional*, por envolver falta de habilidade no exercício da atividade técnica, caso em que se exige, de regra, maior cuidado ou cautela do agente. Revela-se, por isso, nas atividades para as quais se exige uma especial habilidade de quem as exerce [294].

---

[288] MACHADO DE MELO, Diogo. *Culpa extracontratual*. São Paulo. Saraiva, 2013, p. 127.
[289] STOCO, Rui. *Tratado de responsabilidade civil*. 6. ed. São Paulo: Revista dos Tribunais, 2004. p. 132.
[290] CAVALIERI FILHO, Sérgio. *Programa de responsabilidade civil*. 12. ed. São Paulo: Atlas, 2012. p. 55.
[291] STOCO, Rui. *Tratado de responsabilidade civil*. 6. ed. São Paulo: Revista dos Tribunais, 2004. p. 132.
[292] LOUREIRO, Francisco Eduardo. Ato ilícito. In: LOTUFO, Renan; NANNI, Giovanni Ettore (Orgs.). *Teoria geral do direito civil*. São Paulo: Atlas, 2008, p. 726.
[293] STOCO, Rui. *Tratado de responsabilidade civil*. 6. ed. São Paulo: Revista dos Tribunais, 2004. p. 132.
[294] MACHADO DE MELO, Diogo. *Culpa extracontratual*. São Paulo. Saraiva, 2013, p. 127.

Sobre o aspecto da gravidade, a culpa se apresenta classificada na doutrina como grave, leve e levíssima. A culpa será *grave* quando o agente atuar com grosseira falta de cautela, com descuido injustificável se comparável a uma conduta comum de qualquer cidadão. Trata-se da culpa com previsão do resultado, também chamada de culpa consciente que se aproxima do conceito de dolo eventual do direito penal.

A culpa será *leve* quando o agente não se conduz com a diligência que se admite, seja a de um bom ser humano ou bom chefe de família, se a falta puder se evitada com atenção ordinária, com o cuidado próprio do ser comum. E, *levíssima*, por sua vez, quando se caracteriza pela falta de atenção extraordinária, pela ausência de habilidade especial ou conhecimento singular.

A classificação pela gravidade da culpa não há uma previsão no Código Civil e tampouco pode ser encarada como uma *cláusula de irresponsabilidade* nos casos onde poderia ser identificada uma culpa leve do agente. A culpa, por mais leve que seja, em regra, obriga a indenizar[295]. Mesmo uma pequena advertência ou distração obriga o agente a reparar todo o dano sofrido pela vítima.

Todavia, conforme Diogo Leonardo Machado de Melo[296], essa conclusão – *"que por mais leve que seja a culpa, em regra, obriga a indenizar"* – é tida como injusta, pois não raro uma culpa levíssima resulta em dano excessivo para a vítima, tornado-se desproporcional a gravidade da culpa e a indenização a ser paga (o dano experimentado pela vítima).

---

[295] NORONHA, Fernando. *Responsabilidade civil*: uma tentativa de ressistematização. In: NERY JUNIOR, Nelson; NERY, Rosa Maria de Andrade. *Doutrinas essenciais*: responsabilidade civil. São Paulo: Revista dos Tribunais, 2010, p. 143-195.

[296] MACHADO DE MELO, Diogo. *Culpa extracontratual*. São Paulo. Saraiva, 2013, p. 124-125: "Todavia, por vezes, essa automática conclusão é tida por *injusta*, pois não raro de culpa levíssima resulta dano desmedido para vítima. Nesse caso, se se imputar ao réu o pagamento da indenização na correta extensão do dano (CC, art. 944), a sentença o conduzirá à ruína. Justamente para situações semelhantes a estas que o legislador de 2002, no art. 944, parágrafo único, acabou por mitigar o princípio da *restituição integral*, conferindo ao juiz poderes para reduzir *equitativamente* a indenização, que, por representar um dispositivo nem um pouco tranquilo de se interpretar, será avaliado em separado. Mas já é possível dizer que ainda que se adote um modelo *objetivo* de avaliação de culpa, outros elementos (materiais, pessoais, temporais) terão que também ser levados em conta na interpretação, até para que seja possível mensurar qual é o grau de culpa e se este é apto (ou não) a reduzir o montante indenizatório.".

Nesses casos, o artigo 944 do Código Civil[297] autoriza o Juiz a aferir o grau da culpa do agente e reduzir equitativamente a indenização. De acordo com Rui Stocco, o Código Civil fez renascer o conceito de gradação de culpa (grave, leve e levíssima) na fixação do *quantum* da reparação por dano material.

Importante frisar que tanto a responsabilidade contratual, como a responsabilidade extracontratual, salvo na responsabilidade objetiva, fundam-se no conceito unitário da culpa para aferição da responsabilidade. Conforme Rui Stocco, *"na culpa contratual há um dever positivo de adimplir o que é objeto da avença. Na culpa aquiliana, é necessário invocar o dever negativo ou obrigação de não prejudicar, e, comprovado o comportamento antijurídico, evidenciar que ele percutiu na órbita jurídica do paciente, causando-lhe um dano específico."*[298]

Outro aspecto importante é quando há concorrência de culpa entre o autor do dano e a vítima. Fala-se em culpa concorrente quando, paralelamente à conduta do agente causador do dano, há também conduta culposa da vítima e, com isso, o evento danoso decorre do comportamento culposo de ambos. De acordo com Sergio Cavalieri Filho, *"A vítima também concorre para o evento, e não apenas aquele que é apontado como único causador do dano."*[299]

De acordo com o artigo 945 do Código Civil, *"Se a vítima tiver concorrido culposamente para o evento danoso, a sua indenização será fixada tendo-se em conta a gravidade da sua culpa em confronto com a do autor do dano."*.

Adota-se no referido artigo o critério lógico que cada um responderá na medida da sua culpa. De acordo com Rui Stoco, a norma restaura *"o princípio da gradação da culpa no que ele tem de bom e de serventia, ou seja, para encontrar o valor justo da reparação e estabelecer a repartição desse prejuízo segundo a gravidade da culpa de cada qual."*[300]. Nesse sentido, havendo concorrência de culpa entre o autor do dano e a vítima, conforme Silvio Rodrigues, nas lições de Cunha

---

[297] Código Civil: "Art. 944. A indenização mede-se pela extensão do dano. Parágrafo único. Se houver excessiva desproporção entre a gravidade da culpa e o dano, poderá o juiz reduzir, equitativamente, a indenização.".
[298] STOCO, Rui. *Tratado de responsabilidade civil*. 6. ed. São Paulo: Revista dos Tribunais, 2004. p. 137.
[299] CAVALIERI FILHO, Sérgio. *Programa de responsabilidade civil*. 12. ed. São Paulo: Atlas, 2012. p. 62.
[300] STOCO, Rui. *Tratado de responsabilidade civil*. 6. ed. São Paulo: Revista dos Tribunais, 2004. p. 138.

Gonçalves, deve ocorrer a partilha do prejuízo, *"em partes iguais, se forem iguais as culpas ou não for possível provar o grau de culpabilidade de cada um dos audores; em partes proporcionais aos graus de culpas, quando estas forem desiguais."*[301].

6.3.3. Dano

Outro pressuposto da responsabilidade civil é o dano. Sem o dano não há que se falar em responsabilidade pela reparação (do dano). É circunstância elementar da responsabilidade civil. De acordo com Sérgio Cavalieri Filho, *"não haveria que se falar em indenização, nem em ressarcimento, se não houvesse o dano. Por haver responsabilidade sem culpa, mas não pode haver responsabilidade sem dano*[302]*"*.

Ao contrário do que ocorre na responsabilidade penal, em que há tipos de penas que não exigem o resultado, como por exemplo, nos crimes de mera conduta, na responsabilidade civil esse resultado (dano) é indispensável e se apresenta como pressuposto para a responsabilização do agente, sendo certo que é a extensão do dano que dá a dimensão da indenização[303].

Nessa linha, de acordo com Rui Stocco, *"no âmbito civil, portanto, sem dano poderá existir ato ilícito, mas não nascerá o dever de indenizar, de doto que a só conduta que contrarie a norma preexistente – a conduta antijurídica – não é suficiente para empenhar a obrigação."*[304]. Não há dano incerto, improvável ou eventual, tampouco dano condicional ou hipotético.

Sérgio Cavalieri Filho define dano como:

> Sendo a subtração ou diminuição de um bem jurídico, qualquer que seja a sua natureza, quer se trate de um bem patrimonial, quer se trate

---

[301] RODRIGUES, Silvio. *Responsabilidade civil.* 12. ed. São Paulo: Saraiva, 1992. p. 182.
[302] CAVALIERI FILHO, Sérgio. *Programa de responsabilidade civil.* 12. ed. São Paulo: Atlas, 2012. p. 70.
[303] STOCO, Rui. *Tratado de responsabilidade civil.* 6. ed. São Paulo: Revista dos Tribunais, 2004. p. 1180: "Ao contrário do que ocorre no Direito Penal, que nem sempre exige um resultado para estabelecer a punibilidade do agente (ex.: nos crimes de mera conduta ou simples atividade), no âmbito civil esse resultado é indispensável e se apresenta como condição, sendo certo que é a extensão ou o *quantum* do dano que dá a dimensão da indenização.".
[304] STOCO, Rui. *Tratado de responsabilidade civil.* 6. ed. São Paulo: Revista dos Tribunais, 2004. p. 1180.

de um bem integrante da própria personalidade da vítima, como a sua honra, imagem, a liberdade, etc. Em suma, dano é a lesão de um bem jurídico, tanto patrimonial como moral, vindo daí a conhecida divisão do dano em patrimonial ou moral."[305].

De acordo com Agostinho Alvim, *"(...) dano, em sentido amplo, vem a ser a lesão de qualquer bem jurídico, aí incluso o dano moral (...)*[306]*"* e, para Rui Stocco, *"o dano será a lesão do patrimônio, entendido este como o conjunto das relações jurídicas de uma pessoa, apreciáveis em dinheiro.".*

Para que um dano seja indenizável, não basta que seja um dano econômico. É fundamental que o dano traduza em uma lesão a um bem jurídico protegido, garantido ao indivíduo, isto é, cuja integridade a norma proteja. O que orientará a fixação do dever ressarcitório pelo Estado-Juiz, nas lições de Caio Mário da Silva Pereira, "é a lesão ao direito ou interesse da vítima, e não a sua extensão pecuniária."[307].

Com efeito, não é qualquer dano que desencadeia a obrigação de indenizar. Há a necessidade de verificar se ocorreu a lesão a direito subjetivo da vítima, o que significa nas lições de Manuel A. Carneiro Frada[308], *"(...) a exclusão, portanto, da protecção delitual para aquelas vantagens que não representam as características próprias dos direitos subjetivos.".*

Nesse sentido, a imputação de responsabilidade extracontratual ao auditor independente faz-se-á necessário perquirir se o dano resulta da violação de um direito protegido do qual o lesado seja titular, o que veremos mais a seguir.

Inobstante, o dano é classificado como extrapatrimonial, ou moral, e patrimonial, sendo apenas esse último de maior relevância ao nosso estudo que, por sua vez, é subdividido em dano emergente e lucro cessante.

O dano patrimonial atinge os bens juridicamente tutelados do patrimônio da vítima, entende-se como tal, o conjunto de relações jurídicas de

---

[305] CAVALIERI FILHO, Sérgio. *Programa de responsabilidade civil.* 12. ed. São Paulo: Atlas, 2012. p. 103.
[306] ALVIM, Agostinho. *Da inexecução das obrigações e suas consequências.* 2. ed. São Paulo: Saraiva, 1955, p. 171.
[307] PEREIRA, Caio Mário da Silva. *Responsabilidade civil.* Rio de Janeiro: Forense, 1999, p. 39.
[308] FRADA, Manuel A. Carneiro. *Uma terceira via no direito da responsabilidade civil.* Coimbra: Almedina, 1997. p. 22/23.

um pessoa, apreciáveis em dinheiro. De acordo com Sérgio Cavalieri Filho, *"O dano patrimonial é suscetível de avaliação pecuniária, podendo ser reparado, senão diretamente – diante da restauração natural ou reconstituição específica da situação anterior à lesão – pelo menos indiretamente, por meio de equivalente ou indenização pecuniária."*[309].

A reparação pode ser material ou econômica. Pode consistir na entrega, seja do próprio objeto devidamente reconstituído, se possível, ou de objeto da mesma espécie, em troca daquele deteriorado. Não obstante, a indenização pode ser em dinheiro, no valor equivalente ao do bem deteriorado.

O dano patrimonial pode atingir somente aquilo que compõe o patrimônio atual da vítima (dano emergente), como também o futuro (lucro cessante). Nos termos do artigo 402 do Código Civil[310], as perdas e danos abrangem não só o que a vítima perdeu (dano emergente) como o que razoavelmente deixou de lucrar (lucros cessantes).

O dano emergente importa em efetiva e imediata diminuição do patrimônio da vítima, em razão do ato ilícito, caracteriza-se o dano emergente como aquilo que efetivamente a vítima perdeu, de modo que não enseja maiores dificuldades a sua mensuração. Trata-se do prejuízo certo e determinado que a vítima veio a suportar, de modo que não justifica a reparação de um dano hipotético[311].

Já o lucro cessante é o reflexo do ato sobre o patrimônio da vítima, se refere à perda do ganho esperado, na frustração da expectativa de lucro. Pode ocorrer não só da paralisação da atividade profissional, como a cessação dos rendimentos que a vítima vinha auferindo em decorrência da sua profissão, desde que tenha uma relação de causa direta e imediata com o ato ilícito[312].

---

[309] CAVALIERI FILHO, Sérgio. *Programa de responsabilidade civil*. 12. ed. São Paulo: Atlas, 2012. p. 104.

[310] Código Civil: "Art. 402. Salvo as exceções expressamente previstas em lei, as perdas e danos devidos ao credor abrangem, além do que ele efetivamente perdeu, o que razoavelmente deixou de lucrar.".

[311] STOCO, Rui. *Tratado de responsabilidade civil*. 6. ed. São Paulo: Revista dos Tribunais, 2004. p. 1182.

[312] CAVALIERI FILHO, Sérgio. *Programa de responsabilidade civil*. 12. ed. São Paulo: Atlas, 2012. p. 105: "Consiste, portanto, o lucro cessante na perda do ganho esperável, na frustração da expectativa de lucro, na diminuição potencial do patrimônio da vítima. Pode decorrer não só

Na quantificação dos lucros cessantes o Código Civil adota do princípio da razoabilidade ao consignar no artigo 402 *"o que razoavelmente deixou de lucrar."*. Para Sérgio Cavalieri Filho, *"razoável é aquilo que o bom-senso diz que o credor lucraria, apurado segundo um juízo de probabilidade, de acordo com o normal desenrolar dos fatos. Não pode ser algo meramente hipotético, imaginário, porque tem que ter por base uma situação fática concreta."*[313].

Por outro lado, não é fácil saber até onde e como o dano projeta sua repercussão negativa no patrimônio da vítima. Caberá ao Juiz, aferir a diferença entre a situação real em que o ato ilícito deixou a vítima e a situação em que ele se encontraria sem o dano sofrido, atendendo ao curso normal das coisas. Indagar se aquilo que está sendo pleiteado seria a consequência normal dos fatos, se o lucro seria razoavelmente esperado, caso não tivesse ocorrido o ato ilícito.

6.3.4. Nexo Causal

Por fim, o terceiro pressuposto da responsabilidade civil é o nexo causal. Não basta que o agente tenha praticado um ato ilícito em violação a um dever legal de conduta, pois, como visto acima, não há responsabilidade pelo fato de cometer um *"erro de conduta"*. Também não basta que a vítima sofra um dano, pois, se não houver um prejuízo à conduta antijurídica não gera a obrigação de indenizar.

Como observa Rui Stocco, "é necessário que além da ocorrência dos dois elementos precedentes, que se estabeleça uma relação de causalidade entre a injuridicidade da ação e o mal causado.[314]". O nexo causal é indispensável para verificação se o dano foi causado em razão da conduta do agente. Segundo Sérgio Cavalieri Filho, o nexo causal consiste no *"(...) elemento referencial entre*

---

da paralisação da atividade lucrativa ou produtiva da vítima, como, por exemplo, a cessação dos rendimentos que alguém já vinha obtendo da sua profissão, como também, da frustração daquilo que era razoavelmente esperado. O cuidado que o juiz deve ter neste ponto é para não confundir lucro cessante com lucro imaginário, simplesmente hipotético ou dano remoto, que seria apenas a consequência indireta ou mediata do ato ilícito.".

[313] CAVALIERI FILHO, Sérgio. *Programa de responsabilidade civil*. 12. ed. São Paulo: Atlas, 2012. p. 105.

[314] STOCO, Rui. *Tratado de responsabilidade civil*. 6. ed. São Paulo: Revista dos Tribunais, 2004. p. 146.

a conduta e o resultado. É um conceito jurídico normativo através do qual poderemos concluir quem foi o causador do dano"[315].

Neste sentido, conforme Arnaldo Rizzardo, trata-se de *"um liame, entre o dano e o causador, o que torna possível a sua imputação a um indivíduo."* [316].

O Ministro Teori Albino Zavascki, quando do julgamento do Recurso Especial nº 719.738/RS, nos dá a dimensão do nexo de causalidade na imputação da responsabilidade civil, ao consignar em seu voto que:

> A imputação de responsabilidade civil, objetiva ou subjetiva, supõe a presença de dois elementos de fato (a conduta do agente e o resultado danoso) e um elemento lógico-normativo, o nexo causal (que é lógico, porque consiste num elo referencial, numa relação de pertencialidade, entre os elementos de fato; e é normativo, porque tem contornos e limites impostos pelo sistema de direito)[317].

Nesse sentido, podemos afirmar que pode haver responsabilidade, inclusive sem culpa, mas não há responsabilidade sem nexo causal. Aliás, na responsabilidade objetiva (sem culpa), toda a discussão sobre a obrigação ou não de responsabilizar se dá em torno do nexo de causalidade entre a conduta do sujeito e o dano experimentado pela vítima.

Para melhor compreensão do tema, suponhamos que um cidadão venha a colidir o seu veículo com outro veículo e o condutor do veículo colidido vem a ser socorrido por uma ambulância e levado ao hospital para o tratamento dos ferimentos. Passados dez dias, o condutor internado contrai uma infecção hospitalar e falece por esse motivo. O dano morte tem relação de causalidade com o motorista que colidiu com o veículo do falecido, ou do hospital onde a vítima estava internada e contraiu infecção hospitalar? Para a resposta da questão acima, diversas teorias sobre o nexo causal são identificáveis no mundo jurídico.

---

[315] CAVALIERI FILHO, Sérgio. *Programa de responsabilidade civil*. 12. ed. São Paulo: Atlas, 2012. p. 67.
[316] RIZZARDO, Arnaldo. *Responsabilidade civil: Lei nº 10.406, de 10.01.2002*. Rio de Janeiro: Forense, 2009. p. 71.
[317] REsp 719.738/RS, Rel. Ministro TEORI ALBINO ZAVASCKI, PRIMEIRA TURMA, julgado em 16/09/2008, DJe 22/09/2008.

Dada a complexidade do tema nexo de causalidade, surgiram diversas teorias na doutrina, sendo as principais a da *equivalência das condições* ou *conditio sine qua non*, a da *causalidade adequada* e do *dano direto e imediato*.

A teoria de *equivalência das condições* ou *conditio sine qua non* não distingue causa, condição ou ocasião, de modo que tudo que concorrer para o resultado é causa dele. Sérgio Cavalieri Filho[318] diz:

> Se várias condições concorrem para a produção do mesmo resultado, todas tem o mesmo valor, a mesma relevância, todas se equivalem. Não se indaga se uma delas foi mais ou menos eficaz, mais ou menos adequada.". Conforme Agostinho Alvim, "a teoria da equivalência das condições aceita, qualquer das causas como eficiente[319].

Nessa teoria, para se determinar se uma condição é causa do evento danoso, procede-se a eliminação mental dessa condição. Se o resultado persistir, essa condição não será causa. Contudo, se eliminada hipoteticamente, essa condição e o resultado não se verificar, então a causa não poderia resultar no dano.

De acordo com Rui Stocco, "*o grande inconveniente dessa teoria é que se poderá considerar o causador do resultado quem quer que se tenha inserido na linha causal, permitindo-se uma regressão quase infinita.*"[320]. Por ela, no nosso problema prático, a causa do evento morte foi a colisão do veículo e não a infecção hospitalar.

Na teoria da causalidade adequada, se várias condições concorreram para o determinado resultado, nem todas serão causas, mas somente aquela que for mais adequada para a produção do evento. Agostinho Alvim, nas lições de Von Bar, explica o seguinte:

> O raciocínio em que ele se apoia é o seguinte: apreciando certo dano, temos que concluir que o fato que o originou era capaz de lhe dar causa. Mas pergunta se tal relação de causa e efeito existe sempre,

---

[318] CAVALIERI FILHO, Sérgio. *Programa de responsabilidade civil*. 12. ed. São Paulo: Atlas, 2012. p. 68.

[319] ALVIM, Agostinho. *Da inexecução das obrigações e suas consequências*. 2. ed. São Paulo: Saraiva, 1955, p. 368.

[320] STOCO, Rui. *Tratado de responsabilidade civil*. 6. ed. São Paulo: Revista dos Tribunais, 2004. p. 146.

em casos dessa natureza, ou existiu nesse caso, por força das circunstâncias especiais? Se existe sempre, diz-se que a causa era adequada a produzir o efeito; se somente nessa circunstância acidental explica essa causalidade, diz-se que a causa não era adequada[321].

Ao contrário da teoria da equivalência de condições, esta faz distinção entre causa e condições, entre os antecedentes que tiveram maior ou menor relevância. Sérgio Cavalieri Filho[322] explica que:

> Estabelecido que várias condições concorreram para o resultado, e isso é feito através do mesmo processo mental hipotético (até aqui as teorias seguem os mesmos caminhos), é necessário agora verificar qual foi a mais adequada. Causa será apenas aquela que foi mais adequada desconsiderando as demais.

Segundo essa teoria, no nosso problema prático, ao contrário da teoria de *equivalência das condições* ou *conditio sine qua non*, a causa do evento morte não foi a colisão do veículo e sim a infecção hospitalar, alterando a imputação da obrigação de indenizar exclusivamente ao hospital.

A teoria do *dano direto e imediato* encontra seu fundamento de validade no artigo 403 do Código Civil, que dispõe em sua parte final que *"as perdas e danos, só incluem os prejuízos efetivos e os lucros cessantes por efeito dela direto e imediato."*[323]. Para Sérgio Cavalieri Filho, *"as palavras direta e imediata não traduzem ideias distintas. Foram empregadas para reforço uma da outra, querendo o legislador, com essas expressões, traduzir o conceito de necessariedade."* [324].

Agostinho Alvim, ao comentar em sua obra *Da inexecução das obrigações e suas consequências*, o artigo 1.060 do Código Civil de 1916, cuja redação é

---

[321] ALVIM, Agostinho. *Da inexecução das obrigações e suas consequências*. 2. ed. São Paulo: Saraiva, 1955, p. 369.

[322] CAVALIERI FILHO, Sérgio. *Programa de responsabilidade civil*. 12. ed. São Paulo: Atlas, 2012. p. 68.

[323] Código Civil: "Art. 403. Ainda que a inexecução resulte de dolo do devedor, as perdas e danos só incluem os prejuízos efetivos e os lucros cessantes por efeito dela direto e imediato, sem prejuízo do disposto na lei processual."

[324] CAVALIERI FILHO, Sérgio. *Programa de responsabilidade civil*. 12. ed. São Paulo: Atlas, 2012. p. 73.

idêntica ao artigo 403 do Código Civil vigente, afirmou que nossa legislação recepcionou a teoria do *dano direto e imediato*, *"mais importante para nós, por ser adotada pelo Código é o estudo da teoria que requer que haja, entre a inexecução da obrigação e o dano, uma relação de causa e efeito, direta e imediata."*[325].

Para essa teoria, o que interessa é o efeito direto e imediato do fato causador e não o remoto ou advindo de outras causas. Apenas aqueles danos que têm relação com o fato ocorrido e não outros que aparecerem. A responsabilidade do autor direto do dano mede-se de acordo com a natureza da lesão. Pelos eventos futuros, provocados por outras causas, o responsável é a pessoa que deu causa a esses outros danos, por sua culpa[326].

No caso do acidente de trânsito que descrevemos acima, a indenização à reparação dos danos resultantes do acidente, em relação ao agente causador da colisão, é apenas referente à colisão em si (causa direta e imediata) e não em razão do falecimento em decorrência da infecção hospitalar (causa mediata ou remota).

O debate sobre as teorias do nexo causal apresenta repercussão quando mais de uma pessoa concorre na produção do evento suscetível de indenização, isto é, na ocorrência de concausas, que são circunstâncias que concorrem, como ensina Sérgio Cavalieri Filho: *"(...) para o agravamento do dano, mas que não tem a virtude de excluir o nexo causal desencadeado pela conduta principal, nem por si só, produzir o dano. O agente suporta esses riscos porque, não fosse a sua conduta, a vítima não se encontraria na situação em que o evento danoso a colocou.*[327]*"*. Essas concausas podem ser *preexistentes, supervenientes* ou *concomitantes*.

Preexistentes são aquelas que já existiam quando da conduta do agente e que são antecedentes ao próprio desencadear do nexo causal como, por exemplo, as condições pessoais de saúde da vítima, bem como as suas predisposições patológicas, que embora agravantes do resultado, não afetarão a responsabilidade do agente[328]. Será irrelevante para a imputação do dano ao agente

---

[325] ALVIM, Agostinho. *Da inexecução das obrigações e suas consequências.* 2. ed. São Paulo: Saraiva, 1955, p. 371.
[326] RIZZARDO, Arnaldo. *Responsabilidade civil: Lei nº 10.406, de 10.01.2002.* Rio de Janeiro: Forense, 2009. p. 77.
[327] CAVALIERI FILHO, Sérgio. *Programa de responsabilidade civil.* 12. ed. São Paulo: Atlas, 2012. p. 83.
[328] CAVALIERI FILHO, Sérgio. *Programa de responsabilidade civil.* 12. ed. São Paulo: Atlas, 2012. p. 83.

se, por exemplo, de uma lesão leve a vítima vier a falecer em decorrência de complicações por ser diabética. O agente responderá pelo evento morte da vítima. O fato da causa diabetes ser preexistente ao evento danoso não elimina a relação causal entre o ato e o evento morte.

Supervenientes são aquelas que ocorrem depois do desencadeamento do nexo causal. Há que se verificar, inicialmente, se a causa posterior interrompe ou não o nexo causal em relação ao primeiro fato. Se não interrompe, em nada favorecerá o agente. Rompendo o nexo causal, como ensina Agostinho Alvim, *"erige-se uma causa direta e imediata de um novo dano"*[329]. Em outras palavras, o rompimento ou não do nexo de causalidade em decorrência do segundo fato, será fator preponderante na imputação de responsabilidade ao agente em relação ao dano suportado.

E, por fim, *concomitantes* são aquelas em que a vítima, por meio de uma conduta omissiva ou comissiva, participa da produção do evento danoso. De acordo com Sérgio Cavalieri Filho, *"(...) a vítima concorre com a sua conduta para o evento juntamente com aquele que é apontado como único causador do dano."*[330].

Com efeito, na hipótese de participação da vítima no dano, ou pelo aumento do dano, quando teria sido possível que ela adotasse condutas para evitar a sua ocorrência ou o seu aumento, será necessário identificar a real participação do agente no ocorrido. A conduta da vítima, ou exclui a responsabilidade do agente ou diminui a sua responsabilidade em face do dano ocorrido.

É certo que o auditor não cria as demonstrações financeiras, os controles internos e as demais informações a serem divulgadas ao mercado por uma determinada entidade. Essa providência cabe aos administradores da entidade, a quem a lei impõe a obrigação de elaborar e divulgar, observando os deveres de diligência inerentes ao cargo.

Nesse sentido, poderemos ter a existência de duas causas na produção do evento danoso, quais sejam, a conduta daqueles que elaboram as demonstrações financeiras, que são os administradores da entidade auditada, e os auditores independentes que falharam nos seus deveres de diligência e não

---

[329] ALVIM, Agostinho..*Da inexecução das obrigações e suas consequências*. 2. ed. São Paulo: Saraiva, 1955, p. 371.
[330] CAVALIERI FILHO, Sérgio. *Programa de responsabilidade civil*. 12. ed. São Paulo: Atlas, 2012. p. 81.

identificaram uma afirmação falsa existente nas demonstrações financeiras auditadas.

Por isso, na responsabilização do auditor, o Juiz deverá verificar a existência de concausas na divulgação de informação financeira com distorções em decorrência de fraude ou erro, através do qual poderá concluir quem foi o causador do dano e distribuir ônus da reparação entre os agentes causadores do dano.

No entanto, na verificação da responsabilidade do auditor independente ganha especial relevo as causas de exclusão do nexo causal, que importam em exclusão da sua responsabilidade.

De acordo com Sérgio Cavalieri Filho, as *"causas de exclusão do nexo causal são, pois, casos de impossibilidade superveniente do cumprimento da obrigação não imputáveis ao devedor ou agente. Essa impossibilidade, de acordo com a doutrina tradicional, ocorre nas hipóteses de caso fortuito, força maior, fato exclusivo da vítima ou de terceiro."*[331]. No entanto, o que nos interessa para o presente estudo são apenas as duas últimas, isto é, o fato exclusivo da vítima e o fato exclusivo de terceiro.

No fato exclusivo da vítima, pondera Silvio Rodrigues[332], o agente que causa diretamente o dano é apenas um instrumento do acidente, não se podendo falar em liame de causalidade entre o seu ato e o prejuízo suportado pela vítima. Nesse caso, conforme Maria Helena Diniz[333], se exclui qualquer responsabilidade do agente causador do dano, devendo a vítima suportar todo o prejuízo.

---

[331] CAVALIERI FILHO, Sérgio. *Programa de responsabilidade civil*. 812. ed. São Paulo: Atlas, 2012. p. 95.

[332] RODRIGUES, Silvio. *Responsabilidade civil*. 12. ed. São Paulo: Saraiva, 1992. p. 166: "Com efeito, em caso de culpa exclusiva da vítima, o agente que causa diretamente o dano é apenas um instrumento do acidente, não se podendo, realmente, falar em liame de causalidade entre seu ato e prejuízo por aquela experimentado".

[333] DINIZ, Maria Helena. *Curso de direito civil brasileiro:* Responsabilidade civil. 25. ed. São Paulo: Saraiva: 2011. v. 7. p. 130: "Por culpa exclusiva da vítima, caso em que se exclui qualquer responsabilidade do causador do dano. A vítima deverá arcar com todos os prejuízos, pois o agente que causou o dano é apenas um instrumento do acidente, não se podendo falar em nexo de causalidade entre a sua ação e a lesão. (...) P. ex. se um indivídio tentar suicidar-se, atirando-se sob as rodas de um veículo, o motorista estará isento de qualquer composição do dano; estando a vítima de atropelamento por trem a caminhar sobre os trilhos, entre duas estações ferroviárias, a fim de tomar o comboio sem bilhete de passagem, sua culpa exclusiva elide a expectativa de ressarcimento.".

Dessa forma, se o comportamento da vítima representar o fato decisivo do evento, haverá a interrupção do nexo causal, não havendo que se falar em responsabilidade do agente. De acordo com Rui Stoco, *"quando se verifica a culpa exclusiva da vítima, tollitur quaestio: inocorre indenização. Inocorre, igualmente, se a concorrência de culpas do agente e da vítima chegarem a um ponto de, compensando-se, anularem totalmente a imputabilidade do dano."*[334].

No que toca a responsabilidade do auditor independente, veremos a seguir que a alegação de fato exclusivo da vítima se trata de uma matéria possível de defesa em eventual ação de responsabilidade.

De igual modo, o auditor independente pode alegar em sua defesa a ocorrência de fato exclusivo de terceiro, quando o fato que desencadeou o dano foi causado por qualquer pessoa além da vítima ou do auditor, isto é, por um terceiro que não tenha qualquer ligação com o auditor ou com o lesado.

Com efeito, o demando pode requerer a sua exclusão de eventual ação de reparação de danos se a ação que provocou o dano foi devida exclusivamente por terceiro[335].

No entanto, pondera Rui Stoco, nas lições de Caio Mario da Silva Pereira, *"para que tal se dê na excludente pelo fato de terceiro, é mister que o dano necessário que o seja causado exclusivamente pelo fato de pessoa estranha. Se para ele tiver, de qualquer modo, concorrido o agente, por mínima que tenha sido a sua ligação causal com o fato, não haverá isenção de responsabilidade; ou o agente responde integralmente pela reparação, ou concorre com o terceiro na composição das perdas e danos."*[336].

Nesse sentido, para que seja a excluída a obrigação de indenizar do autor aparente, é preciso que o fato de terceiro destrua a relação causal entre este e a vítima. Não obstante, se a conduta do autor aparente também concorrer para o resultado, não haverá rompimento do nexo de causalidade, mas a existência

---

[334] STOCO, Rui. *Tratado de responsabilidade civil.* 6. ed. São Paulo: Revista dos Tribunais, 2004. p. 177.

[335] DINIZ, Maria Helena. *Curso de direito civil brasileiro:* Responsabilidade civil. 25. ed. São Paulo: Saraiva: 2011. v. 7. p. 130: "Por culpa de terceiro, isto é, de qualquer pessoa além da vítima ou do agente, de modo que, se alguém for demandado a indenizar um prejuízo que lhe foi imputado pelo autor, poderá pedir a exclusão de sua responsabilidade se a ação que provocou o dano foi devida exclusivamente a terceiro.".

[336] STOCO, Rui. *Tratado de responsabilidade civil.* 6. ed. São Paulo: Revista dos Tribunais, 2004. p. 184.

de uma concausa que fará a distribuição proporcional do ônus de indenizar a vítima entre os diversos coautores do fato danoso[337].

Sendo assim, nas lições de Maria Helena Diniz[338], para que o fato de terceiro provoque o rompimento do nexo de causalidade entre o autor aparente a vítima, faz-se necessário, (a) um nexo de causalidade entre o fato de terceiro e o dano suportado pela vítima, de modo que não poderá haver qualquer liame causal entre a conduta do autor aparente e o dano, sob pena de configurar uma concausa apta a distribuição do ônus de indenizar, (b) que o fato de terceiro seja ilícito, e (c) que o acontecimento seja absolutamente imprevisível e inevitável.

6.4. Responsabilidade objetiva. Breves considerações

Vimos até o momento que o elemento culpa é indispensável para a responsabilidade, sendo, portanto, regra geral a responsabilidade objetiva, cuja tríade da conduta culposa, dano e nexo causal são seus pressupostos essenciais.

Contudo, o parágrafo único do artigo 927 do Código Civil[339] contém um segundo modal de responsabilidade civil denominada objetiva, cujo elemento culpa é abstraído como pressuposto do dano indenizável. Nos dizeres de Agostinho Alvim:

---

[337] CAVALIERI FILHO, Sérgio. *Programa de responsabilidade civil*. 812. ed. São Paulo: Atlas, 2012. p. 97.

[338] DINIZ, Maria Helena. *Curso de direito civil brasileiro*: Responsabilidade civil. 25. ed. São Paulo: Saraiva: 2011. v. 7. p. 132: "Para que ocorra a força exoneratória do fato de terceiro, será imprescindível: 1) um nexo de causalidade, isto é, que o dano se ligue ao fato de terceiro por uma relação de causa e efeito; logo, não poderá haver liame causal entre o aparente responsável e o prejuízo causado à vítima; 2) que o fato de terceiro não haja sido provocado pelo ofensor, pois a responsabilidade do ofensor será mantida se ele concorrer com a do terceiro, salvo se o ofensor provar que houve culpa exclusiva de terceiro; 3) que o fato de terceiro seja ilícito; 4) que o acontecimento seja normalmente imprevisível e inevitável, embora não seja necessária a prova de sua absoluta irresistibilidade e imprevisibilidade.".

[339] Código Civil: Artigo 927 (...) Parágrafo único: "Haverá obrigação de reparar o dano, independente de culpa, nos casos especificados em lei, ou quando a atividade normalmente desenvolvida pelo autor do dano implicar, por sua natureza, risco para os direitos de outrem.".

O fundamento da teoria objetiva consiste em eliminar a culpa como requisito do dano indenizável, ou seja, admitir a responsabilidade sem culpa, e isso porque cada um deve responder pelo risco dos seus atos. Pela teoria clássica, seria inconcebível atribuir a responsabilidade de um dano a alguém, uma que não fosse possível culpá-lo pelo fato danoso[340].

Rui Stoco afirma que consiste no seguinte:

> (...) no abandono disfarçado ou ostensivo, conforme o caso, do princípio da culpa como fundamento único da responsabilidade. Em teoria, a distinção subsiste, ilustrada por um exemplo prático: no sistema da culpa, sem ela, real ou artificialmente criada, não há responsabilidade; no sistema objetivo, responde-se em culpa, ou melhor, esta indagação não tem lugar [341].

Sérgio Cavalieri Filho, afirma que

> A expressão 'independentemente de culpa' contida nesse dispositivo indica que foi aqui consagrada uma cláusula geral de responsabilidade objetiva. Tão ampla e abrangente que, se interpretada literalmente, todos os que exercem alguma atividade de risco passarão a responder objetivamente, até quando estivermos dirigindo nosso veículo particular e formos envolvidos em um acidente. É que na sociedade moderna todas ou quase todas as atividades implicam algum risco [342].

Contudo, para imputação do dano independentemente de culpa, faz-se necessário o preenchimento de dois pressupostos contidos na norma, quais sejam, uma *atividade normalmente desenvolvida* que *por sua natureza implicar em*

---

[340] ALVIM, Agostinho. *Da inexecução das obrigações e suas consequências*. 2. ed. São Paulo: Saraiva, 1955, p. 328.
[341] STOCO, Rui. *Tratado de responsabilidade civil*. 6. ed. São Paulo: Revista dos Tribunais, 2004. p. 149.
[342] CAVALIERI FILHO, Sérgio. *Programa de responsabilidade civil*. 812. ed. São Paulo: Atlas, 2012. p. 254.

risco. Cumpre então examinar esses dois pressupostos, isto é, em linhas gerais, o que é atividade que implicar risco.

O sentido da expressão *atividade normalmente desenvolvida* não se refere à conduta isolada de um indivíduo, mas sim aquele que exerce uma atividade econômica organizada para a produção ou a circulação de bens ou de serviços.[343].

Além disso, essa atividade deve, por sua natureza implicar em risco, que consiste naquele que intrinsecamente ligado à própria natureza da atividade, à sua qualidade ou modo de realização, de forma que o seu exercício, implica em expor o usuário a segurança e a incolumidade de terceiros a um perigo, como por exemplo, transporte de passageiros, independente do modal utilizado, serviços hospitalares, fornecimento de luz, água, gás, atividade nuclear, refino, distribuição e comercialização de combustíveis, dentre outros.

Com efeito, em linhas gerais, há uma imputação de responsabilidade objetiva, ou sem culpa, quando o autor do dano exerce uma atividade econômica organizada para a produção ou a circulação de bens ou de serviços que, pela natureza destes, ou a sua qualidade ou modo de prestação (de serviços) ou fornecimento (de bens) expõe a segurança e a incolumidade de terceiros a um perigo. Nesse caso, bastará a vítima comprovar o dano e o nexo de causalidade, para imputação da responsabilidade civil objetiva ao agente.[344].

---

[343] CAVALIERI FILHO, Sérgio. *Programa de responsabilidade civil*. 12. ed. São Paulo: Atlas, 2012. p. 255: "Agora, quando quis configurar a responsabilidade objetiva em uma cláusula geral, valeu-se da palavra "atividade". Isso, a toda evidência, faz sentido. Aqui não se tem em conta a conduta individual, isolada, mas sim a atividade como conduta reiterada, habitualmente exercida, organizada de forma profissional ou empresarial para realizar fins econômicos. Reforça essa conclusão o fato de que a doutrina e a própria lei utilizam a palavra "atividade" para designar serviços. No Direito Administrativo, por exemplo, define-se serviço público com o emprego da palavra 'atividade'. No plano da lei – o que é ainda mais eloquente -, o Código de Defesa do Consumidor, no 2º do seu art. 3º, dispõe: 'Serviço é qualquer atividade fornecida no mercado de consumo (...).' Logo, não há como afastar a ideia, já consagrada pela lei e pela doutrina, de que atividade indica serviço, ou seja, atuação reiterada, habitual, organizada profissional ou empresarialmente para realizar fins econômicos.".

[344] CAVALIERI FILHO, Sérgio. *Programa de responsabilidade civil*. 12. ed. São Paulo: Atlas, 2012. p. 267: "Mesmo na responsabilidade objetiva- não será demais repetir – é indispensável o nexo casual. Esta é a regra universal, quase absoluta, só excepcionando nos raros casos em que a responsabilidade é fundada no risco integral, o que não ocorre no dispositivo em exame. Inexistindo relação de causa e efeito, ocorre a exoneração da responsabilidade. Indaga-se, então: quando o empresário poderá afastar seu dever de indenizar pelo fato do

6.5. Responsabilidade civil contratual

Com vimos anteriormente, a responsabilidade civil é tradicionalmente bipartida em contratual e extracontratual ou *aquiliana*, de sorte que em ambas as espécies, não há responsabilidade, sem a violação de um dever jurídico preexistente. Enquanto que na responsabilidade extracontratual ou *aquiliana* a responsabilidade importa na violação de um dever estabelecido em lei ou na ordem jurídica, como por exemplo, o dever de *não causar dano a outrem*, por sua vez, na responsabilidade contratual, a fonte do dever preexistente é a vontade das partes contratantes, materializada na relação jurídica preexistente entre o autor do dano e a parte lesada.

Conforme postula Marcelo Benacchio:

> A diferença entre responsabilidade civil contratual e extracontratual reside na diversidade estrutural, ou seja, a primeira configura-se pela lesão de uma obrigação funcional à realização de um direito, e a segunda, i.e. extracontratual, reside na lesão a um direito, diferença que torna impraticável a redução da responsabilidade civil a uma categoria única [345].

Outra diferença relevante, além da fonte do dever se preexistente em um contrato ou na norma, evidencia-se na distribuição do ônus da prova. De acordo com Sergio Cavalieri Filho:

> (...) diz respeito ao ônus da prova quanto à culpa. Na responsabilidade contratual, a culpa de regra, é presumida; inverte-se, então, o ônus da prova, cabendo ao credor demonstrar, apenas que a obrigação não

produto ou do serviço? Tal como no Código do Consumidor, a principal causa de exclusão de responsabilidade do empresário será a inexistência de defeito. Se o produto ou serviço não tem defeito não haverá relação de causalidade entre o dano e a atividade empresarial. O dano terá decorrido de outra causa não imputável ao fornecedor de serviço ou fabricante do produto. Mas se defeito existir, e dele decorrer o dano, não poderá o empresário alegar a imprevisibilidade, nem a inevitabilidade, para se eximir do dever de indenizar. Teremos o chamado fortuito interno, que não afasta a responsabilidade do empresário.".

[345] BENACCHIO, Marcelo. *Responsabilidade civil contratual*. 1ª ed. São Paulo: Saraiva, 2011. p. 127.

foi cumprida; o devedor terá que provar que não agiu com culpa, ou então, que ocorreu alguma causa excludente do próprio nexo causal. (...) Na responsabilidade extracontratual subjetiva – estamos todos lembrados – a regra é a culpa provada, ônus cabe a vítima, admitindo-se apenas excepcionalmente a culpa presumida"[346].

Sergio Cavalieri Filho afirma como primeiro pressuposto da responsabilidade contratual, *"a existência de um contrato válido entre o devedor e o credor. É a norma convencional que define o comportamento a que os contratantes estão adstritos e impõe-lhes a observância de deveres específicos."* [347].

Em assim sendo, conforme Marcelo Benachio:

> A exigência que ora se coloca é que o contrato existente tenha aptidão para a produção dos efeitos jurídicos condizentes à sua figura jurídica, de que ficam excluídas todas as relações jurídicas contratuais que padeçam de vícios em sua gênese ou no seu desenvolvimento, a lhe retirar os efeitos jurídicos concedidos pelo ordenamento jurídico[348],

Outro pressuposto é a inexecução contratual, que se traduz na ocorrência do ilícito contratual, que se materializa por meio da mora e do inadimplemento[349]. De acordo com o artigo 475 do Código Civil, *"a parte lesada pelo inadimplemento pode pedir a resolução do contrato, se não preferir exigir-lhe o cumprimento, cabendo, em qualquer dos casos, indenização por perdas e danos."* [350].

---

[346] CAVALIERI FILHO, Sérgio. *Programa de responsabilidade civil*. 12. ed. São Paulo: Atlas, 2012, p. 373.
[347] CAVALIERI FILHO, Sérgio. *Programa de responsabilidade civil*. 12. ed. São Paulo: Atlas, 2012. p. 376.
[348] BENACCHIO, Marcelo. *Responsabilidade civil contratual*. 1ª ed. São Paulo: Saraiva, 2011, p. 99.
[349] CAVALIERI FILHO, Sérgio. *Programa de responsabilidade civil*. 12. ed. São Paulo: Atlas, 2012 p. 382.: "Há mora quando, muito embora não cumprida a obrigação no lugar , no tempo e na forma convencionados, ainda subsiste a possibilidade do cumprimento; o devedor ainda pode cumprir a obrigação, com proveito para o credor. Há inadimplemento absoluto quando a obrigação não foi cumprida, nem mais subsiste para o credor a possibilidade de receber a prestação.".
[350] ROSENVALD, Nelson, In: PELUSO, Cesar (Coord) *Código civil comentado*. São Paulo: Manole, 2007, p. 368/369: "Com efeito, cabe à parte lesada julgar se o inadimplemento gerou a inutilidade da prestação ou se, não obstante o descumprimento, ela ainda lhe é interessante.

A responsabilidade do contratante se fundamenta na situação jurídica de atraso ou incumprimento da obrigação assumida, de modo completo, no tempo e lugar determinado no contrato. De acordo com Sergio Cavalieri Filho, *"(...) as obrigações assumidas no contrato – não é demais repetir – devem ser fielmente executadas. Haverá responsabilidade contratual, sempre que a inexecução do contrato decorrer de fato imputável ao devedor."*[351].

Os demais pressupostos – o dano e o nexo de causalidade – são idênticos aos da responsabilidade civil extracontratual ou *aquiliana*, que tratamos mais acima. Com efeito, em relação ao primeiro, devemos lembrar que na configuração de um dano indenizável, não basta que seja um dano econômico. É fundamental que o dano seja traduzido em uma lesão a um bem jurídico protegido, garantido ao indivíduo, isto é, cuja integridade a norma proteja. O que orientará a fixação do dever ressarcitório pelo Estado-Juiz. Com isso, nas lições de Caio Mario da Silva Pereira, "é *a lesão ao direito ou interesse da vítima, e não a sua extensão pecuniária."*[352].

E, com relação ao nexo de causalidade, vale relembrar que o Código Civil recepcionou a teoria do *dano direto e imediato*. Para essa teoria, o que interessa é o efeito direto e imediato do fato causador e não o remoto ou advindo de outras causas. Apenas aqueles danos que têm relação com o fato ocorrido e não outros que aparecerem. A responsabilidade do autor direto do dano é medida de acordo com a natureza da lesão. Pelos eventos futuros, provocados por outras causas, o responsável é a pessoa que deu causa a esses outros danos, por sua culpa[353].

Note-se que os pressupostos e a dinâmica da responsabilidade civil contratual são – exceto algumas especificidades, como por exemplo, a distribuição do ônus da prova – é idêntica a responsabilidade civil extracontratual, o que leva a doutrina rechaçar a dicotomia entre responsabilidade civil contratual e extracontratual.

No primeiro caso, diante do inadimplemento absoluto restará apenas a demanda resolutória (art. 395, parágrafo único, do CC). Mas, se a prestação ainda for viável ao credor, a hipótese ainda é de mora, o que justifica a manutenção da relação contratual.".
[351] CAVALIERI FILHO, Sérgio. *Programa de responsabilidade civil*. 12. ed. São Paulo: Atlas, 2012, p. 377.
[352] PEREIRA, Caio Mário da Silva. *Responsabilidade civil*. Rio de Janeiro: Forense, 1999, p. 39.
[353] RIZZARDO, Arnaldo. *Responsabilidade civil: Lei nº 10.406, de 10.01.2002*. Rio de Janeiro: Forense, 2009. p. 77.

Fernando Pessoa Jorge argumenta o seguinte:

> Não nos parece, todavia, que estas diferenças de regime sejam suficientes para afirmar uma distinção essencial entre as duas responsabilidades. Na verdade, variados preceitos incluídos no capítulo da responsabilidade aquiliana aplicam-se *expressis verbis* à violação de 'deveres decorrentes de negócios jurídicos', que não vemos possam ser outra coisa senão a obrigações[354].

Sergio Cavalieri Filho afirma que:

> Tão mínima é a diferença que, a rigor, não há distinção substancial entre a responsabilidade contratual e a extracontratual. Na essência, ambas decorrem da violação de dever jurídico preexistente. A distinção é tão insignificante que até já existe movimento no sentido de unificação das responsabilidades[355].

Ora, se na responsabilidade contratual ou extracontratual, os pressupostos para imputação de danos são os mesmos, qual o significado de se buscar uma responsabilização sob uma ou outra, se o efeito almejado será o mesmo?

Na responsabilidade contratual, ainda que na fase pré-contratual ou negocial, ou já há um programa contratual identificado, onde consta as expectativas de cooperação e o que as partes almejam com aquela relação jurídica, de modo que a tarefa investigativa das partes e a verificação da violação de um dever é muito mais fácil que a prova da culpa imposta pela responsabilidade extracontratual ou *aquiliana*[356].

---

[354] PESSOA JORGE, Fernando. *Ensaio sobre os pressupostos da responsabilidade civil*. Coimbra: Almedina, 1995, p. 41.

[355] CAVALIERI FILHO, Sérgio. *Programa de responsabilidade civil*. 12. ed. São Paulo: Atlas, 2012. p. 372-373.

[356] MACHADO DE MELO, Diogo. *Notas sobre a responsabilidade pós-contratual*. (In Nanni, Giovanni Ettore, cord.) *Temas relevantes de direito civil contemporâneo. Estudos em homenagem ao professor Renan Lotufo*. São Paulo: Atlas, 2008, p. 436: "Apesar de tais argumentos, mesmo diante da existência de um dever legal de agir conforme a boa-fé (CC, art. 187), a violação dos deveres laterais não gera o enquadramento genérico na responsabilidade extracontratual, e sim na responsabilidade contratual. Ao contrário do acima afirmado, a adoção das regras de

Não obstante, é na obrigação vista como relação jurídica complexa e dinâmica – não estanque no conceito de débito e crédito, mas fundada em um plexo direitos e deveres[357] – que erigem os deveres laterais de conduta e impõe às partes, mesmo na fase pré-contratual, como na fase pós-contratual, uma postura afinada com os ditames da irradiados pela boa-fé, cuja violação dá ensejo a responsabilidade pelos ditames do regime dito contratual, independente do aperfeiçoamento do contrato, ou após a sua extinção.

6.5.1. A boa-fé e a criação de deveres jurídicos

Nesse momento do desenvolvimento do trabalho, torna-se importante abordarmos os deveres jurídicos irradiados pelo princípio da boa-fé, especialmente para a definição, mais adiante, de um critério de responsabilização do auditor independente em face do *usuário identificado* que se trata de um terceiro que não integra a relação jurídica contratual mantida entre a entidade auditada e a auditoria independente, mas o auditor sabe que este terceiro usará o relatório de auditoria e as demonstrações financeiras auditadas para uma finalidade específica.

O princípio da boa-fé[358] aloca em cada relação contratual a obrigação das partes – não só entre elas, mas também em relação a terceiros – a agirem

---

responsabilidade contratual não gera dificuldades. Ao contrário do sustentado pelo mestre português, a demonstração da ofensa a um dos deveres laterais dos contratos, em razão de uma relação contratual já existente, com todos os dados e programa contratual identificados, onde já consta o acordo entre as partes (seja ela credora ou devedora), é infinitamente mais fácil a prova da culpa genérica imposta pela responsabilidade extracontratual.".
[357] SILVA, Clóvis do Couto. *A obrigação como processo*. São Paulo: FGV, 2006, p. 19: "A relação obrigacional pode ser entendida em sentido amplo ou em sentido estrito. Lato sensu, abrange todos os direitos, inclusive os formativos, pretensões, ações, deveres (principais, secundários, dependentes, independentes), obrigações, exceções e ainda posições jurídicas. (...) o débito e crédito não aparecem no vínculo como os únicos elementos existentes, mas ao lado de outros igualmente importantes, como os direitos formativos e as posições jurídicas.".
[358] O Código Civil, em seu artigo 422, estabelece que os contratantes são obrigados a guardar, assim na conclusão do contrato, como em sua execução, os princípios da probidade e boa-fé. Esse artigo do Código Civil refere-se à boa-fé objetiva e não à boa-fé subjetiva. Acerca da diferença entre boa-fé subjetiva e objetiva, Judith Martins Costa (in MARTINS-COSTA, J. *A boa-fé no direito privado: sistema e tópica no processo obrigacional*. São Paulo: Revista dos Tribunais, 1999. p. 410) nos esclarece que: "(...) A expressão "boa-fé subjetiva" denota "estado de consciência", ou convencimento individual de obrar em conformidade ao direito aplicável, em

de acordo com determinados padrões de lealdade e correção na fase pré-contratual, durante a execução do contrato e na fase pós-contratual. Paolo Gallo[359] afirma que a boa-fé se revela sobre vários aspectos da sua incidência, em fases distintas do contrato, isto é, nas negociações e na execução e até após a sua extinção.

Na medida em que o relatório de auditoria incita uma *confiança* neste terceiro para a tomada de uma decisão de investimento, nas lições de Manuel A. Carneiro Frada[360], forma-se uma relação específica entre o auditor e o terceiro

---

regra, ao campo dos direitos reais, especialmente em matéria possessória. Diz-se "subjetiva" justamente porque, para a sua aplicação, deve o intérprete considerar a intenção do sujeito da relação jurídica, o seu estado psicológico ou íntima convicção. Antitética à boa-fé subjetiva está a má-fé, também vista subjetivamente como a intenção de lesar a outrem. (...) A boa-fé subjetiva denota, portanto, primariamente, a ideia de ignorância, de crença errônea, ainda que escusável, acerca da existência de uma situação regular, crença (e ignorância escusável) que repousam seja no próprio estado (subjetivo) da ignorância (as hipóteses do casamento putativo, da aquisição da propriedade alheia mediante usucapião), seja numa errônea aparência de certo ato (mandato aparente) (...). Já por "boa-fé objetiva" se quer significar – segundo a conotação que adveio da interpretação conferida ao § 242 do Código Civil alemão, de larga força expansionista em outros ordenamentos, e, bem assim, daquela que lhe é atribuída nos países da "common law" – modelo de conduta social, arquétipo ou "standart" jurídico, segundo o qual 'cada pessoa deve ajustar a própria conduta a esse arquétipo, obrando como obraria um homem reto: com honestidade, lealdade, probidade'. Por este modelo objetivo de conduta levam-se em consideração os fatores concretos do caso, tais como o status pessoal e cultural dos envolvidos, não se admitindo uma aplicação mecânica do "standard", de tipo meramente subjuntivo (...). A boa-fé objetiva qualifica, pois, uma norma de comportamento leal. É, por isso mesmo, uma norma necessariamente nuançada, a qual, contudo, não se apresenta como um 'princípio geral' ou como uma espécie de panaceia de cunho moral incidente da mesma forma a um número indefinido de situações. Não é possível, efetivamente, tabular ou arrolar, a priori, o significado da valoração a ser procedida mediante a boa-fé objetiva, porque se trata de uma norma cujo conteúdo não pode ser rigidamente fixado, dependendo sempre das concretas circunstâncias do caso.".

[359] Conforme: GALLO, Paolo. *Tratatto del contratto. 2. Il contenuto – gli effetii*. Torino: Utet Giuridica, 2010, p. 1373: "La buona fede rilea in ambito contrattuale sotto molteplici profili. (...) Questo non toglie peraltro chem per lo meno da un punto di vista teorico, sia possibile distinguere due diversi fasi di rilevanza della buona fede, vale a dire a) le trattative e b) l'esecuzione del contratto.". (Tradução livre: A boa-fé na contratação tem múltiplos aspectos, (...), pelo menos, de um ponto de vista teórico, é possível distinguir duas fases diferentes da importância da boa-fé, ou seja, a) as negociações preliminares b), a execução do contrato.).

[360] FRADA, Manuel A. Carneiro. *Uma terceira via no direito da responsabilidade civil*. Coimbra: Almedina, 1997, p. 108: "Se, portanto, à data da publicação dos resultados da auditoria, a forma de auditoria conhecia (ou devia conhecer esse processo) de modo a ter consciência da influência que, em termos de razoabilidade, poderia exercer no seu desenrolar perante

usuário identificado, cujo conteúdo se dá pelos deveres irradiados pela boa-fé e cuja fonte é uma situação objetiva de negociação (pré-contratual) ou uma situação de contratação do investimento.

De acordo com Fernando Noronha[361], a boa-fé constitui um dever de agir das partes contratantes que deve estar presente nas negociações que precedem o contrato, na conclusão deste, na sua interpretação e na sua execução. Traduz-se no dever de cada parte agir de forma a não frustrar a *confiança* da outra parte ou de terceiros envolvidos indiretamente na relação contratual.

Constitui, ainda, segundo o autor[362], no ponto de vista do direito dos contratos, a tutela da ordem, da segurança necessária para a realização das finalidades do contrato, com ênfase para a produção e distribuição de bens e serviços, através da tutela das expectativas legítimas das partes.

Adverte Karl Larenz[363] que a boa-fé dirige-se ao devedor como mandado de cumprimento da obrigação assumida, atendendo não só a letra da relação obrigacional, mas também ao espírito dessa relação, isto é, aquilo que o credor espera dele devedor. Dirige-se, ainda ao credor, como mandado de exercer a sua posição, de acordo com o direito que lhe corresponde, segundo a confiança depositada pelo devedor e para ambos, devedor e credor, como mandado de

---

certos terceiros. Esse conhecimento permitirá então afirmar uma relação especial entre ela e esses terceiros.".

[361] NORONHA, Fernando. *O direito dos contratos e seus princípios fundamentais (autonomia privada, boa-fé, justiça contratual)*. 1ª ed. São Paulo: Saraiva, 1994, p. 150: "O dever de agir de acordo com a boa-fé está presente quer nas negociações que precedem o contrato, quer na conclusão deste, quer ainda na sua interpretação.".

[362] NORONHA, Fernando. *O direito dos contratos e seus princípios fundamentais (autonomia privada, boa-fé, justiça contratual)*. 1ª ed. São Paulo: Saraiva, 1994, p. 150.

[363] LARENZ, Karl, *Derecho de obligaciones*, Madrid: Ed. Revista de Derecho Privado, 1959, p. 148, *apud* NORONHA, Fernando. *O direito dos contratos e seus princípios fundamentais (autonomia privada, boa-fé, justiça contratual)*. 1ª ed. São Paulo: Saraiva, 1994. p. 147: "(...) em primeiro lugar, dirige-se ao devedor, como mandado de cumprir a sua obrigação, atendo-se não só a letra, mas também ao espírito da relação obrigacional correspondente e na forma que o credor possa razoavelmente esperar dele. Em segundo lugar, dirige-se ao credor, como mandado de exercer o direito que lhe corresponde, atuando segundo a confiança depositada pela outra parte e a consideração altruísta que essa outra parte possa pretender segundo a classe de vinculação especial existente. Em terceiro lugar, dirige-se a todos os participantes da relação jurídica em questão, com o mandado de se conduzirem conforme corresponder em geral o sentido e à finalidade desta especial vinculação e a uma consciência honrada.".

se conduzirem de acordo com uma consciência honrada e de acordo com a finalidade da relação obrigacional.

Como sabemos, as partes não conseguem prever e regulamentar todos os fatos e acontecimentos futuros no contrato, de modo que sempre fica aberto um campo de atuação, cuja conduta será pautada na lealdade e na confiança recíproca para o preenchimento desse campo ou lacuna do programa contratual. Isto é, a conduta das partes, nesses casos, pautar-se-á pela boa-fé.

Nesses casos, a boa-fé atuará na órbita da relação contratual exercendo função interpretativa e integrativa ao contrato, com vistas a determinar o real sentido das estipulações contidas no contrato (função interpretativa), bem como na criação de deveres de comportamento das partes, ainda que não previstos no contrato ou na lei (função integrativa).

A função interpretativa decorre da previsão contida no Código Civil (art. 113) de que os negócios jurídicos devem ser interpretados conforme a boa-fé e os usos do lugar de sua celebração, sendo que essa função, para Fernando Noronha[364], tem dois desdobramentos: o primeiro, que os negócios jurídicos devem ser interpretados em seu sentido objetivo, aparente, salvo quando o destinatário conheça a vontade real do declarante ou devesse conhecer se agisse de modo diligente. E o segundo, quando o sentido objetivo do comando normativo previsto no contrato suscite dúvidas, dever-se-á adotar o entendimento de que a boa-fé aponta como o mais razoável, de modo que assegure a preservação do contrato ou do negócio jurídico unilateral.

A segunda função que se desdobra do princípio da boa-fé[365] é a integrativa e possui maior relevância para o estudo que se desenvolve no presente trabalho.

Explicando a função integrativa da boa-fé, Paollo Gallo diz que o princípio da boa-fé faz brotar uma pluralidade de deveres acessórios à obrigação

---

[364] NORONHA, Fernando. *O direito dos contratos e seus princípios fundamentais (autonomia privada, boa-fé, justiça contratual)*. 1ª ed. São Paulo: Saraiva, 1994, p. 152.

[365] Conforme: CORDEIRO, Antonio Menezes. *Da pós-eficácia das obrigações*. Em: *Estudos de Direito Civil*. vol. I. Coimbra: Almedina, 1994, p. 168.: "a boa-fé não deve, como sucede correntemente, a ser citada apenas como mero arrimo verbal dos passos efectuados ou como simples meio de justificar, a nível de plausibilidade, uma solução baseada noutras latitudes (...). Na busca de fórmulas concretizadoras está a fundamentação da c.p.p.f [responsabilidade pós-contratual] através da boa-fé. Como elementos mediadores, têm sido apontados: princípio da confiança, lealdade, protecção".

principal, mesmo se eles não estão especificamente previstos no contrato ou na lei[366].

De fato, a função integrativa da boa-fé tem como finalidade irradiar na relação contratual deveres de conduta que são denominados de *laterais* das obrigações e dos contratos.

Sobre o desdobramento desses deveres jurídicos no âmbito das obrigações, Antunes Varella[367] explica que os chamados *deveres principais ou típicos*, são aqueles que definem o núcleo, o tipo da relação, são aqueles que se traduzem na realização da prestação debitória, ou com mais precisão, da prestação principal.

Para Rogério Doninni[368] os chamados *deveres principais* correspondem ao dever de realizar a prestação, por exemplo, como a obrigação assumida pelo devedor consistente na entrega ao credor de um bem móvel.

Como corolários dos *deveres principais*, surgem os *deveres secundários* que estão a ele relacionados e têm por finalidade, complementá-los. De acordo com Antunes Varella[369], são destinados a preparar o cumprimento ou a assegurar a perfeita execução da prestação principal.

São dirigidos à realização de prestações específicas mais diferentes da relação principal, tendo como finalidade exclusiva a realização desta, como por exemplo, o dever de guardar a coisa entregue, o de acondicioná-la para transporte ou do locador, de entregar a coisa quando findar a locação[370].

---

[366] Conforme: GALLO, Paolo. *Tratatto del contratto. 2. Il contenuto – gli effetii*. Torino: Utet Giuridica, 2010, p. 1373: "Nessuno dubita infatti più che dal principio di buona fede posso scaturire una pluralità di doveri accessori che fanno corona rispetto all'obbligazione principale, anche nel caso in cui non siano specificamente previsti dal contratto o dalla legge.". (Tradução livre: Ninguém duvida que, de fato, a maior parte do princípio da boa-fé pode surgir uma série de direitos acessórios que coroa a obrigação principal, mesmo que não seja especificamente exigido pelo contrato ou pela lei.).

[367] VARELLA, João Matos Antunes. *Das obrigações em geral*. v.1. Coimbra: Almedina, 10ª ed., 2000, p. 122-124.

[368] DONNINI, Rogério. *Responsabilidade civil pós-contratual no direito civil, no direito do consumidor, no direito do trabalho, no direito ambiental e no direito administrativo*. São Paulo: Saraiva. 3. ed., 2011. p. 81.

[369] VARELLA, João Matos Antunes. *Das obrigações em geral*. v.1. Coimbra: Almedina, 10ª ed., 2000, p. 122-124.

[370] NORONHA, Fernando. *O direito dos contratos e seus princípios fundamentais (autonomia privada, boa-fé, justiça contratual)*. 1ª ed. São Paulo: Saraiva, 1994, p. 163.

Há, ainda, uma terceira modalidade de deveres no âmbito da relação obrigacional, que se trata do mais importante dever criado pela integração dos contratos por meio da boa-fé: são os chamados *deveres laterais*, cuja finalidade é proteger a pessoa e os bens da outra parte contra riscos de danos e, em geral, auxiliar na realização das finalidades da própria relação obrigacional[371].

De acordo com Fernando Noronha[372], não se traduzem em prestações específicas, identificáveis antecipadamente para que o credor pudesse exigir o seu cumprimento. Esses deveres têm como fundamento o princípio da boa-fé e só são identificáveis em cada caso concreto, quando apontados como violados e que provocaram danos. O autor aponta como exemplo de *dever lateral* imposto pela boa-fé aquele que obriga o vendedor a eventualmente dar assistência ao comprador de um imóvel, caso seja necessário proceder alguma retificação de registro imobiliário, cuja intervenção do vendedor seja condição indispensável para a sua realização.

Carlyle Popp afirma que os deveres laterais, em regra, são indisponíveis e não admitem convenção em contrário:

> Isto porque, se admitida fosse a cindibilidade do direito da parte, seria o mesmo que se permitir a possibilidade de os negociadores agirem sem boa-fé. Apesar disso, excepcionalmente, desde que mantida a essência do dever de correção e lealdade e não se possa cogitar de desequilíbrio, mediante instrumento expresso e escrito, pode-se admitir a disponibilidade de alguns deveres específicos, como acontece, v.g., com o dever de sigilo. Ora, se constar em minuta de acordo parcial a dispensabilidade do segredo das negociações, por exemplo, nenhum ilícito cometerá aquele que, moderadamente, expressar-se sobre os tratos.[373]

---

[371] VARELLA, João Matos Antunes. *Das obrigações em geral*. v.1. Coimbra: Almedina, 10ª ed., 2000, p. 122-124.

[372] NORONHA, Fernando. *O direito dos contratos e seus princípios fundamentais (autonomia privada, boa-fé, justiça contratual)*. 1ª ed. São Paulo: Saraiva, 1994, p. 162.

[373] POPP, Carlyle. *A responsabilidade civil pré-negocial*: o rompimento das tratativas. Curitiba: Juruá, 2001, p. 196-197.

Os *deveres laterais* são todos aqueles decorrentes da situação jurídica obrigacional cujo escopo não seja diretamente a realização ou substituição da prestação, sendo possível concluir, assim, que esses deveres estão presentes, em maior ou menor grau, no conteúdo normativo das relações obrigacionais[374].

Constituem deveres laterais[375], a lealdade, a correção, a informação, o sigilo, o segredo, a segurança, a cooperação, o cuidado e a proteção. Menezes Cordeiro[376] agrupou esses *deveres laterais* em três categorias. Vejamos:

Os deveres de proteção: referem-se à obrigação das partes de evitar a ocorrência de danos mútuos nas suas pessoas ou nos seus patrimônios. Para melhor compreensão, Menezes Cordeiro traz um exemplo da jurisprudência alemã sobre o tema:

> Um telhador que pretendia tirar medidas para uma placa de zinco, a instalar num telheiro, caiu através de uma tábua podre colocada no topo da construção e feriu-se com gravidade. O BGB entendeu que o proprietário, por força do contrato celebrado, devia ter tomado medidas convenientes para manter a segurança do local, tanto mais que sabia da necessidade que o encarregado da obra tinha de franquear. Não o fazendo, violou esse dever de segurança, derivado da de boa-fé.[377]

Os deveres de esclarecimento: obrigam as partes a informarem-se mutuamente de todos os aspectos atinentes ao vínculo, de ocorrências que, com a execução do contrato, tenham certa relação e, ainda de todos os efeitos que da execução contratual possam advir. O campo mais produtivo no domínio do dever de esclarecimento é o dos contratos de prestação de serviços médicos, visto que este dever obriga o profissional da saúde a informar o paciente de todos

---

[374] FERREIRA DA SILVA, Jorge Cesa. *A boa-fé e a violação positiva do contrato*. Rio de Janeiro: Renovar, 2002, p. 75.

[375] Vale registrar que o rol de deveres laterais não é taxativo. Isto porque derivam da boa-fé positivada no Código Civil, cuja vagueza semântica que caracteriza os seus termos permite a incorporação de princípios, diretrizes e máximas de conduta que permitem a sua ampliação ou redução diante do caso concreto ou em relação ao tempo.

[376] MENEZES CORDEIRO, Antônio Manoel da Rocha e. *Da boa-fé no direito civil*. v. 1. Coimbra: Almedina, 1984, p. 615/620.

[377] MENEZES CORDEIRO, Antônio Manoel da Rocha e. *Da boa-fé no direito civil*. v. 1. Coimbra: Almedina, 1984, p. 604.

os efeitos típicos das terapias prescritas, bem como os possíveis efeitos que estas possam acarretar.

Os deveres de lealdade: obrigam as partes a absterem-se de comportamentos que possam desvirtuar os objetivos da relação contratual ou desequilibrar as prestações. Decorre ainda desses deveres uma atuação positiva das partes contratantes, com a concretização de deveres de não concorrência, de sigilo e de atuação com vistas a preservar o objetivo e a economia do contrato.

Carlyle Popp[378] explica que o dever de sigilo não é absoluto, devendo ceder quando um valor mais alto se levanta. Este valor, contudo, é determinado pelos fatos e não pela vontade das partes. Destarte, a disponibilidade do sigilo por mera vontade delas, não se aplica ao sigilo profissional.

Paolo Gallo[379] denomina o dever de esclarecimento sistematizado por Menezes Cordeiro como dever de informação, cuja função é atribuir às partes o dever de comunicar todas as circunstâncias relevantes para o desempenho do programa contratual, especialmente no caso de fatos que possam dificultar, atrasar ou impossibilitar o adimplemento do contrato.

Sobre os deveres de lealdade, Paolo Gallo afirma que este não se trata apenas de um dever de abstenção, mas também um dever de cooperação ativa entre as partes. Nessa perspectiva, é considerado contrário ao comportamento de boa-fé o ato do vendedor em potencial que se absteve de colaborar com o

---

[378] POPP, Carlyle. *A responsabilidade civil pré-negocial*: o rompimento das tratativas. Curitiba: Juruá, 2001, p. 208.

[379] Conforme: GALLO, Paolo, *Tratatto del contratto. 2. Il contenuto – gli effetii*. Torino: Utet Giuridica, 2010. p. 1378/1380: "(...) il principio di buona fede impone infatti di comunicare tutte le circostanze rilevanti ai fini dell'adempimento; specie nel caso in cui si verifichino circostanze sopravvenute che potrebbero ostacolare, ritardare o rendere impossibille l'adempimento. (...) Dal principio di buona fede possono poi scaturire obblighi di cooperazione ativa; in questa prospettiva è stato considerato contrario a buona fede il comportamento del promissario venditore che si è astenuto dal cooperare al fine di far concedere un mutuo al promissario acquirente, omettendo per esempio di cancellare prontamente un'iscrizione ipotecaria.". (Tradução livre: O princípio da boa-fé exige que ele se comunique todas as circunstâncias relevantes para o desempenho; especialmente se ocorrerem circunstâncias supervenientes que possam dificultar, atrasar o adimplemento. (...) Do princípio da boa-fé pode, então, surgir obrigações de cooperação operatória; nesta perspectiva foi considerada contrária ao comportamento boa-fé do vendedor prospectivo que se absteve de colaborar para conceder um empréstimo ao potencial comprador, omitindo, por exemplo, cancelar uma hipoteca prontamente.).

comprador na obtenção de um empréstimo imobiliário omitindo a existência de uma hipoteca sobre o imóvel pretendido.

Partindo do exemplo de Larenz[380], podemos identificar na relação contratual de compra e venda de um automóvel, por exemplo: o *dever principal* correspondente a obrigação de pagar o preço pelo comprador e a correspectiva entrega do bem pelo vendedor; o *dever secundário* do vendedor de cuidar do veículo e entregar ao comprador em perfeitas condições de uso; e o *dever lateral* gerado pela integração da boa-fé na relação contratual de compra e venda do veículo: o *de informar* eventuais defeitos, dos quais o vendedor tem ciência, que precisam ser sanados para segurança dos ocupantes quando da sua utilização.

Como vemos, sedimenta-se na doutrina e na jurisprudência[381] a ideia de que a boa-fé gera inúmeros deveres de conduta, não podendo a relação

---

[380] Conforme: (LARENZ, Karl, *Derecho de obligaciones*, trad. Jaime Santos Briz, Madrid: Revista de Derecho Privado, 1958, t. 2. p. 43.): "Además del deber principal de proporcionar al comprador la posesión y la propriedad, pueden afectar al vendedor una seria de obligaciones complementarias cuya infracción puede acarretar a favor del comprador pretensiones de indenización de danos en virtud de la llamadas 'infracciones contractuales positivas'. Así, el vendedor está obligado a facilitar al comprador los informes 'acerca de las relaciones jurídicas que afecten al objeto vendido', en especia en caso de inmuebles, a comunicarles sus linderos y los derechos y cargas vinculados a la propriedad, y 'a entregarle los documentos que sirvan de prueba del derecho em tanto se hallen em su poder'. Otras obligaciones, como las de conservar la cosa hasta su entrega y preservala contra danos, la de empaquetarla y enviarla, puedem deducirse expressamente de lo pactado o del sentido del contrato, de los usos del tráfico de carácter interpretativo y del principio de la buena fe." (LARENZ, Karl, *Derecho de obligaciones*, trad. Jaime Santos Briz, Madrid: Revista de Derecho Privado, 1958, t. 2. p. 43). (Tradução livre: "Além da obrigação principal de fornecer ao comprador com a posse e a propriedade, ao vendedor pode afetar uma série de obrigações complementares, cuja violação pode acarretar em uma indenização ao abrigo do chamado «violação contratual positivo". Assim, o vendedor deve fornecer ao comprador os relatórios "sobre as relações jurídicas que afetam o objeto vendido" em espécie no caso de bens imóveis, que comunicar as suas fronteiras e taxas e encargos relacionados com a propriedade, e entregar documentos que servem como prova do direito ". Outras obrigações, tal como manter a coisa até o envio e preservá-la contra danos, embalá-la e enviá-la, expressamente pode ser deduzida a partir do acordo ou o significado do contrato de tráfego utiliza para a interpretação ao princípio da boa-fé.).

[381] Recurso especial. Civil. Indenização. Aplicação do princípio da boa-fé contratual. Deveres anexos ao contrato. O princípio da boa-fé se aplica às relações contratuais regidas pelo CDC, impondo, por conseguinte, a obediência aos deveres anexos ao contrato, que são decorrência lógica deste princípio. O dever anexo de cooperação pressupõe ações recíprocas de lealdade dentro da relação contratual. A violação a qualquer dos deveres anexos implica em inadimplemento contratual de quem lhe tenha dado causa. A alteração dos valores arbitrados a título de

obrigacional ser estudada apenas sobre os componentes: credor, devedor e obrigação principal, isto é, uma vez cumprida a prestação principal, extingue-se a obrigação.

A relação obrigacional passa a ser analisada sob um contexto mais amplo e complexo, em que direitos, deveres, ônus, poderes e faculdades estão vinculados, formando-se um todo unitário que provocará efeitos, mesmo cumprida a obrigação principal, a ensejar, em algumas hipóteses, a responsabilização contratual.

Menezes Cordeiro afirma o seguinte:

> A complexidade intra-obrigacional traduz a ideia de que o vínculo obrigacional abriga, no seu seio, não um simples dever de prestar, simétrico a uma pretensão creditícia, mas antes vários elementos jurídicos dotados de autonomia bastante para, de um conteúdo unitário, fazerem uma realidade composta (..). Várias prestações, susceptíveis de ser atribuídas, noutras circunstâncias, de modo autônomo, podem estar reunidas num escopo comum ou aparecer geneticamente ligadas. A obrigação implica, então, créditos múltiplos e diz-se complexa; tem várias prestações principais, ou, quando uma delas domine, em termos finais, uma principal e várias secundárias.[382]

Na mesma linha, Mario Julio de Almeida Costa comenta que:

> A perspectiva da obrigação que se esgota no dever de prestar e no correlato direito de exigir ou pretender a prestação corresponde à orientação clássica, de fundo atomístico. Todavia, a doutrina moderna, sobretudo por mérito dos autores alemães, evidenciou a estreiteza de tal ponto de vista e a necessidade de superá-lo.[383]

reparação de danos extrapatrimoniais somente é possível, em sede de Recurso Especial, nos casos em que o quantum determinado revela-se irrisório ou exagerado. Recursos não providos. (REsp 595631/SC, Rel. Ministra NANCY ANDRIGHI, TERCEIRA TURMA, julgado em 08/06/2004, DJ 02/08/2004, p. 391).

[382] MENEZES CORDEIRO, Antônio Manoel da Rocha e. *Da boa-fé no direito civil.* v. 1. Coimbra: Almedina, 1984, p. 586-591.

[383] COSTA, Mario Julio de Almeida. *Direito das Obrigações.* Coimbra: Almedina, 5ª ed., 1999, p. 58.

E continua ao Autor:

> Deste modo, numa compreensão globalizante da situação jurídica creditícia, apontam-se, ao lado dos deveres de prestação – tanto deveres principais de prestação como deveres secundários –, os deveres laterais *nebenpflichten*, além de direitos potestativos, sujeições, ônus jurídicos, expectativas jurídicas, etc. Todos os referidos elementos se coligam em atenção a uma identidade de fim e constituem o conteúdo de uma relação de caráter unitário e funcional: a relação obrigacional complexa, ainda designada relação obrigacional em sentido amplo ou, nos contratos, relação contratual.

Na medida em que, por exemplo, na fase pré-contratual ou pós-contratual, o responsável pelo dano e a vítima não são pessoas estranhas, pois se aproximaram para negociações preliminares com a finalidade de celebrar um contrato ou mantiveram uma relação contratual antecedente, de modo que não se pode admitir que entre elas incida apenas um dever legal genérico de *não causar dano a outrem*, mas um plexo de deveres secundários irradiados pela boa-fé[384].

Com efeito, é necessário conceber a relação obrigacional sob o ponto de vista da sua complexidade. Abandona-se o modelo de abrangência da relação obrigacional a uma simples prestação para considerar uma visão de obrigação complexa, com deveres correlatos.

Vista de tal maneira, a relação obrigacional engloba, ao lado da obrigação principal, um conjunto de deveres de conduta denominados de *deveres laterais*, que integram a obrigação por meio da boa-fé que, uma vez violados, produzem consequências diversas.

Às vezes implica na invalidação do próprio negócio ou até mesmo na própria responsabilidade contratual dos envolvidos, mas que reconhecidamente possuem o mesmo fundamento: a ofensa aos deveres gerados pela boa-fé[385].

---

[384] BENACCHIO, Marcelo. *Responsabilidade civil contratual*. 1ª ed. São Paulo: Saraiva, 2011. p. 126-129.
[385] MACHADO DE MELO, Diogo. *Notas sobre a responsabilidade pós-contratual.* (em Nanni, Giovanni Ettore, cord.) Temas relevantes de direito civil contemporâneo. Estudos em homenagem ao professor Renan Lotufo. São Paulo: Atlas, 2008. p. 418.

6.6. Hipóteses de incidência da responsabilidade civil do auditor independente

O tema responsabilidade civil dos auditores independentes é relevante nas disciplinas de governança corporativa e direito societário, quando se verifica a verdadeira participação dessa figura no mercado e a sua função, fazendo revelar a importância dogmática do tema e a sua repercussão no que se refere à imputação dos danos suportados pelos participantes do mercado.

O interesse pelo tema é recorrente quando, por qualquer razão, a avaliação da situação financeira de uma determinada companhia auditada se revela incorreta ou deficiente, momento pelo qual surgem reflexões sobre se e até que ponto há responsabilidade da auditoria independente em ressarcir os danos sofridos pelos participantes do mercado que, em regra, confiaram nas informações divulgadas pela companhia e que receberam um *selo de confiabilidade*[386] por meio de um relatório de auditoria.

No âmbito da relação contratual existente entre a auditoria independente e a entidade auditada, é evidente no programa contratual que a atividade de auditoria deverá ser realizada no estrito cumprimento dos deveres éticos e profissionais impostos à profissão. Uma infração a esse plexo de deveres, estaremos diante de um inadimplemento contratual, suscetível de gerar a responsabilidade da empresa de auditoria contratada, caso tal violação derivem danos ao credor da prestação, nesse caso a entidade auditada.

Porém, como veremos a seguir, a questão da responsabilidade civil dos auditores perante terceiros no contexto da legislação e da jurisprudência não se mostra segura e isenta de dúvidas, sendo complexa a vinculação do dano suportado por alguém a conduta da auditoria independente (nexo causal),

---

[386] Conforme: GOMES, José Ferreira. *Responsabilidade civil dos auditores. Código das sociedades comerciais e governo das sociedades*. Coimbra: Almedina, 2008. p. 344: "A estabilidade do mercado assenta no papel desempenhado por estes profissionais, cujos incentivos privados para fiscalizarem a informação recebida dos seus clientes garante a fiabilidade da mesma. Aos seus incentivos privados acrescem incentivos legais, nomeadamente os decorrentes da responsabilidade civil, disciplinar, administrativa e penal. Os seus incentivos privados decorrem do penhor da sua reputação (o seu activo mais precioso e condição de acesso ao mercado) na prestação dos seus serviços. Na medida em que arrisquem esse activo por um cliente, arriscam-se a perder os demais clientes.".

por conta das especificidades da atividade desenvolvida e a ausência de critérios específicos para a imputação do dano à auditoria independente.

6.6.1. Da evolução da responsabilidade do auditor independente nos EUA. Precedentes jurisprudenciais

Como dissemos anteriormente, em 1934, a norma[387] que criou a *Securities and Exchange Comission* (SEC), estabeleceu a obrigatoriedade da utilização de serviços de auditoria por todas as empresas que transacionam ações na Bolsa de Valores, para dar maior credibilidade à suas demonstrações financeiras.

Em sua Seção 18[388], a norma estabeleceu uma *cláusula geral* de responsabilidade em razão de divulgação de informações falsas e enganosas em relação a

---

[387] Securities Exchange Act of 1934: "Sec. 10A. Audit Requirements: (a) IN GENERAL.– Each audit required pursuant to this title of the financial statements of an issuer by a registered public accounting firm shall include, in accordance with generally accepted auditing standards, as may be modified or supplemented from time to time by the Commission.". (Tradução livre: Sec. 10A. Requisitos de auditoria: (a) Norma Geral. Cada auditoria exigida nos termos do presente título das demonstrações financeiras de um emitente por uma empresa de auditoria deve incluir, de acordo com as normas de auditoria geralmente aceites, como podem ser modificados ou complementados de tempos em tempo pela Comissão.).

[388] Securities Exchange Act of 1934: "LIABILITY FOR MISLEADING STATEMENTS SEC. 18. (a) Any person who shall make or cause to be made any statement in any application, report, or document filed pursuant to this title or any rule or regulation thereunder or any undertaking contained in a registration statement as provided in subsection (d) of section 15 of this title, which statement was at the time and in the light of the circumstances under which it was made false or misleading with respect to any material fact, shall be liable to any person (not knowing that such statement was false or misleading) who, in reliance upon such statement shall have purchased or sold a security at a price which was affected by such statement, for damages caused by such reliance, unless the person sued shall prove that he acted in good faith and had no knowledge that such statement was false or misleading. A person seeking to enforce such liability may sue at law or in equity in any court of competent jurisdiction. In any such suit the court may, in its discretion, require an undertaking for the payment of the costs of such suit, and assess reasonable costs, including reasonable attorneys' fees, against either party litigant." (Tradução livre: Responsabilidade por declarações enganosas SEC. 18. (a) Qualquer pessoa que deve fazer ou fazer com que seja feito qualquer declaração em qualquer aplicação, relatório ou documento arquivado nos termos do presente título ou qualquer norma ou regulamento a esse título ou qualquer empresa contido em uma declaração de registro conforme previsto na alínea (d) da seção 15 deste título, que declaração foi na época e à luz das circunstâncias sob as quais foram feitas falsas ou enganosas em relação a qualquer fato material, será responsável perante qualquer pessoa que, não sabendo que tal declaração era falsa ou enganosa), com base na confiança depositada sobre essa declaração

um determinado fato que é relevante para o entendimento das demonstrações financeiras por qualquer pessoa, usuário da informação, na hipótese deste vir a sofrer prejuízos.

Com base nessa cláusula geral de responsabilidade, em *Herzfeld v. Laventhol, Krekstein, Horwath & Horwath* (1974[389]), os auditores foram considerados responsáveis pelos danos causados ao demandante, por dar um parecer favorável sobre demonstrações financeiras falsas e elaboradas pela administração da entidade auditada com a única finalidade de tornar os números divulgados mais atrativos.

O julgamento da Corte de New York foi desenvolvido basicamente sobre dois fatos determinantes. O primeiro, se as informações auditadas eram materialmente falsas ou não. E o segundo, se compete ao auditor realizar apenas uma verificação formal das demonstrações financeiras, ou seja, se estas cumprem ou não as exigências mínimas das normas contábeis (GAAP) ou se cabe ao auditor uma análise mais criteriosa nas verificações se os números estão ou não sendo manipulados.

A Corte declarou que o auditor não deve se limitar apenas à verificação formal das demonstrações financeiras. Verificar apenas a conformidade dos números com os princípios contábeis geralmente aceitos não é necessariamente suficiente para um auditor cumprir a sua função pública no mercado. De acordo com o Juiz Friendly:

> A política subjacente às leis de títulos de fornecer aos investidores todos os fatos necessários para tomar decisões de investimento inteligente só pode ser realizada se as demonstrações financeiras plena e justamente retratar a real condição financeira da empresa. Nos casos em que a aplicação dos princípios de contabilidade geralmente aceitos comprou ou vendeu um valor mobiliário a um preço que foi afetado por tal declaração, por danos causados por tal confiança, a menos que a pessoa processada provar que agiu de boa fé e não tinha conhecimento que tal declaração era falsa ou enganosa. A pessoa que procura fazer valer esta responsabilidade pode processar em direito ou de equidade em qualquer tribunal de jurisdição competente. Em qualquer dessas ações, o tribunal pode, a seu critério, exigir que uma empresa para o pagamento dos custos de tal processo, e avaliar os custos razoáveis, incluindo honorários advocatícios, contra qualquer das partes litigante.".

[389] *Herzfeld v. Laventhol, Krekstein, Horwath & Horwath*, Sec. Law Reporter 94.574 at 95.999 (N.Y. 1974).

cumpre o dever de informação completa e justa, o contador não precisa ir mais longe. Mas se a aplicação dos princípios de contabilidade por si só não informar adequadamente os investidores, contadores, bem como os administradores, deve tomar cuidado para promove uma divulgação completa de os fatos necessários pelos investidores para interpretar as demonstrações financeiras com precisão. (...) Uma falha de conhecimento para cumprir com essa obrigação irá justificar uma decisão de indenização nos termos do artigo 10b-5.8 [390].

Note-se que, de acordo com o precedente, a atividade do auditor não se refere apenas à verificação formal da aplicação dos princípios contábeis geralmente aceitos, mas na análise material das afirmações geralmente feitas pelos administradores da entidade auditada e avaliar se estas retratam a real condição financeira da empresa.

Aliás, quanto ao espectro da atuação do auditor independente, temos que o comando da decisão proferida em *Herzfeld v. Laventhol, Krekstein, Horwath & Horwath (1974)* já foi incorporada na legislação em vigor, que atribui ao auditor independente a obrigatoriedade da verificação dos controles internos da entidade auditada e a divulgação de relatório acerca da eficácia desses controles, bem como os ajustes materiais propostos sobre esses controles internos no curso da auditoria.

No que se refere à responsabilidade do auditor, a controvérsia que tem sido suscitada é saber ser, em face de quem, e em que termos podem ser responsabilizados pelos prejuízos causados, em razão do incumprimento ou cumprimento defeituoso dos seus deveres.

O caso *Ultramares v. Touche* (1931)[391] representou o precedente inicial para análise da responsabilidade do auditor independente perante terceiros.

---

[390] *Herzfeld v. Laventhol, Krekstein, Horwath & Horwath*, Sec. Law Reporter 94.574 at 95.999 (N.Y. 1974): "The policy underlying the securities laws of providing investors with all the facts needed to make intelligent investment decisions can only be accomplished if financial statements fully and fairly portray the actual financial condition of the company. But if application of accounting principles alone will not adequately inform investors, accountants, as well as insiders, must take pains to lay bare all the facts needed by investors to interpret the financial statements accurately. (...) A knowing failure to discharge this obligation will justify an award of damages under Rule 10b-5.8".

[391] *Ultramares v. Touche*, 174 N.E. 441 (N.Y. 1931).

A *Ultramares* (Autora) realizou empréstimos a clientes confiando nas demonstrações financeiras elaboradas e revisadas pelo contador externo (auditor). Logo depois da realização de uma operação de crédito, o tomador (então cliente da *Ultramares*) teve a sua falência decretada. Diante desse fato, a *Ultramares* tentou responsabilizar o contador externo (auditor).

Nesse julgamento a Corte de New York consolidou a responsabilidade do contador externo (auditor) apenas em face de *terceiros beneficiários* e consignados *explicitamente* na carta de contratação celebrada entre a empresa de auditoria independente e a entidade auditada. Naquele momento do julgamento (1931) o Juiz Cardoso, relator do caso, consignou em seu voto a preocupação com a responsabilização de um contador externo (auditor), perante um grupo indeterminado de usuários, limitando-se a responsabilidade apenas do terceiro estipulado no contrato:

> Se a responsabilidade por negligência existe, um deslizamento ou impensado erro, o fracasso em detectar um roubo ou falsificação sob a tampa de entradas enganosas, pode expor contadores para um passivo em uma quantidade indeterminada de tempo para uma classe indeterminada. (...) Responsabilidade por negligência, se julgado neste caso irá estender a muitos outros que não apenas ao auditor. O advogado que atesta a sua opinião quanto à validade das obrigações de empresas com o conhecimento que o parecer será levado ao conhecimento do público e o tornará responsável perante os investidores, caso tenha esquecido um estatuto ou uma decisão, na mesma medida como se fosse a controvérsia entre um cliente e orientador. (...) A nossa exploração não emancipar contabilistas das consequências da fraude. Ela não faz mais do que dizer que, se menos do que isso é provado, se não houve nem distorção imprudente nem profissão insincera de uma opinião, mas apenas erro honesto, a responsabilidade daí resultante para negligência é aquele que é delimitada pelo contrato, e deve ser executada entre a partes por quem o contrato foi feito[392].

---

[392] *Ultramares v. Touche*, 174 N.E. 441 (N.Y. 1931): "If liability for negligence exists, a thoughtless slip or blunder, the failure to detect a theft or forgery beneath the cover of deceptive entries may expose accountants to a liability in an indeterminate amount for an indeterminate (...) Liability for negligence if adjudged in this case will extend to many callings other than an

Por exemplo, uma instituição financeira antes de fornecer crédito requisita à entidade tomadora do crédito que seja realizada uma auditoria em suas demonstrações contábeis. Por sua vez, essa entidade contrata uma empresa de auditoria e no contrato de prestação de serviços consta expressamente que o relatório de auditoria será realizado em benefício daquela instituição financeira concedente do crédito.

Nesse caso, de acordo com o precedente *Ultramares v. Touche* (1931), o banco como *terceiro beneficiário* e envolvido na contratação, ainda que não como parte do contrato de prestação de serviços, é parte legítima a pleitear a responsabilização contratual da empresa de auditoria independente pelo incumprimento ou cumprimento defeituoso das obrigações constantes no contrato.

Em 1992, a Corte da Califórnia aplicou o precedente *Ultramares v. Touche* (1931), quando do julgamento do caso *Bily c. Arthur Young & Co (1992)*[393], envolvendo a falência de uma companhia de informática e afastou a responsabilidade de terceiros não integrantes da relação jurídica de contratação da auditoria independente, mantendo-se apenas a possibilidade de responsabilização contratual do auditor.

A Corte entendeu que a responsabilidade da auditoria perante uma gama de usuários indeterminados seria desproporcional, que a culpa do auditor é secundária em relação à administração da entidade auditada e suas conclusões podem ser diferentes e complexas diante do julgamento profissional do auditor, bem como a fragilidade do liame causal entre o dano apontado pelo terceiro e a conduta do auditor, não dá suporte para a responsabilização do auditor independente:

auditor's Lawyers who certify their opinion as to the validity of municipal or corporate bonds with knowledge that the opinion will be brought to the notice of the public, will become liable to the investors, if they have overlooked a statute or a decision, to the same extent as if the controversy were one between client and adviser. (...) Our holding does not emancipate accountants from the consequences of fraud. Does not relieve them if their audit has been so negligent as to justify a finding that they had no genuine belief in its adequacy, for this again is fraud. It does no more than say that if less than this is proved, if there has been neither reckless misstatement nor insincere profession of an opinion, but only honest blunder, the ensuing liability for negligence is one that is bounded by the contract, and is to be enforced between the parties with whom the contract.".

[393] *Bily c. Arthur Young & Co,* 834 P.2d 745 (CAL, 1992).

Dado o papel secundário do auditor, a complexidade das opiniões profissionais prestados nos relatórios de auditoria, e os relacionamentos difíceis entre relatórios de auditoria e perdas econômicas de investimento e decisões de crédito, o auditor exposto a alegações de negligência de todos os terceiros previsíveis enfrenta potencial responsabilidade muito desproporcional em relação à sua conduta. (...) Recorrida alega que a contabilidade é mais arte do que ciência, que exige o exercício de julgamento profissional, e que mesmo a auditoria mais cuidadosamente executada não pode garantir que as demonstrações financeiras auditadas são totalmente livres de erros. (...) As decisões de investimento e de crédito são, pela sua natureza complexas e multifacetadas. Apesar de um relatório de auditoria poder desempenhar um papel em tais decisões, razoável e prudente que investidores e credores vão investigar muito mais fundo em "due diligence" do que o nível da opinião do auditor. E, particularmente em grandes transações financeiras, a decisão final para emprestar ou investir é muitas vezes baseada em vários fatores de negócios que têm pouco a ver com o relatório de auditoria [394].

Com efeito, a Corte entendeu que o processo de auditoria é constituído de um conjunto de padrões baseados na interpretação e aplicação pelo auditor (julgamento profissional) sendo, portanto, totalmente diferente de uma simples declaração do peso de uma carga transportada e que pode ser facilmente comprovada. Um procedimento de auditoria é complexo e envolve

---

[394] *Bily c. Arthur Young & Co*, 834 P.2d 745 (CAL, 1992): "Role of the auditor, the complexity of the professional opinions rendered in audit reports, and the difficult and potentially tenuous causal relationships between audit reports and economic losses from investment and credit decisions, the auditor exposed to negligence claims from all foreseeable third parties faces potential liability far out of proportion to its fault. (...)Defendant argues that accounting is more art than science, that it requires the exercise of professional judgment, and that even the most carefully performed audit cannot guarantee that the audited financial statements are entirely free of error. (...)Investment and credit decisions are by their nature complex and multifaceted. Although an audit report might play a role in such decisions, reasonable and prudent investors and lenders will dig far deeper in their "due diligence" investigations than the surface level of an auditor's opinion. And, particularly in financially large transactions, the ultimate decision to lend or invest is often based on numerous business factors that have little to do with the audit report.".

o julgamento profissional do auditor em cada etapa, que utiliza diferentes pressupostos iniciais, técnicas de amostragem e conhecimento profissional, de modo que se torna impossível a comparação entre a atividade de dois auditores sobre o mesmo objeto.

Muito embora o papel do auditor no mercado seja relevante, seu relatório é secundário na decisão de investimento, pois muitos outros fatores econômicos e subjacentes ao relatório do auditor são mais relevantes para a tomada da decisão, sendo, portanto, um esforço demasiado comprovar um liame causal entre o prejuízo de um investidor e a conduta do auditor.

Não obstante os argumentos acima, sete anos antes e na outra costa americana, a Corte de New York estendeu a responsabilidade do auditor independente ao *usuário identificado*, quando do julgamento do caso *Credit Alliance Corp. v. Arthur Andersen & Co.* (1985)[395], o que demonstra que a matéria responsabilidade do auditor não é pacífica nem em um país com um mercado financeiro desenvolvido e mais antigo que o brasileiro.

Como vimos anteriormente, há uma categoria de usuário da informação do auditor denominada *usuário identificado*, que consiste naquele que o auditor sabe que usará as demonstrações financeiras para uma finalidade específica, muito embora o usuário não conste expressamente na carta de contratação.

A Corte de New York entendeu que, diferentemente do caso *Ultramares v. Touche* (1931), a existência de uma relação contratual não era um pré-requisito para a imputação do dano ao auditor independente, pois foi comprovado que a *Arthur Andersen & Co* sabia que os relatórios que elaborou para o cliente tinham um propósito particular, a tomada de crédito em face da *Credit Alliance Corp* para a compra de bens de capital por meio de uma operação de arrendamento mercantil[396].

---

[395] *Credit Alliance Corp. v. Arthur Andersen & Co.*, (N.Y., 1985), Lexisnexis, <www.sdnyblog.com>. Acesso em 20 de novembro de 2014.

[396] *Credit Alliance Corp. v. Arthur Andersen & Co.*, (N.Y., 1985), Lexisnexis, <www.sdnyblog.com>. Acesso em 20 de novembro de 2014: "Credit Alliance Corp. v Andersen & Co . ("Credit Alliance"), plaintiffs are major financial service companies engaged primarily in financing the purchase of capital equipment through installment sales or leasing agreements. Defendant, Arthur Andersen & Co. ("Andersen"), is a national accounting firm. (...) Overview: In one case, plaintiffs sued defendant for damages lost on plaintiffs' outstanding loans to a company, claiming negligence and fraud in defendant's preparation of audit reports of company. The court dismissed the negligence cause of action because the allegations in the complaint and

Além do *usuário identificado*, temos a categoria do *usuário previsto*, que é aquele composto de pessoas individualmente desconhecidas, mas que constituem um grupo com interesse homogêneo sobre as demonstrações contábeis de uma determinada entidade.

Dentre esses usuários, podemos identificar aqueles que possuem conhecimento para compreender os riscos relacionados ao produto, serviço ou operação que pretendem contratar no mercado e cuja Instrução Normativa (CVM) nº 554/2014[397] os denomina como usuário qualificado.

---

[397] affidavit failed to set forth either a relationship of contractual privity with defendant or a relationship sufficiently intimate to be equated with privity, and dismissed the fraud cause of action because it was a conclusory allegation. In the second case, plaintiffs sought damages for reliance upon allegedly negligently prepared financial reports by defendant in deciding how much money to lend to a company. The court affirmed the reinstatement of the complaint alleging negligence and gross negligence or reckless indifference, holding that contractual privity was not a prerequisite to liability inasmuch as defendant specifically knew the reports would be relied upon by plaintiff for a particular purpose.". (Tradução livre: Alliance Corp. v Andersen & Co., os autores são as principais empresas de serviços financeiros envolvidos principalmente no financiamento da compra de bens de capital por meio de vendas a prazo ou contratos de arrendamento mercantil. Réu, Arthur Andersen & Co. ("Andersen"), é uma empresa de contabilidade nacional. (...) Resumo: Os autores processaram o réu por danos perdidos em empréstimos pendentes a uma empresa, alegando negligência e fraude na preparação de relatórios de auditoria da empresa. O tribunal indeferiu a causa, porque as alegações contidas na denúncia e depoimento não conseguiram estabelecer um relacionamento contratual com réu ou uma relação suficientemente íntima para ser equiparado a um contrato. No segundo caso, os queixosos procuraram danos por dependência de relatórios financeiros alegadamente negligente preparados pelo réu para decidir quanto dinheiro para emprestar para uma empresa. O tribunal afirmou o restabelecimento da denúncia alegando negligência e negligência grave ou indiferença, sustentando que a relação contratual não era um pré-requisito para a responsabilidade, na medida em que réu sabia especificamente que os relatórios seriam invocados pelo autor para um propósito particular.).

[397] Instrução Normativa (CVM) nº 554/2014: "Art. 9º-A São considerados investidores profissionais: I – instituições financeiras e demais instituições autorizadas a funcionar pelo Banco Central do Brasil; II – companhias seguradoras e sociedades de capitalização; III – entidades abertas e fechadas de previdência complementar; IV – pessoas naturais ou jurídicas que possuam investimentos financeiros em valor superior a R$ 10.000.000,00 (dez milhões de reais) e que, adicionalmente, atestem por escrito sua condição de investidor profissional mediante termo próprio, de acordo com o Anexo 9-A; V – fundos de investimento; VI – clubes de investimento, desde que tenham a carteira gerida por administrador de carteira de valores mobiliários autorizado pela CVM; VII – agentes autônomos de investimento, administradores de carteira, analistas e consultores de valores mobiliários autorizados pela CVM, em relação a seus recursos próprios; VIII – investidores não residentes." (NR). Artigo com vigência a partir de 01 de outubro de 2015.

O auditor independente sequer conhece os usuários individualmente, mas razoavelmente prevê que um determinado grupo utiliza as demonstrações financeiras, como por exemplo, *os agentes autônomos de investimento utilizaram as demonstrações financeiras e confiam no relatório do auditor.*

Para o *usuário previsto*, a Corte Distrital de Rhode Island, no julgamento do caso *Rusch Factors, Inc. v. Levin (1968)*[398] reconheceu a responsabilidade dos auditores independentes pela *quebra de confiança*. No caso, o auditor independente sabia que a sua *certificação* era usada por um grupo de pessoas (potenciais financiadores), sem, contudo, conhecê-los individualmente:

> Um contador intencionalmente deturpando informações está sujeito a todas as pessoas a quem ele deveria ter razoavelmente previsto seria lesado por sua deturpação. (...) Aquele que, no âmbito da sua atividade, profissão ou emprego, ou em uma transação na qual tem um interesse pecuniário, é fonte de informações falsas para a orientação de outras pessoas em suas transações comerciais, está sujeito a responsabilidade por danos patrimoniais causados a eles por sua confiança justificável em cima da informação, salvo se demonstrar cuidado ou competência razoáveis na obtenção ou na comunicação da informação [399].

No que se refere à categoria do *usuário previsível*, a Corte de Nova Jersey, em 1983, no caso *Rosenblum, Inc. v. Adler (1983)*[400], quebrou o paradigma de responsabilização do auditor apenas nas hipótese de existência de relação contratual entre a empresa de auditoria e o lesado, ou nos casos de *usuários identificado* ou *usuários previstos*, e reconheceu a responsabilidade do auditor a terceiros indeterminados e que previsivelmente poderiam ter utilizado a informação financeira e o relatório da auditoria de uma determinada entidade:

---

[398] *Rusch Factors, Inc. v. Levin*, 284, F 85 (D.C.R.I., 1968).

[399] *Rusch Factors, Inc. v. Levin*, 284, F 85 (D.C.R.I., 1968): "An intentionally misrepresenting accountant is liable to all those persons whom he should reasonably have foreseen would be injured by his misrepresentation. (...)One who, in the course of his business, profession or employment, or in a transaction in which he has a pecuniary interest, supplies false information for the guidance of others in their business transactions, is subject to liability for pecuniary loss caused to them by their justifiable reliance upon the information, if he fails to exercise reasonable care or competence in obtaining or communicating the information.".

[400] *Rosenblum, Inc. v. Adler*, 461, A. 2d 138 (N.J., 1983).

Quando o auditor independente fornece um parecer, sem qualquer limitação no certificado como a quem a empresa pode divulgar as demonstrações financeiras, ele tem o dever de todos aqueles a quem o auditor deve razoavelmente prevê como destinatários da empresa de as declarações para fins comerciais próprios, desde que os beneficiários contam com as declarações nos termos dos referidos negócios. (...) "Demonstrações financeiras certificadas tornaram-se o ponto de referência para várias finalidades comerciais razoavelmente previsíveis e contabilistas têm se empenhado para satisfazer esses fins. Nestas condições empresas de auditoria não devem mais se esconder sobre o argumento de ausência de relação contratual com o demandado para evitar a sua responsabilidade por negligência [401].

Por outro lado, o Juiz Schreiber, em seu voto, declarou que o ônus da prova será do lesado, que deverá comprovar que recebeu as demonstrações auditadas, que suas decisões tomaram como base as informações recebidas e, no caso de identificada uma distorção, que houve negligência do auditor independente e esta foi a causa para a lesão sofrida:

Os queixosos teriam de provar que eles receberam as demonstrações auditadas da empresa para uma finalidade, suas decisões foram baseadas nas declarações prestadas e que as distorções nela foram devido à negligência do auditor e foram a causa para o dano suportado[402].

---

[401] *Rosenblum, Inc. v. Adler*, 461, A. 2d 138 (N.J., 1983): "When the independent auditor furnishes an opinion with no limitation in the certificate as to whom the company may disseminate the financial statements, he has a duty to all those whom that auditor should reasonably foresee as recipients from the company of the statements for its proper business purposes, provided that the recipients rely on the statements pursuant to those business purposes. (...) Certified financial statements have become the benchmark for various reasonably foreseeable business purposes and accountants have been engaged to satisfy those ends. In those circumstances accounting firms should no longer be permitted to hide within the citadel of privity and avoid liability for their malpractice.".

[402] *Rosenblum, Inc. v. Adler*, 461, A. 2d 138 (N.J., 1983): "The plaintiffs would have to establish that they received the audited statements from the company pursuant to a proper company purpose, that they, in accordance with that purpose, relied on the statements and that the misstatements therein were due to the auditor's negligence and were a proximate cause of the plaintiff's damage.".

Como vemos, os precedentes norte-americanos acerca da responsabilidade civil – lembrado que sua aplicabilidade depende de cada um dos Estados da Confederação, evoluiu de uma posição mais conservadora dos casos *Ultramares v. Touche* (1931), restrita apenas à responsabilidade contratual do auditor independente, para uma posição mais liberal do caso *Rosenblum, Inc. v. Adler (1983)*, que admite a responsabilização do auditor por qualquer usuário da informação, desde que percorra o ônus da prova.

Todavia, enquanto temos uma posição mais liberal em 1983 no caso *Rosenblum, Inc. v. Adler (1983)* na costa leste americana, *em 1992* encontramos a aplicação de uma posição conservadora no caso *Bily c. Arthur Young & Co (1992)* na costa oeste americana, o que demonstra que o assunto responsabilidade civil dos auditores perante terceiros no contexto da jurisprudência americana não se mostra segura e isenta de dúvidas.

6.6.2. Pressupostos para imputação de responsabilidade ao auditor independente

O *Wall Street Jornal* publicou um artigo em 30 de janeiro de 2008[403], de autoria dos jornalistas Alistair Macdonald e Leila Abboud, intitulado *Banks High-Tech security can't keep up whith rogue traders*, cuja pergunta que inicia o desenvolvimento do texto é como um operador de nível hierárquico inferior, de 31 anos de idade, conseguiu criar um prejuízo de 4,9 bilhões de euros ao *Banco Societé Génerale*.

O artigo evidencia, ainda que de modo indireto, o desafio com que se defrontam os investidores em empresas e as expectativas crescentes em relação aos auditores independentes para que garantam a disponibilidade de informações em que possam confiar. Com efeito, os usuários esperam que os auditores do *Banco Societé Génerale* conheçam os sistemas de controles internos e garantam que todas as transações sejam adequadamente contabilizadas, de modo a assegurar que qualquer ativo contabilizado está avaliado de forma correta[404].

---

[403] MACDONALD, Alistair; ABBOUD, Leila. Banks High-Tech security can't keep up whith rogue traders. *The Wall Street Journal*. Disponível em <http://www.wsj.com/articles/SB120164258335426317>, acesso em 11 de outubro de 2015.
[404] GRAMLING, Audrey A., RITTENBERG, Larry E., JOHNSTONE, Karla M. *Auditing*. (tradução: Antonio Zorato Sanvicente). São Paulo: Cengage Learning, 2012, p. 3.

Quando lemos um artigo com essa abordagem, notamos que a atividade de auditoria independente é sempre colocada em evidência quando ocorre a descoberta de alguma fraude, como a ocorrida no *Banco Societé Génerale*. Essa evidenciação ocorre por meio de uma série de questionamentos sobre a função do auditor no mercado e se este falhou ao não identificar um fato dessa relevância – prejuízo de 4,9 bilhões de euros – que ocasionou prejuízos a diversos investidores, já que uma vez descoberto um *fato* dessa magnitude, o preço dos papéis do emissor é desvalorizado, ou com a sua quebra, perdem totalmente o seu valor.

Essa evidência surge justamente pela posição que o auditor ocupa no mercado e que já tratamos anteriormente em nossa exposição. O auditor é um guardião inserido no sistema para prevenir irregularidades ou divulgá-las quando descobertas. Tem como função essencial atuar como uma peneira entre a entidade auditada e o investidor, não permitindo a tomada de decisões de investimento em entidades que não reúnam condições necessárias para acesso a recursos de um investidor.

O auditor independente atua no campo do risco de divulgação de informação financeira. O objetivo da sua atividade é mitigar esse risco por meio de um procedimento de auditoria, com base nas normas da profissão, consistente na coleta de evidências para comprovar as afirmações, geralmente feitas pelos administradores da entidade auditada, e avaliar essas informações.

Ora, mas se a função do auditor é atuar como uma barreira, buscando prevenir irregularidades e mitigar o risco do investidor, a primeira percepção que se pode ter é que no caso do prejuízo de 4,9 bilhões de euros identificado no *Banco Societé Génerale*, o auditor não exerceu a sua função corretamente, afinal deveria ter identificado a fraude perpetrada pelo operador de nível hierárquico inferior que vinha realizando as operações fraudulentas e informar à administração da companhia para providências, com vistas a cessar tal conduta e, por consequência, evitar um prejuízo dessa monta.

Contudo, a verificação de uma falha na atividade do auditor independente não pode ser realizada de forma tão simplista, sem considerar a sua natureza e como ela se desenvolve. Isto porque, a sua função de guardião está relacionada à prevenção, a uma função mitigadora de risco, que nunca pode ser confundida com uma função de eliminação de riscos.

A auditoria de demonstrações contábeis consiste em uma atividade de asseguração razoável. Significa uma atividade na qual o auditor independente expressa uma conclusão com a finalidade de *aumentar* o grau de confiança dos usuários e, por conseguinte, *reduzir* o risco de divulgação de informação financeira com distorções em decorrência de fraude ou erro a um nível razoável, aceitavelmente baixo[405].

Nesse sentido, a obrigação do auditor não guarda relação com uma obrigação de garantia[406]. A atuação do auditor não é de eliminar o risco que pesa sobre a fidedignidade das demonstrações contábeis apresentadas pela entidade. Essa obrigação é da administração da entidade, a quem cabe a criar as demonstrações contábeis, os demais dados explicativos e os controles internos da entidade.

Entretanto, essa função de mitigação de risco não pode ser encarada pelos auditores independentes como uma cláusula de irresponsabilidade.

As normas de auditoria impõem ao auditor independente um padrão de conduta para o planejamento, execução e conclusão do procedimento de auditoria, com vistas a atingir o objetivo pretendido, que é a *redução* a um nível

---

[405] Norma Brasileira de Contabilidade (NBC) TA ESTRUTURA CONCEITUAL PARA TRABALHO DE ASSEGURAÇÃO, aprovada pela Resolução CFC nº 1.202/2009: "7. "Trabalho de asseguração" Significa um trabalho no qual o auditor independente expressa uma conclusão com a finalidade de aumentar o grau de confiança dos outros usuários previstos, que não seja a parte responsável, acerca o resultado da avaliação ou mensuração de determinado objeto de acordo com os critérios aplicáveis. 11. Segundo esta Estrutura Conceitual, existem dois tipos de trabalhos de asseguração cuja execução é permitida ao auditor independente: trabalho de asseguração razoável e trabalho de asseguração limitada. O objetivo do trabalho de asseguração razoável é reduzir o risco do trabalho de asseguração a um nível aceitavelmente baixo, considerando as circunstâncias do trabalho como base para uma forma positiva de expressão da conclusão do auditor independente. O objetivo do trabalho de asseguração limitada é o de reduzir o risco de trabalho de asseguração a um nível que seja aceitável, considerando as circunstâncias do trabalho, mas em que o risco seja maior do que no trabalho de asseguração razoável, como base para uma forma negativa de expressão da conclusão do auditor independente."

[406] ROSENVALD, Nelson. *Obrigações de meio, resultado e garantia*. In: LOTUFO, Renan; MARTINS, Fernando Rodrigues. *20 anos do Código de Defesa do Consumidor*. São Paulo: Saraiva, 2011, p. 298: "O conteúdo dessa modalidade consiste na função atribuída ao devedor de eliminar um risco que pesa sobre o credor ou as suas consequências, propiciando-lhe maior segurança. O adimplemento da prestação se perfaz pelo simples fato da assunção do risco, independente do resultado.".

razoável, e não a *eliminação* do risco de divulgação de informação financeira com distorções em decorrência de fraude ou erro.

Assim, o que se espera do auditor independente é o cumprimento desse conjunto de poderes-deveres previstos nas normas legais e profissionais, visando reduzir a um nível razoável, e não eliminar, o risco de divulgação de informação financeira com distorções em decorrência de fraude ou erro.

A atividade do auditor se insere no contexto das obrigações e meio, onde se obriga ao emprego de sua experiência e competência profissional na realização de testes com os registros da entidade para verificação se são precisos, na interpretação dos pronunciamentos contábeis para que as demonstrações contábeis sejam apresentadas com propriedade, na emissão de pareceres sobre procedimentos contábeis complexos, tais como avaliação de estoque, reavaliação de ativos, dentre outros e, posteriormente testar os controles internos da entidade, tudo isto de maneira inteiramente objetiva, imparcial e profissionalmente cética.

Desse modo, a atividade de auditoria demanda um *padrão de diligência* na sua execução, em total aderência às normas legais e profissionais sem, contudo, vinculá-lo a um resultado certo e determinado, eis que o resultado almejado é reduzir a um nível razoável, e não, repita-se, a *eliminação* do risco de divulgação de informação financeira com distorções em decorrência de fraude ou erro.

É justamente na inobservância desses deveres de diligência que é possível evidenciar a culpa do auditor independente na divulgação de informação financeira com distorções em decorrência de fraude ou erro. Conforme Alexandre Demetrius Pereira:

> A conduta omissiva do auditor, portanto, só se revela juridicamente relevante quando entre a omissão e a consequência dessa conduta se interponha um dever jurídico de agir, usualmente definido nas normas regulatórias da profissão, e tenha o auditor tido a condições efetivas de agir no caso concreto[407].

---

[407] PEREIRA, Alexandre Demetrius. *Auditoria das Demonstrações Contábeis:* uma abordagem jurídica e contábil. São Paulo: Atlas, 2011, p. 269.

Quando do julgamento do recurso de apelação nº 9161946-23.2003.8.26.0000, pelo Tribunal de Justiça do Estado de São Paulo, o Relator Desembargador Carlos Henrique Abrão, consignou que a auditoria falhou em seus deveres de observância das normas relativas à atividade e promoveu recomendações, efetuando conciliações contábeis totalmente destoantes da realidade, o que demonstra uma obrigação de aderência às normas legais e profissionais, que uma vez violada, enseja a sua responsabilidade:

> (...) Causa espécie, portanto, que ao ter acesso aos dados e, aprioristicamente, observar as diferenças, a Price não tenha feito qualquer observação comparação e apresentado e apresentado aos administradores as fraudes que foram praticadas durante largo período. Exatamente comprometedora a posição da empresa de auditoria, a qual enterrou princípios elementares, não observou regras de contabilidade, e sacramentou recomendações e conciliações, notadamente destoantes da realidade, sem obedecer aos princípios do Conselho Federal de Contabilidade, normas internacionais, ou do Bacen. (...)[408].

---

[408] 1. Agravo regimental (autores) competência pretensão ao deslocamento para a câmara especializada de direito empresarial impossibilidade tema afeto à responsabilidade civil com a extinção dos tribunais de alçada pela emenda constitucional nº 45/04, e de acordo com o regimento interno da corte, a competência para dirimir o conflito não é da câmara especializada, criada em 2011, mas sim do direito privado ii, discutindo-se a responsabilidade de empresa de auditoria externa pelos serviços prestados matéria somente alegada muito tempo depois de anulado o v. acórdão, não podendo os recorrentes pretender o deslocamento de competência por fundamento distante da realidade, sem que lhes aplique a resolução nº 538/11 do TJSP recurso conhecido e desprovido. 2. Embargos declaratórios contra decisão monocrática ordinatória de fls. 5809/5812 descabe o recurso hostilizando - decisão monocrática matéria que reclama agravo regimental de acordo com entendimento do colendo STF demais a mais, as questões pontuadas no recurso serão aferidas ao tempo do julgamento do apelo recurso não conhecido. 3. Pronunciamento do STF anulando o v. acórdão de fls. 3104/3109 (15º vol.) em razão dos aspectos formais da sustentação oral e de subsídios administrativos e penais a serem decididos torna dos autos à origem. 4. Capeados os informes administrativos do Bacen e ação penal que veio a ser trancada feita a denúncia pelo MF Federal expresso pronunciamento das partes sobre a prova acrescida. 5. Multa administrativa imposta pelo Bacen e reduzida em grau de recurso parte do numerário recuperado no exterior com a prisão do ex-diretor e demais envolvidos soma recuperada, cujo valor não recompõe integralmente o prejuízo despesas incorridas com vários escritórios e equipe para reaver o numerário. 6. Influência do tempo decorrido em razão da propositura da demanda no ano de 1999, julgamento em primeiro grau em 2003 e superveniente anulação pelo STJ padrão dólar oscilação da moeda

De fato, é na prática de uma conduta deficiente, quer em decorrência de uma deficiência de vontade, quer de inaptidões, é que exprime um juízo de reprovação sobre a conduta do auditor independente quando, em face das circunstâncias específicas encontradas, devia e podia ter agido de outro modo[409].

A conduta culposa do auditor – consistente na violação ao dever de observância das normas legais e profissionais relativas à atividade, que em determinadas circunstâncias impõe um dever de agir de modo diferente do modo como o profissional agiu – é exteriorizada por um comportamento negligente, na chamada culpa por omissão, que é, como dissemos, a falta de atenção e ausência de reflexão necessária, uma *"preguiça psíquica"*, falta de precaução, desídia do auditor independente.

Ao comentar a responsabilização do auditor independente em face dos precedentes das Cortes americanas, Audrey *et al* afirmam que:

> Um cliente que tenta recuperar perdas causadas por um auditor em um processo, alegando negligência, precisa provar: Dever; Transgressão

desde os acontecimentos até reexame pela corte. 7. Não se pressupõe, evidentemente, que a empresa proceda à auditoria forense, porém sua culpa está devidamente comprovada, de conotação concorrente, contribuindo para o enorme prejuízo experimentado pelos então controladores do banco, na casa de USD 242 milhões. 8. O trabalho de auditoria deve levar em consideração, além das regras do conselho federal de contabilidade, os padrões internacionais e preceitos do órgão regulador, no caso, o Bacen. 9. O complexo trabalho desenvolvido pela empresa Price denota que deveria ter sinalizado, de maneira enfática, as distorções e somas vultosas, fraudulentamente desviadas, cuja cooperação dos então administradores não exime a prestadora de responder, reconhecida culpa concorrente, pelos prejuízos experimentados. 10. Conjugada a culpa concorrente pelas regras das Leis nº 6.385/76 e 6.404/76, a empresa de auditoria externa não exerceu diligência ao nível do seu padrão de confiabilidade, e muito menos emitiu sinais característicos dos extratos para minimizar ou evitar o dano valor da indenização se incorpora às regras do litígio, com reflexos na verba sucumbencial apelo parcialmente provido. Agravo regimental desprovido embargos declaratórios não conhecidos apelo parcialmente PROVIDO.". (Relator(a): Carlos Abrão; Comarca: São Paulo; Órgão julgador: 14ª Câmara de Direito Privado; Data do julgamento: 28/08/2013; Data de registro: 09/09/2013; Outros números: 1218741600).

[409] CAVALIERI FILHO, Sérgio. *Programa de responsabilidade civil*. 12. ed. São Paulo: Atlas, 2012, p. 504: "É a inobservância do dever de cuidado que torna a conduta culposa – o que evidencia a culpa é, na verdade, uma conduta deficiente, quer decorrente de uma deficiência da vontade, quer de inaptidões ou de deficiências próprias ou naturais. Exprime um juízo de reprovabilidade sobre a conduta do agente, por ter violado dever de cuidado quando, em face das circunstâncias específicas do caso, devia e podia ter agido de outro modo.".

do dever; Relação causal; e Perdas Efetivas. O cliente deve demonstrar que o auditor tinha o dever de não ser negligente. Na determinação dessa obrigação, os tribunais usam como critérios os padrões e princípios da auditoria profissional, incluindo GAAS e GAAP. A responsabilização pode resultar de falta de cuidado devido na realização da auditoria ou na apresentação de informações financeiras. O auditor precisará ter transgredido esse dever ao não utilizar o cuidado profissional devido[410].

Essa conduta culposa do auditor independente acaba por se revelar, por exemplo, (a) na emissão de ações, pela entidade auditada, em favor superior ou inferior ao devido, com base em relatório de auditoria, causando prejuízo aos acionistas ingressantes ou existentes, (b) omissão na divulgação de reservas ocultas criadas pela gestão da entidade auditada, gerando um preço fictício dos valores mobiliários, gerando prejuízos aos investidores, e (c) juízos positivos ou negativos realizados no relatório de auditoria e que transmitem uma falsa percepção sobre o risco operacional da entidade, dentre outras consequências jurídicas aptas a gerar danos aos usuários da informação auditada.

Contudo, para se perquirir a responsabilidade do auditor independente, à luz do caso concreto, o Juiz deve estabelecer qual a conduta desejável que o profissional de auditoria deveria dispensar, de acordo com os padrões contábeis geralmente aceitos, na auditoria realizada, de modo a identificar o erro ou a fraude perpetrada e que redundou na divulgação de informações financeiras distorcidas. Em seguida, confrontar com o comportamento efetivamente adotado pelo auditor na realização dos trabalhos. Se ele não observou os padrões mínimos exigidos, agiu com culpa.

Por outro lado, essa fixação de um padrão de conduta deve levar em consideração as circunstâncias especiais da entidade auditada e da realização do trabalho de auditoria, com por exemplo, grau de exposição da empresa à integridade da administração, a independência e competência dos executivos e do conselho de administração, a qualidade do processo de gestão de risco

---

[410] GRAMLING, Audrey A., RITTENBERG, Larry E., JOHNSTONE, Karla M. *Auditing*. (tradução: Antonio Zorato Sanvicente). São Paulo: Cengage Learning, 2012, p. 665.

e dos controles internos da entidade, a saúde financeira da organização e a existência de transações entre partes relacionadas.

Com todos esses elementos, o Juiz poderá traçar com maior segurança em qual o ambiente o auditor estava inserido na execução da sua atividade e verificar se o planejamento da auditoria, tal como horas de trabalho, número de profissionais envolvidos e equipe externa de apoio permitiria a adoação de outra conduta mais adequada para identificar o erro ou a fraude perpetrada e que resultou na divulgação de informações financeiras distorcidas.

A aferição da culpa do auditor deverá não só levar se o auditor adotou um *standard* de conduta desejado para aquela situação identificada, mas se naquele ambiente em que estava inserida a auditoria, o *standard* de conduta era possível.

Exigir de um auditor uma determinada conduta – em que, por exemplo, ele deveria ter obtido um volume maior de evidências a respeito da fidedignidade das demonstrações elaboradas pela entidade auditada para imputação de culpa – pode apresentar-se razoável em uma empresa sem controles internos eficazes, isto é, realmente o auditor cometeu um erro de fato e planejou mal o seu trabalho. Por outro lado, em uma empresa com controles internos eficazes, a quantidade de evidências obtidas está de acordo com o que é normalmente exigido, não sendo esse fato um nodal para atribuição de culpa ao auditor.

Diante do caso concreto que relatamos no início desse tópico – o prejuízo de 4,9 bilhões de euros do *Banco Societé Génerale* – o ato ilícito do auditor não está no fato em si, que é de responsabilidade do operador de nível hierárquico inferior e da administração do banco, que não manteve controles internos eficazes para identificação desse tipo de conduta.

A responsabilidade do auditor independente está na falha do seu dever de identificar no procedimento de auditoria a conduta do operador de nível hierárquico inferior, que vinha realizando operações fraudulentas, e informar à administração da companhia para providências, com vistas a cessar tal conduta e, por consequência, evitar a divulgação pelo *Banco Societé Génerale* de uma informação financeira inverídica, ou seja, que não considera um prejuízo de 4,9 bilhões de euros.

Não obstante, para aferição da culpa do auditor independente a ensejar a sua responsabilização, deve ser verificado se, à luz do caso concreto, observando todos os fatores em que a auditoria foi planejada e executada, o auditor conseguiria adotar outra conduta exigida pelas normas legais e profissionais que permitisse a descoberta da fraude? Se sim, o auditor agiu com culpa. Se não, a conduta do auditor está de acordo com os padrões razoavelmente exigidos para um trabalho de auditoria, não sendo possível identificar na sua conduta qualquer ato ilícito.

Note-se que elemento culpa é indispensável na aferição da responsabilidade do auditor independente, não sendo possível falar em responsabilidade objetiva. Inclusive, o parágrafo 2º, do artigo 26, Lei nº 6.385/76[411], utiliza a expressão *"culpa ou dolo"* como elemento indispensável para aferição da responsabilidade civil do auditor independente, junto aos usuários previstos e previsíveis como veremos a seguir.

Admitir-se-ia uma responsabilidade objetiva do auditor independente se a sua atividade guardasse relação com uma obrigação de garantia, cuja função seria a *eliminação* do risco de divulgação financeira que pesa sobre a fidedignidade das demonstrações contábeis apresentadas pela entidade, mas, como vimos, sua função se limita a *reduzir* o risco.

Em relação ao *dano*, este deverá ser certo e corresponder a uma lesão do patrimônio da vítima, entendido este como o conjunto das relações jurídicas de uma pessoa, apreciáveis em dinheiro.

O alcance da obrigação do auditor em indenizar está circunscrito a restabelecer a situação do lesado àquela que existiria caso ele não tivesse sido induzido à realização de um determinado investimento por um relatório de auditoria negligente, que permitiu a divulgação de informação financeira com distorções em decorrência de fraude ou erro.

Via de regra, o dano patrimonial pode atingir aquilo que compõe o patrimônio atual da vítima (dano emergente), como também o futuro (lucro cessante). Nos termos do artigo 402 do Código Civil[412], as perdas e danos abrangem não só o que a vítima perdeu (dano emergente) como o que razoavelmente deixou de lucrar (lucros cessantes).

---

[411] Lei nº 6.385/76: "Artigo 26. (...) Parágrafo 2º: "as empresas de auditoria contábil ou auditores contábeis independentes responderão, civilmente, pelos prejuízos que causarem a terceiros em virtude de culpa ou dolo no exercício das funções previstas neste artigo.".
[412] Código Civil: "Art. 402. Salvo as exceções expressamente previstas em lei, as perdas e danos devidas ao credor abrangem, além do que ele efetivamente perdeu, o que razoavelmente deixou de lucrar.".

Contudo, como afirmam Luis Manuel Teles de Menezes Leitão[413] e Manuel A. Carneiro Frada[414], o dano passível de ressarcimento pela falha do auditor se limita apenas ao dano emergente correspondente às disposições patrimoniais que efetivou em virtude da informação auditada defeituosa e não àquilo que o lesado esperava obter com a aquisição.

Manuel A. Carneiro Frada, ao analisar os efeitos de uma auditoria no âmbito de uma compra e venda privada de participação societária, justifica que a auditoria não pode servir como forma de transferir *"(...) para outrem (os auditores) o risco de decisões econômicas que pretendem tomar e que, por isso, devem eles próprios assumir. Qualquer negócio encerra margem de incertezas e dúvidas"*[415].

Na determinação do valor de um ativo e a sua rentabilidade, não há uma situação fática concreta. Há apenas uma perspectiva calculada sobre um método científico que leva em consideração o retorno do ativo, como por exemplo, sua rentabilidade, e variáveis relativas a perspectivas setoriais, taxa de crescimento, variação cambial, dentre outras que impedem a determinação exata de quanto e quando alguém irá auferir durante um prazo futuro, sendo, portanto, os ganhos futuros incertos. Em outras palavras, é a *mão invisível*[416] do mercado que irá orientar a economia.

O lucro cessante é aquilo que o bom-senso diz que o credor lucraria, apurado segundo um juízo de probabilidade e de acordo com o normal desenrolar

---

[413] MENEZES LEITÃO, Luis Manuel Teles de. *A responsabilidade do auditor de uma sociedade cotada. Estudos em honra de Ruy de Albuquerque, volume I*. Coimbra: Coimbra, 2006. p. 819-828. p. 825: "A tutela da norma limita-se-á, no entanto, ao interesse contratual negativo (disposições realizadas pelo lesado em virtude da informação defeituosa), não abrangendo também o interesse contratual positivo (situação patrimonial que o lesado teria se tivesse celebrado o negócio com base na informação correcta).".

[414] FRADA, Manuel A. Carneiro. O problema e os limites da responsabilidade dos auditores. *Direito e justiça, revista da faculdade de direito da Universidade Católica Portuguesa*. Lisboa: 2002. v. 16, tomo I, p. 159-169, p. 168: "Na linguagem técnica e precisa dos juristas: indeniza-se o dano negativo (consistente numa disposição inútil, desproporcionada ou prejudiciais), não o interesse positivo de realização do valor que se esperava obter com a aquisição.".

[415] FRADA, Manuel A. Carneiro. O problema e os limites da responsabilidade dos auditores. *Direito e justiça, revista da faculdade de direito da Universidade Católica Portuguesa*. Lisboa: 2002. v. 16, tomo I, p. 168.

[416] *Mão invisível* foi um termo introduzido por Adam Smith em *"A Riqueza das nações"* para descrever como numa economia de mercado, apesar da inexistência de uma entidade coordenadora do interesse comunal, a interação dos indivíduos parece resultar numa determinada ordem, como se houvesse uma "mão invisível" que orientasse a economia.

dos fatos. Não pode ser algo meramente hipotético, imaginário, porque tem que ter por base uma situação fática concreta.

Perder o capital investido ou não atingir as expectativas de rentabilidade de um investimento está na álea do investidor e se trata de um evento incerto, imprevisível, influenciado por uma série de fatores econômicos que impedem auferir o quanto e quando o investidor deixou de lucrar, em um ambiente normal de negócios, caso não houvesse um prejuízo decorrente da conduta culposa do auditor independente.

Assim, em regra, considerar o pagamento de indenização por lucros cessantes seria uma assunção pelo auditor do risco de perda ou frustração que o investidor pode sofrer no curso normal dos negócios, de modo que sua atividade equivaleria a uma função de garantia contra eventos futuros ou incertos, em clara natureza de segurador universal dos interesses dos investidores.

A despeito da quantificação do dano emergente a ser suportado pelo auditor independente, o Juiz deve levar em consideração o *nexo de causalidade* entre a sua conduta culposa e o prejuízo suportado pelo investidor.

Como afirma Manuel A. Carneiro Frada: "*O juízo de responsabilidade dos auditores requer, pois, de modo crucial, a identificação e delimitação precisa do dano sofrido em consequência da sua conduta. E não pode firmar-se sem uma atenta consideração da doutrina jurídica da causalidade*"[417].

Há que se inicialmente verificar a existência de concausas na divulgação de informação financeira com distorções em decorrência de fraude ou erro, através do qual poderemos concluir quem foi o causador do dano, a possibilitar a imputação de obrigação de indenizar a vítima e distribuir o ônus da obrigação de indenizar entre os agentes.

É certo que o auditor não cria as demonstrações financeiras, os controles internos e as demais informações a serem divulgadas ao mercado por uma determinada entidade. Essa providência cabe aos administradores da entidade, a quem a lei impõe a obrigação de elaborar e divulgar, observando os deveres de diligência inerentes ao cargo.

---

[417] FRADA, Manuel A. Carneiro. O problema e os limites da responsabilidade dos auditores. *Direito e justiça, revista da faculdade de direito da Universidade Católica Portuguesa*. Lisboa: 2002. v. 16, tomo I, p. 169.

Como vimos, esses deveres de diligência exigidos dos administradores exige a condução dos negócios sociais observando os métodos, recomendações, postulados e diretivas da ciência da administração de empresas, em contraposição ao paradigma de bom pai de família do direito romano, ou de um homem ativo e probo expresso no artigo 153[418] da Lei nº 6.404/76.

Por outro lado, nas lições de Rashad e Khalik[419], são esses profissionais que têm um incentivo econômico para maquiar as informações e fazer com que sua entidade pareça mais lucrativa e financeiramente estável do que é, o que nos faz concluir que se alguma demonstração financeira contém distorções em decorrência de fraude ou erro, salvo no caso de dolo dos auditores, como vimos no caso da *Enron*, relatado anteriormente, fora por eles produzida.

Finalizada a elaboração das informações financeiras pela administração, antes da divulgação ao mercado, o auditor inicia os seus trabalhos de planejamento, execução e emissão de relatório de auditoria, com vistas a atingir o objetivo pretendido, que é a *redução* a um nível razoável e não a *eliminação* do risco de divulgação de informação financeira com distorções em decorrência de fraude ou erro.

Divulgadas as demonstrações financeiras ao mercado, que certamente influenciou a tomada de decisão por diversos usuários, vem a ser constatada uma fraude contábil que ocasiona prejuízos financeiros a diversas pessoas no mercado.

Nessa linha, temos que a administração falhou nos seus deveres legais ao elaborar demonstração financeira com distorções em decorrência de fraude ou erro e, do outro lado, temos que o auditor falhou no cumprimento do seu dever de identificar no procedimento de auditoria o erro ou a fraude existente, por meio de um relatório que apontasse a existência de distorções relevantes, ou seja, duas causas sucessivas ou concausas, provocaram o mesmo evento danoso aos investidores.

Assim, há que se verificar, inicialmente, se a causa posterior (auditoria) interrompe ou não o nexo causal em relação ao primeiro fato (fraude ou erro

---

[418] Lei nº 6.404/76: "Art. 153. O administrador da companhia deve empregar, no exercício de suas funções, o cuidado e diligência que todo homem ativo e probo costuma empregar na administração dos seus próprios negócios.".

[419] RASHAD, A e KHALIK, Abdel. *Dicionário enciclopédico de contabilidade*. São Paulo: Atlas, 2004, p. 31.

da administração). Se não interrompe, em nada favorecerá o auditor, que responderá pelo dano causado, solidariamente aos administradores, na qualidade de coautores, nos termos do artigo 942 do Código Civil: *"Art. 942. Os bens do responsável pela ofensa ou violação do direito de outrem ficam sujeitos à reparação do dano causado; e, se a ofensa tiver mais de um autor, todos responderão solidariamente pela reparação"*.

Temos que a conduta do auditor – falhar no cumprimento do seu dever de identificar no procedimento de auditoria o erro ou a fraude existente – constitui uma causa indissociável do primeiro fato (fraude ou erro da administração), atuando simultaneamente para eclodir os danos causados aos investidores, de forma que os auditores respondem solidariamente aos administradores pelos prejuízos causados.

Com efeito, os administradores e o auditor concorrem adequadamente para o evento considerado o causador do dano aos investidores e, consequentemente, são obrigados a indenizar solidariamente. De acordo com Sergio Cavalieri Filho:

> Em face do lesado, quer haja causas cumulativas, quer haja subsequência de causas ou mera coincidência de causas, qualquer dos responsáveis é obrigado a reparar todo o dano, cabendo a este, se for o caso, agir contra os coobrigados para ressarcir-se do que por eles pagou, segundo as regras das relações internas de solidariedade[420].

Nesse sentido, o Juiz Miguel Ferrari Junior, da 43ª Vara Cível do Foro Central da Capital do Estado de São Paulo[421], ao decidir uma ação indenizatória proposta em face da auditoria independente, por falhas cometidas na realização do procedimento de auditoria das demonstrações financeiras do Banco BVA S/A, consignou em sua sentença que:

---

[420] CAVALIERI FILHO, Sérgio. *Programa de responsabilidade civil*. 12. ed. São Paulo: Atlas, 2012, p. 87.
[421] Processo nº: 1046770-40.2014.8.26.0100, 43ª Vara Cível do Foro Central da Capital do Estado de São Paulo, Requerente: W.O. Agropecuária Ltda. Requerido: KPMG Auditores Independentes e outro.

(...) Nessa quadra jurídica, existe um concurso de causas – concausas – cada uma delas suficiente para a produção do dano experimentado pela autora. A primeira causa é aquela atinente aos próprios problemas financeiros vivenciados pelo BVA. A segunda causa e não menos importante é a realização de auditoria que não identificou o real estado financeiro do citado banco e que criou na autora a expectativa legítima acerca da idoneidade financeira. E o artigo 942 do Código Civil dispõe com meridiana clareza que *"se a ofensa tiver mais de um autor, todos responderão solidariamente pela reparação.* Portanto, em nada interfere no direito da autora a possibilidade de ela reaver seu crédito no processo falimentar, porque também contra os réus pode exercer a mesma pretensão. E os réus, se desejarem, poderão voltar-se contra a massa falida para dela receber o que tiverem pagado à autora.

Em contrapartida, o auditor independente poderá afastar a sua culpa – presumida neste caso – comprovando que cumpriu integralmente seus deveres profissionais e éticos, mas tamanha a sofisticação da fraude perpetrada, não seria possível identificá-la, ou seja, o procedimento de auditoria estaria naquele espectro inerente à sua atividade de redução e não eliminação do risco.

Em outras palavras, caberá ao auditor provar que não agiu com culpa, já que o procedimento de auditoria não seria apto a remover os obstáculos à credibilidade das demonstrações financeiras perpetrados pela administração da entidade auditada.

6.7. Situações jurídicas de imputação do dano ao auditor independente

6.7.1. Situação Jurídica de responsabilidade do auditor independente no mercado financeiro. Usuários *previsto* e *previsível*. Alcance do artigo 25, parágrafo segundo, da Lei 6.385/76

Como vimos, as entidades integrantes do sistema financeiro, sujeitas às normas do Banco Central do Brasil (BACEN) e aquelas emissoras de valores mobiliários[422] e sujeitas às normas da Comissão de Valores Mobiliários (CVM), por *imposição legal*, contratam empresa de auditoria independente para verificação das suas demonstrações financeiras, que posteriormente são divulgadas ao mercado e disponibilizadas aos respectivos órgãos reguladores. Trata-se, portanto, a contratação e a realização de uma auditoria independente, um *dever legal* imposto pela Lei 6.385/76.

Nesse ambiente regulado, a lei confere uma proteção patrimonial a terceiros não integrantes da relação contratual entre a entidade auditada e os auditores, por danos causados por este, em decorrência da sua conduta culposa, consistente na violação ao dever de observância das normas legais e profissionais relativas à atividade, que em determinadas circunstâncias impõem um dever de agir de modo diferente de como o profissional agiu, ocasionando danos pela divulgação pela entidade auditada de informações financeiras distorcidas.

Trata-se da responsabilidade extracontratual do auditor independente em face dos usuários da informação auditada.

No que se trata da responsabilidade extracontratual dos auditores independentes, o Código de Valores Mobiliários de Portugal apresenta disposição legal muito próxima da redação adotada pela Lei nº 6.385/76: Em seu artigo 10[423], estabelece que os auditores independentes são responsáveis pela

---

[422] São valores mobiliários todos os instrumentos elencados no rol do artigo 2º da Lei nº 6.385/76, bem como todo e qualquer instrumento de investimento corresponde a um (a) contrato ou instrumento, que (b) representa investimento em dinheiro; (c) cujo objetivo do contratante é (d) auferir lucros, em decorrência do esforço de terceiro na consecução do empreendimento, nos termos do inciso IX, do artigo 2º, da Lei nº 6.385/76, cuja sua emissão e negociação estará sujeita a controle e fiscalização estatal por meio da Comissão de Valores Mobiliários (CVM). Em outras palavras, para identificar se um determinado instrumento é ou não um valor mobiliário, o intérprete primeiro deve verificar se a sua forma está elencada no rol do artigo 2º da Lei nº 6.385/76. Caso positivo, será para efeitos legais, um *valor mobiliário*. Em caso negativo, o operador deve realizar *Howey Test*. Verificar se o instrumento de investimento corresponde a um (a) contrato ou instrumento, que (b) representa investimento em dinheiro; (c) cujo objetivo do contratante é (d) auferir lucros, em decorrência do esforço de terceiro na consecução do empreendimento. Em caso positivo, será um valor mobiliário.

[423] Decreto-Lei n.º 486/99: Código de Valores Mobiliários de Portugal: "10. Responsabilidade dos auditores: 1 – Pelos danos causados aos emitentes ou a terceiros por deficiência do relatório ou do parecer elaborados por auditor respondem solidária e ilimitadamente: *a*) Os revisores oficiais de contas e outras pessoas que tenham assinado o relatório ou o parecer;

danos causados aos emitentes ou a terceiros por deficiência do relatório ou do parecer elaborados por auditor.

Note-se que o dispositivo da legislação portuguesa não se utiliza da palavra dolo ou culpa na aferição da auditora independente, de forma que, nas palavras de Gabriela Figueiredo Dias[424], a responsabilidade do auditor independente é objetiva pelos danos causados a terceiros por deficiência no cumprimento dos seus deveres de diligência. Nesse sentido, o auditor independente responde independentemente de culpa junto aos usuários da informação auditada.

Nesse ponto, vale uma crítica acerca dessa imputação objetiva da responsabilidade ao auditor independente. O elemento culpa é indispensável na aferição da responsabilidade do auditor independente. Admitir-se-ia uma responsabilidade objetiva do auditor independente se a sua atividade guardasse relação com uma obrigação de garantia, cuja função seria a *eliminação* do risco de divulgação financeira que pesa sobre a fidedignidade das demonstrações contábeis apresentadas pela entidade, mas, como vimos, sua função se limita a *reduzir* o risco.

No entanto, como condição para atuação do mercado de valores mobiliários, a legislação portuguesa exige dos auditores a manutenção de seguro de responsabilidade civil adequado a garantir o cumprimento das suas obrigações. Dessa forma, para atuação junto às companhias aberta portuguesas, a lei instituiu algo muito semelhante à figura de um seguro obrigatório para o exercício da atividade de auditoria.

Em 2006, por meio da Recomendação 2008/473/CE, a Comissão das Comunidades Europeias manifestou preocupação que a adoção de uma responsabilidade ilimitada e solidária dos auditores independentes pudesse dissuadir

---

b) As sociedades de revisores oficiais de contas e outras sociedades de auditoria, desde que os documentos auditados tenham sido assinados por um dos seus sócios. 2 – Os auditores devem manter seguro de responsabilidade civil adequado a garantir o cumprimento das suas obrigações.".

[424] DIAS, Gabriela Figueiredo. *Fiscalização de sociedades e responsabilidade civil (após a reforma do Código de Sociedades Comerciais)*. Coimbra: Coimbra, 2006, p. 94-95): a norma "acrescenta dois elementos de grande relevância no escrutínio da responsabilidade do auditor: a consagração expressa da responsabilidade do auditor perante terceiros e a responsabilidade objetiva das sociedades de revisores oficiais de contas pelo produto da auditora realizada pelos seus sócios.".

o ingresso de determinadas empresas de auditoria em alguns países-membros, prejudicando o mercado concorrencial de serviços de auditoria[425].

Nessa linha, sugeriu aos estados-membros a adoção nas suas respectivas legislações de mecanismos de limitação da responsabilidade do auditor, exceto no caso de dolo do auditor no exercício da sua atividade. Essas salvaguardas em relação à responsabilização do auditor independente consistem no estabelecimento de uma responsabilidade proporcional aos auditores à sua contribuição ao dano causado a terceiros e também na impossibilidade de qualquer acionista ou terceiro prejudicado demandar a responsabilidade do auditor independente, sendo apenas a entidade auditada legitimada a requerer a sua responsabilização[426].

---

[425] Recomendação 2008/473/CE: "(2) O bom funcionamento dos mercados de capitais exige uma capacidade de auditoria sustentável e um mercado concorrencial de serviços de auditoria em que exista uma escolha suficiente de sociedades de revisores oficiais de contas aptas e dispostas a realizar a revisão legal das contas das empresas cujos valores mobiliários são admitidos à negociação num mercado regulamentado de um Estado-Membro. Contudo, a crescente volatilidade da capitalização em bolsa das empresas deu origem a riscos de responsabilidade muito mais elevados, enquanto o acesso aos seguros contra os riscos inerentes a tais auditorias se tornou cada vez mais limitado. (3) Uma vez que a responsabilidade ilimitada e solidária pode dissuadir as sociedades e as redes de revisores oficiais de contas de entrar no mercado internacional da auditoria das empresas cotadas na Comunidade, há poucas perspectivas de que surjam no mercado novas redes de auditoria, em condições de realizar revisões legais das contas dessas empresas.".

[426] Recomendação 2008/473/CE : "(6) Por conseguinte, os Estados-Membros devem poder determinar, ao abrigo da sua legislação nacional, um limite máximo em matéria de responsabilidade dos revisores oficiais de contas. Em alternativa, os Estados-Membros devem poder estabelecer, ao abrigo da sua legislação nacional, um regime de responsabilidade proporcional, segundo o qual os revisores oficiais de contas e as sociedades de revisores oficiais de contas só serão responsáveis em função da sua contribuição para os danos provocados, sem serem conjunta e solidariamente responsáveis com outras partes. Nos Estados-Membros em que os pedidos de indenização contra os revisores oficiais de contas só podem ser apresentados pela empresa objeto da auditoria e não por acionista individuais ou qualquer outra parte interessada, os Estados-Membros devem poder igualmente permitir à empresa, aos seus acionista e ao revisor oficial de contas determinar a limitação da responsabilidade do auditor, devendo ser previstas garantias adequadas para as partes que invistam na empresa limitação da responsabilidade não se justifica nos casos de incumprimento intencional dos deveres profissionais por parte do revisor oficial de contas, pelo que não deve ser aplicada nessas circunstâncias. Essa limitação não deve também prejudicar o direito de uma parte lesada de ser justamente indenizada.".

Contudo, apesar da reforma perpetrada no Código de Valores Mobiliários de Portugal, por meio do Decreto-Lei nº 157/2014, vigora ainda no direito português o regime de responsabilidade sem culpa do auditor, que é solidária e ilimitada juntamente com a sociedade de auditores da qual é sócio[427].

No Brasil, o artigo 26, parágrafo 2º da Lei nº 6.385/76, estabelece a responsabilidade extracontratual subjetiva do auditor independente ao estabelece que *"As empresas de auditoria contábil ou auditores contábeis independentes responderão, civilmente, pelos prejuízos que causarem a terceiros em virtude de culpa ou dolo no exercício das funções previstas neste artigo."*.

De fato, os auditores não só respondem contratualmente pelos danos causados em face da entidade auditada contratante dos seus serviços, como também perante terceiros pelos prejuízos causados (*dano*) em virtude da violação aos seus deveres de diligência (culpa *lato sensu*), no exercício da sua função de expressar uma conclusão com a finalidade de *aumentar* o grau de confiança dos usuários e, por conseguinte, *reduzir* o risco de divulgação de informação financeira com distorções em decorrência de fraude ou erro a um nível razoável, aceitavelmente baixo.

Por sua vez, o parágrafo 3º, do artigo 26, da Lei nº 6.385/76, estabelece que:

> § 3º Sem prejuízo do disposto no parágrafo precedente, as empresas de auditoria contábil ou os auditores contábeis independentes responderão administrativamente, perante o Banco Central do Brasil, pelos atos praticados ou omissões em que houverem incorrido no desempenho das atividades de auditoria de instituições financeiras e demais instituições autorizadas a funcionar pelo Banco Central do Brasil.

Nessa linha, além da responsabilização administrativa do auditor independente perante o Banco Central do Brasil, que, aliás, é solidária aos administradores da instituição, conforme Lei nº 9447/97, estes estão sujeitos

---

[427] SARAIVA, Francisco. *Independência e responsabilidade civil do auditor externo das sociedades comerciais cotadas*. Almedida: Lisboa, 2015, p. 110: "Não obstante, recorde-se que o artigo 10. do CVM, em caso de danos causados aos emitentes ou terceiros por deficiência do relatório ou do parecer elaborado pelo auditor, estatui a responsabilidade solidária e ilimitada dos ROC e outras pessoas que tenham assinado o relatório ou o parecer das SROC e outras sociedades de auditoria, desde que os documentos auditados tenham sido assinados por seus sócios.".

à imputação de danos causados a terceiros por falhas ocorridas no procedimento de auditoria executado nas instituições financeiras e demais instituições autorizadas a funcionar pelo Banco Central do Brasil, com base no parágrafo 3º, do artigo 26, da Lei nº 6.385/76.

Logo, a norma prevista no parágrafo 2º, do artigo 26, da Lei nº 6.385/76 responsabiliza o auditor pelos prejuízos que causar a terceiros em virtude de culpa ou dolo no exercício das funções, quando realizarem auditoria em emissores de valores mobiliários e instituições autorizadas a funcionar pelo Banco Central do Brasil.

No entanto, essa norma de responsabilização não alcança todo o espectro de atuação do auditor independente. Sua função é proteger interesses patrimoniais de terceiros em face de atos praticado com culpa pelo auditor independente apenas em face de um determinado grupo de usuários.

Na essência dessa norma, a ilicitude da atividade do auditor independente, a ensejar a sua responsabilização extracontratual, com base no artigo 26, parágrafo 2º da Lei nº 6.385/76, está circunscrita em relação aos terceiros usuários da informação produzida dentro de um mercado de capitais regulado pela Comissão de Valores Mobiliários (CVM) e das instituições financeiras autorizadas a funcionar pelo Banco Central do Brasil.

Quis o legislador dar uma maior proteção aos investidores que atuam nesse ambiente, com vistas a desenvolver o mercado financeiro, cuja confiança dos investidores e clientes é fundamental para o funcionamento do sistema.

Sendo, portanto, a hipótese de incidência do artigo 26, parágrafo 2º da Lei nº 6.385/76, restrita aos terceiros que atuam nesse mercado de capitais regulado pela Comissão de Valores Mobiliários (CVM) e das instituições financeiras autorizadas a funcionar pelo Banco Central do Brasil (BACEN), temos que o alcance dessa norma atinge um grupo importante de usuários, mas não todos, que são os *previstos* e os *previsíveis*, justamente os que atuam estritamente neste mercado regulado.

Como vimos anteriormente, *usuários previstos* são as pessoas individualmente desconhecidas, mas que constituem um grupo de interesse específico nas demonstrações contábeis de uma determinada entidade, bem como no relatório de auditoria elaborado sobre essas informações. Trata-se de um grupo de pessoas qualificadas, cujo auditor não consegue identificar individualmente, mas sabe que o grupo como um todo possui interesse no resultado do seu trabalho, pois possuem demandas significativas e comuns sobre a informação divulgada.

Já o *usuário previsível* são os acionistas atuais ou potenciais de uma determinada entidade, correntistas de uma instituição financeira, investidores individuais, para quem a existência ou não do relatório de auditoria pode não ser um pressuposto para a tomada de uma decisão de investimento.

Com relação a esses usuários, não há como dissociar as decisões de investimento – salvo quando atuam como *usuários identificados* ou *terceiros beneficiários* da informação auditada em outros ambientes, como por exemplo, uma compra e venda de ações privada – ao ambiente de regulação da Comissão de Valores Mobiliários (CVM) e do Banco Central do Brasil (BACEN).

Toda colocação de valores mobiliários no mercado está sujeita à fiscalização e regulação da Comissão de Valores Mobiliários (CVM). Dessa forma, em nosso sistema, nenhuma oferta pública de valores mobiliários pode ser realizada sem o prévio registro na Comissão de Valores Mobiliários (CVM). Vale registrar que nem toda oferta de valores mobiliários é pública. Há valores mobiliários que podem ser objeto de ofertas privadas, como por exemplo, os contratos de *swap* e de derivativos que, dada a sua natureza bilateral, são sempre negociados apenas entre duas partes e raramente são transferidos para terceiros, porém isso não exime os seus emissores do registro das operações perante a Comissão de Valores Mobiliários (CVM).

Se alguma entidade quer acessar a poupança popular por meio do oferecimento de investimentos em valores mobiliários, deverá se sujeitar à regulação da Comissão de Valores Mobiliários (CVM).

Por seu turno, não há instituições financeiras em funcionamento sem o cumprimento dos requisitos mínimos exigidos para o seu funcionamento e não sujeitas às normas do Banco Central do Brasil (BACEN). Como afirma Ivo Waisberg, *"a regulação estatal e, principalmente a supervisão da atividade bancária são requisitos indispensáveis para atrair a confiabilidade do sistema"* [428].

Assim, em regra, não há qualquer valor mobiliário disponível no mercado ou instituição financeira autorizada à captação da poupança popular não sujeita à regulação do pela Comissão de Valores Mobiliários (CVM) ou pelo

---

[428] WAISBERG, Ivo. *Responsabilidade civil dos administradores dos bancos comerciais*. São Paulo: Revista dos Tribunais, 2002, p. 47.

Banco Central do Brasil (BACEN), de modo que não há possibilidade de que seja tomada uma decisão de investimento – ao menos para essas categorias de usuários – fora desse ambiente de regulação.

Decerto, portanto, que para esses usuários, a lei conferiu um regime de responsabilidade extracontratual específico em face do auditor independente, caso venha a suportar algum prejuízo se investir nesse mercado regulado.

O fato da obrigação do auditor independente corresponder a uma *obrigação de meio*, tal situação jurídica leva, em tese, a uma atribuição de culpa presumida ao auditor independente, invertendo-se o ônus da prova.

Nessa linha, basta aos usuários *previsto* e *previsível* demonstrar que o auditor independente deixou de informar em seu relatório de auditoria eventuais distorções existentes na informação divulgada, para se presumir a culpa do auditor que, por sua vez, é traduzida na falha do seu dever de agir de acordo com os padrões exigidos pelas normas éticas e profissionais de auditoria, para nascer a obrigação da empresa de auditoria indenizar o usuário, nos termos do artigo 26, parágrafo 2º da Lei nº 6.385/76.

Vejamos como exemplo a ação indenizatória proposta por um investidor em face da auditoria KPMG, processo nº 1046770-40.2014.8.26.0100. No caso, trata-se de um investidor não qualificado, portanto, um *usuário previsível* do relatório de auditoria que, na condição de correntista de uma instituição financeira, tomou a decisão de adquirir um Certificado de Depósito Bancário (CDB) do Banco BVA S/A que, por sua vez, veio a ter a sua falência decretada.

Como causa de pedir, o investidor alega que confiou no relatório de auditoria e procedeu à realização da aquisição de um Certificado de Depósito Bancário (CDB) e, posteriormente, veio a sofrer um dano correspondente ao valor investido, de modo que se a auditoria falhou ao não identificar a situação financeira do banco, está deve responder pelos prejuízos suportados.

Nessa linha, o Juiz houve por bem julgar procedente o pedido e condenar a KPMG a restituir o valor investido, descontando aquilo que o investidor havia recebido do Fundo Garantidor de Crédito (FGC). O Juiz Miguel Ferrari Junior, da 43ª Vara Cível do Foro Central da Capital do Estado de São Paulo[429],

---

[429] Processo nº: 1046770-40.2014.8.26.0100, 43ª Vara Cível do Foro Central da Capital do Estado de São Paulo, Requerente: W.O. Agropecuária Ltda. Requerido: KPMG Auditores Independentes e outro.

consignou em sua decisão, em outras palavras, que o relatório de auditoria influi a decisão de todo e qualquer tipo de investidor, sendo irrelevante aferir a influência do relatório de auditoria na decisão de investimento:

> Dessa arte, há substanciosos elementos a indicar que os réus não agiram com a boa técnica e responsabilidade que informam o mister de auditoria e que avalizaram os balanços do Banco BVA que continham informações falsas e comprometedoras. Com isso, não há dúvidas que o relatório de auditoria elaborado pelos réus influiu na decisão de investidores e de terceiros que com o Banco BVA mantiveram relações comerciais ou de crédito.

Como se observa, o *usuário previsível* do relatório de auditoria que, na condição de correntista de uma instituição financeira, tomou a decisão de adquirir um Certificado de Depósito Bancário (CDB) do Banco BVA S/A justamente porque confiou na situação financeira da instituição, transmitida por suas demonstrações contábeis devidamente auditadas.

Ou seja, a confiança[430] depositada pelo investidor na instituição financeira estava alicerçada em informações falsas e enganosas, devidamente revisadas pela auditoria independente, a quem caberia identificar tais evidências, comunicar ao mercado e aos órgãos reguladores, de modo a não permitir que tal instituição continuasse a vender Certificados de Depósito Bancário (CDB) e a captar depósitos, sob uma falsa situação de higidez patrimonial.

De fato, se verificada a falsidade da informação ou a sua incompletude, dada a natureza da obrigação do auditor, há que se presumir sua culpa pelos danos suportados por esse investidor, bem como a existência de um liame

---

[430] SADDI, Jairo. *Crise e Regulação Bancária*. São Paulo: Textonovo, 2001, p. 39-40.: "O elemento principal e instrumental de qualquer instituição financeira não é a natureza técnica ou facilmente conquistável – é intangível, fruto e resultado de um longo e penoso esforço, aliado à experiência necessária dos anos. Como comumente se afirma, a credibilidade é difícil de ser conquistada, porém é facílima de ser perdida. Bancos vivem de credibilidade – esse é seu maior ativo. Confiança, por definição, é valor intangível, conquistado somente através da experiência positiva, com a convicção de que o resultado será exatamente o esperado. (...) Um banco sem credibilidade faz com que os agentes econômicos ou sobreestimem as taxas de juros a serem pagas pela captação de seus depósitos (tendo em vista que impõem um prêmio maior para o risco), ou simplesmente se recusem a depositar ou investir naquela instituição.".

causal entre a conduta culposa e o dano suportado, pois a falha do auditor distorceu a compreensão pelo investidor das informações divulgadas, levando a uma decisão equivocada.

Por outro lado, caberá à empresa de auditoria demonstrar que não agiu com culpa. Isto é, deverá demonstrar por meio dos papéis de auditoria que o procedimento foi planejado e executado de acordo com os padrões normativos exigidos, não sendo possível a adoção de qualquer outra conduta por este profissional a evitar o prejuízo.

6.7.2. Situação Jurídica de responsabilidade do auditor independente em face da *entidade auditada* e dos *terceiros beneficiários*

Vimos que a contratação do auditor independente pode também ocorrer por meio de uma *contratação voluntária*, por toda e qualquer entidade que deseja a realização de uma auditoria sobre as suas contas.

Nesse caso, as hipóteses são muitas. Essas empresas podem contratar os serviços de auditoria independente para revisão das suas demonstrações financeiras ou para verificação dos seus controles internos, ou até para uma operação específica de compra e venda de ações por seus acionistas e terceiros, captação de empréstimo junto às instituições financeiras, dentre uma gama de outras atividades.

Nessas hipóteses, o auditor independente está sujeito à observância de todas as normas éticas e profissionais relativas à profissão, expedidas pelo Conselho Regional de Contabilidade (CFC), porém não há necessidade de que seja previamente registrado na Comissão de Valores Mobiliários (CVM), de forma que não há uma sujeição desse profissional de auditoria às normas legais ou regulamentares do mercado financeiro, expedidas pelo Banco Central do Brasil (BACEN) e pela própria Comissão de Valores Mobiliários (CVM).

Com isso, se a auditoria independente falhar, não estará sujeita à punição administrativa dos órgãos reguladores, porém se sujeita à punição disciplinar do Conselho Regional de Contabilidade (CFC).

Suponhamos que os acionistas de uma determinada companhia fechada resolvam alienar a totalidade de suas ações. Durante a fase de negociação, o interessado (terceiro) na aquisição solicita que a companhia contrate uma auditoria independente para analisar as demonstrações financeiras da companhia, com o objetivo de definir ou comprovar a real situação financeira da entidade e, por conseguinte, balizar o preço a ser pago pelas ações.

Posteriormente, a companhia celebra um contrato de prestação de serviços com uma empresa de auditoria independente, de modo que teremos, em tese, apenas dois centros de interesses neste contrato de prestação de serviços, a companhia contratante e a auditoria independente como contratada, pois aquele terceiro interessado em adquirir as ações, bem como os acionistas vendedores, não fazem parte da relação contratual.

Ou também um banco, ou um fornecedor, que antes de fornecer um crédito ou um determinado bem, realiza uma análise prévia sobre as demonstrações contábeis de uma determinada entidade, para verificar se esta terá capacidade de honrar com os pagamentos no prazo e nas condições pretendidas. No entanto, para garantir que essas demonstrações contábeis estejam livres de distorção por fraude ou erro, requisitam como condição precedente ao negócio jurídico de empréstimo ou fornecimento, que a entidade realize uma auditoria em suas demonstrações contábeis. Dessa forma, é condição precedente à concessão de um empréstimo ou a realização de um fornecimento, a existência de um relatório de auditoria.

Essa relação contratual existente entre a auditoria independente e a entidade auditada (companhia), em seu programa contratual, fixa uma série de obrigações, inclusive o cumprimento integral dos deveres éticos e profissionais impostos à profissão pelas normas relativas à atividade de auditoria independente, tendo, portanto, ordenando entre as partes contratantes posições e interesses ligados por um vínculo obrigacional de credor e devedor.

Cabe à entidade auditada cumprir o programa contratual, disponibilizando todas as informações solicitadas pelo auditor para realização do seu trabalho, bem como pagar os honorários contratados, e cabe à auditoria independente, dentre outras obrigações, o cumprimento de um dever positivo de uma atuação diligente no curso dos seus trabalhos, que se traduz no cumprimento integral dos deveres éticos e profissionais impostos à profissão, deveres estes previstos nas normas do Conselho Regional de Contabilidade (CFC) e que atuam como função integrativa ao contrato de prestação de serviços.

Desse vínculo obrigacional é que decorre a *responsabilidade contratual*, cuja função é tutelar a realização das expectativas de cada uma das Partes em relação às suas posições ou interesses dentro da relação contratual existente, ou melhor, de acordo com a relação contratual previamente instituída, na hipótese de falha ou frustração do plano obrigacional estabelecido, dará ao credor o direito de exigir do devedor o cumprimento da obrigação.

Nas lições de Manuel A. Carneiro Frada[431]:

> A responsabilidade contratual pressupõe um desrespeito de uma posição jurídica atribuída pelo contrato. Por seu turno, a identificação das posições protegidas pauta-se naturalmente pelo conteúdo preceptivo do contrato. Assim, é o programa contratualmente instituído, na forma como o foi, que determina a o âmbito possível da responsabilidade contratual.

Nesse caso, apenas o credor da obrigação (*entidade auditada*) terá o direito de exigir do devedor o cumprimento da obrigação a que o devedor (*empresa de auditoria*) está vinculado a realizar pelo contrato, de modo que a responsabilidade do devedor pelo não cumprimento ou pelo cumprimento defeituoso da obrigação da prestação, em princípio, caberá apenas ao credor da obrigação (*entidade auditada*) buscar a reparação dos prejuízos causados.

Tal conclusão decorre da relativização dos efeitos do contrato que, conforme Manuel A. Carneiro Frada[432], traduz a ideia de que estes só irradiam direitos e obrigações para as partes contratantes, isto é, um contrato institui uma norma específica apenas entre as partes específicas do contrato, cuja violação dá origem a uma responsabilidade contratual e, portanto, nenhum terceiro pode exercer qualquer pretensão indenizatória baseada em contrato do qual não fez parte.

Desse modo, o contrato de prestação de serviços de auditoria celebrado entre o auditor (ou empresa de auditoria) e a *entidade auditada*, via de regra, atribui apenas a *entidade auditada* a uma pretensão indenizatória baseada na

---

[431] FRADA, Manuel A. Carneiro. *Uma terceira via no direito da responsabilidade civil*. Coimbra: Almedina, 1997, p. 22/23.

[432] FRADA, Manuel A. Carneiro. *Uma terceira via no direito da responsabilidade civil*. Coimbra: Almedina, 1997, p. 24: "É o conhecido princípio da relatividade dos contratos. Ele traduz a ideia de que os efeitos desses actos se produzem somente entre as partes, como lex private destas. Um contrato institui uma específica ordenação de posições jurídicas entre os contraentes que vale como regra inter partes. É a violação desta que dá origem a uma responsabilidade contratual.".

responsabilidade contratual relativamente ao não cumprimento ou pelo cumprimento defeituoso da obrigação a que se obrigou a auditoria independente.

Em outras linhas, na hipótese de um terceiro sofrer um dano em decorrência de violação pelo auditor dos seus deveres éticos ou profissionais, não ensejará a esse terceiro, em tese, qualquer pretensão indenizatória fundada no contrato de prestação de serviços de auditoria.

Com isso, o incumprimento ou cumprimento defeituoso dos deveres éticos ou profissionais pelo auditor independente, na hipótese da ocorrência de um dano, via de regra, apenas legitima a outra parte do contrato, nesse caso, a *entidade auditada*, com base na *responsabilidade contratual* da auditoria independente, a pedir o ressarcimento pelo prejuízo suportado.

Contudo, as partes contratantes podem ter identificado no contrato de prestação de serviços quais seriam os beneficiários dessa auditoria independente, ou seja, nos *considerandos* desse instrumento de contratação, as partes dispuseram que os serviços de auditoria independente serão realizados em favor de *terceiros beneficiários* determinados ou a favor de um conjunto determinado de pessoas[433], como por exemplo, estabelecer a qualificação individual de cada um dos acionistas vendedores e compradores, se mais de um tiver, ou estabelecer que a auditoria será realizada em favor dos acionistas vendedores da companhia e dos compradores interessados naquele momento em adquirir as ações ou no caso do empréstimo e do fornecimento, indicar o banco ou o fornecedor.

Trata-se de uma das hipóteses de, como afirma Mario Julio de Almeida Costa, "*desvio ao princípio da relativização dos contratos*"[434], que é a estipulação em favor de terceiro, prevista nos artigos 436 e 438 do Código Civil, cuja preferência da doutrina[435] é em nominar como *contrato em favor de terceiro*.

---

[433] COSTA, Mario Julio de Almeida. *Direito das Obrigações*. Coimbra: Almedina, 5ª ed., 1999, p. 354): "Pode-se estipular uma prestação em favor de um conjunto indeterminado de pessoas ou no interesse público.".

[434] COSTA, Mario Julio de Almeida. *Direito das Obrigações*. Coimbra: Almedina, 5ª ed., 1999, p. 353.

[435] GOMES, Orlando. *Contratos*. Atualizada por Antonio Junqueira Azevedo e Francisco Paulo de Crescenzo Marino. Coordenado por Edvaldo Brito. Rio de Janeiro: Forense, 26. Ed., 2007. p. 196.; e PEREIRA, Caio Mário da Silva. *Instituições de direito civil*, v.2., atualizada por Regis Fichtner. Rio de Janeiro: Forense, 2005, 12. Ed, p.108.

Caio Mario da Silva Pereira define o contrato em favor de terceiro como: *"(...) uma pessoa o (estipulante [ou promissário]) convenciona com outra (o promitente) uma obrigação, em que a prestação será cumprida em favor de outra pessoa (o beneficiário)."*[436]. C. Massimo Bianca define como "*O contrato é dito a terceiros quando uma das partes (segurado) designa um terceiro como direito ao benefício pago pela contraparte (promitente)."*[437].

Por sua vez, o terceiro é aquele que, nas lições de Orlando Gomes *"(...) seja totalmente estranho ao contrato ou à relação sobre o qual ele este os seus efeitos."*[438]. Uma pessoa pode sentir os reflexos econômicos e sociais do contrato, mas não integrar a relação contratual na sua substância, sendo considerada terceiro para todos os fins e efeitos de direito.

Ou seja, como afirma Francisco Saraiva[439]:

> Os contratos em favor de terceiro, têm como elemento (cláusula) comum a atribuição de uma vantagem patrimonial aquele que não é parte do contrato – o terceiro beneficiário; sendo que o terceiro beneficiário é logo designado no contrato, produzindo efeitos em relação a ele, sem necessidade de adesão, salvo rejeição pelo beneficiário ou revogação pelos contratantes.

E, continua:

> Portanto, está patente nesta figura típica a ideia da intenção de atribuir, através do mesmo, um direito a um terceiro, sendo que este, apesar de não ser parte do contrato, assume um direito subjetivo próprio

---

[436] PEREIRA, Caio Mário da Silva. *Instituições de direito civil*, v.2., atualizada por Regis Fichtner. Rio de Janeiro: Forense, 2005, 12. ed. p.105.

[437] BIANCA. C. Massimo. *Diritto civile*, v.3. Milano: Giuffrè, 2000, 2. ed. p. 566-567.: "il contrato si dice a favore di terzi quando una parte (stipulante) designa um terzo quale avente diritto alla prestazione dovuta dalla contraparte (promittente)".

[438] GOMES, Orlando. *Contratos*. atualizada por Antonio Junqueira Azevedo e Francisco Paulo de Crescenzo Marino. Coordenado por Edvaldo Brito. Rio de Janeiro: Forense, 26. Ed., 2007, p. 47.

[439] SARAIVA, Francisco. *Independência e responsabilidade civil do auditor externo das sociedades comerciais cotadas*. Almedina: Lisboa, 2015, p. 62-63.

contra o promitente, independente da aceitação ou até mesmo do conhecimento da celebração do contrato.

Conforme Mario Julio de Almeida Costa[440], a relação entre promitente e promissário é denominada de *relação básica de cobertura*, que serve de suporte ao direito do beneficiário. Essa relação define, como em qualquer outro contrato, os direitos e deveres recíprocos dos contratantes no momento da celebração do contrato e alicerçam as conexões entre o promitente e o *terceiro beneficiário*. Por sua vez, é denominada de *relação de atribuição ou de valuta*, o vínculo que liga o promissário ou *terceiro beneficiário*.

Sob o ponto de vista estrutural, o contrato em favor de terceiros configura-se como uma relação triangular, visto que além do promissário e promitente, há um terceiro beneficiário que não faz parte da relação, mas adquire um *direito de crédito* contra o promissário[441].

Na hipótese de inadimplemento do promissário, o *terceiro beneficiário* pode exigir-lhe o cumprimento da obrigação ou indenização por perdas e danos. De acordo com o artigo 475 do Código Civil, "*a parte lesada pelo inadimplemento pode pedir a resolução do contrato, se não preferir exigir-lhe o cumprimento, cabendo, em qualquer dos casos, indenização por perdas e danos.*"

No âmbito do contrato de prestação de serviços de auditoria independente, conforme Manuel A. Carneiro Frada: "*se o contrato celebrado entre o auditor e a sociedade auditada se puder configurar como contrato deste gênero, caberá aos interessados na aquisição da empresa ou de posições sociais, sendo embora terceiros em relação*

---

[440] COSTA, Mario Julio de Almeida. *Direito das Obrigações*. Coimbra: Almedina, 5ª ed., 1999, p. 353-354: "No comum dos contratos existe uma relação linear entre as partes. Ao invés o contrato em favor de terceiros configura-se triangularmente, visto que, além do promissário e do promitente, existe o beneficiário. Chama-se *relação básica ou de cobertura* a que se estabelece entre o promitente e o promissário e que serve de suporte ao direito do terceiro. Tal relação define, como em qualquer outro contrato, os direitos e deveres recíprocos dos contraentes – o promitente e o promissário –, não se circunscrevendo ao momento da celebração do contrato. Nessa mesma relação se alicerçam as conexões entre o promitente e o terceiro beneficiário. Por outro lado, é a denominada *relação de atribuição ou de valuta* o vínculo que liga o promissário ao terceiro. Nela se encontra o objetivo visado pelo promissário com o contrato (ex.: efectuar uma liberalidade, extinguir uma dívida).".

[441] Conforme: (FRADA, Manuel A. Carneiro. *Uma terceira via no direito da responsabilidade civil.* Coimbra: Almedina, 1997, p. 26.): "Essencial ao contrato em favor de terceiro é que o terceiro adquira, por esse contrato, um direito de crédito próprio contra o promitente.".

ao contrato, um direito de prestação do auditor."[442]. Isto é, o cumprimento de um dever positivo de uma atuação diligente no curso dos seus trabalhos, que se traduz no cumprimento integral dos deveres éticos e profissionais impostos à profissão.

Com efeito, em caso de inadimplemento desse dever positivo, por meio da realização de uma auditoria incorreta ou defeituosa e que reflita na divulgação entre as partes de uma situação patrimonial da entidade diversa da realidade, caberá aos terceiros beneficiários pleitear, com base no contrato de prestação de serviços, uma indenização por perdas e danos, de modo que a responsabilidade da auditoria independente, em face desses *terceiros beneficiários* será *contratual*.

Por outro lado, como afirma Francisco Saraiva[443], a identificação dos terceiros beneficiários dos serviços de auditoria independente encerra um acréscimo na responsabilidade do prestador de serviços, pois terá de responder pelos prejuízos causados não só à entidade contratante, no caso de inadimplemento, como também perante terceiros, de modo que não parece razoável que as empresas de auditoria independente tenham interesse em celebrar contrato com essas características.

Desse modo, uma relação contratual entre *entidade auditada* e empresa de auditoria independente que preencha as características de um contrato em favor de terceiro, isto é, com *terceiros beneficiários* como parte no instrumento contratual, certamente não será encontrada nas relações entre entidade auditada e empresa de auditoria independente.

Como se observa, a responsabilidade do auditor independente em face da *entidade auditada* ou dos *terceiros beneficiários*, é *contratual* e, por consequência, a culpa do auditor é presumida.

Inverte-se, então, o ônus da prova, cabendo à *entidade auditada* ou ao terceiro *beneficiário*, apenas demonstrar que o auditor independente deixou de

---

[442] FRADA, Manuel A. Carneiro. *Uma terceira via no direito da responsabilidade civil.* Coimbra: Almedina, 1997, p. 26.
[443] SARAIVA, Francisco. *Independência e responsabilidade civil do auditor externo das sociedades comerciais cotadas.* Almedina: Lisboa, 2015, p. 64: "(...) não se mostra razoável que o auditor apresente qualquer interesse em ver o seu risco agravado na medida em que a celebração de um contrato desse tipo encerraria desvantagem de ter de responder não apenas perante a outra parte, mas também perante terceiros.".

informar em seu relatório de auditoria eventuais distorções existentes na informação divulgada, para se presumir a culpa do auditor que, por sua vez, se traduz na falha do seu dever de agir de acordo com os padrões exigidos pelas normas éticas e profissionais de auditoria, para nascer a obrigação da empresa de auditoria indenizar o usuário.

Por outro lado, caberá à empresa de auditoria demonstrar que não agiu com culpa. Isto é, o auditor deverá demonstrar por meio dos seus papéis de auditoria que o procedimento foi planejado e executado de acordo com os padrões normativos exigidos, não sendo possível a adoção de qualquer outra conduta por este profissional a evitar o prejuízo.

Nessa linha, para aferição da culpa do auditor independente a ensejar a sua responsabilização, deve ser verificado se, à luz do caso concreto, observando todos os fatores em que a auditoria foi planejada e executada, o auditor conseguiria adotar outra conduta exigida pelas normas legais e profissionais que permitisse a descoberta do erro ou da fraude existente nas demonstrações financeiras elaboradas pela administração da companhia. Se sim, o auditor agiu com culpa. Se não, a conduta do auditor está de acordo com os padrões razoavelmente exigidos para um trabalho de auditoria, não sendo possível identificar na sua conduta qualquer ato ilícito.

Não obstante, o auditor também poderá, conforme Alexandre Demetrius Pereira, apontar as falhas do investidor que contribuíram exclusivamente para prejuízo suportado, como por exemplo, a utilização de fontes diversas ou inidôneas para a tomada da decisão de investimento e prévio conhecimento do investidor das irregularidades existentes na entidade auditada. Nesse caso, seria possível alegar o rompimento do nexo de causalidade, em razão do dano ter ocorrido por fato exclusivo da vítima[444].

---

[444] PEREIRA, Alexandre Demetrius. *Auditoria das Demonstrações Contábeis*: uma abordagem jurídica e contábil. São Paulo: Atlas, 2011, p. 288: "De fato, ao auditor independente deve ser permitido alegar, com sucesso, as falhas contributivas da vítima para o seu próprio prejuízo. Exemplos seriam a utilização de fontes diversas e inidôneas por parte da vítima para basear um investimento, ou o prévio conhecimento, por outros meios, da irregularidade omitida pelo auditor nas demonstrações contábeis.".

6.7.3. Situação Jurídica de responsabilidade do auditor independente em face do usuário *identificado*

À guisa do nosso exemplo anterior, se o terceiro não é identificado no contrato de prestação de serviços, a ensejar a responsabilização contratual do auditor independente por meio da figura contratual da estipulação em favor de terceiro, mas a empresa de auditoria sabe da existência desse terceiro e da finalidade para a qual a auditoria está sendo contratada, temos que esse usuário (terceiro) é aquele que a doutrina denomina como *usuário identificado*.

Vimos anteriormente que o *usuário identificado* consiste naquele que o auditor sabe que usará as demonstrações financeiras para uma finalidade específica, muito embora o usuário não seja identificado no contrato de prestação de serviços.

Em outras palavras, suponhamos que determinado interessado na compra de ações de uma determinada entidade solicita que os vendedores, como condição precedente ao fechamento do contrato definitivo de compra e venda de ações, exige que os vendedores contratem a realização de uma auditoria na companhia, com vistas a saber a sua real situação patrimonial, bem como balizar a fixação do preço justo pelas ações.

Finalizada a auditoria, as partes celebram o contrato definitivo de compra e venda de ações, em que vincularam o preço das ações e os demais direitos e deveres recíprocos dos contratantes, com base no relatório final do auditor independentes.

Posteriormente, vem a ser constatado pelo comprador que as demonstrações financeiras devidamente auditadas pela auditoria independente contratada não refletiam a real situação patrimonial da empresa no momento do fechamento do preço da aquisição. Haviam afirmações patrimoniais errôneas que distorceram o verdadeiro preço da companhia e que não foram identificadas pela auditoria no curso dos seus trabalhos.

De fato, essas afirmações patrimoniais errôneas poderiam ser constatadas se a auditoria independente realizasse o seu trabalho com diligência e total aderência às normas relativas à profissão. Isto é, auditoria independente falhou no cumprimento do seu dever de uma atuação diligente no curso dos seus trabalhos, traduzida no cumprimento integral dos deveres éticos e profissionais impostos à profissão.

Consequentemente, o comprador pagou aos vendedores pelas ações um preço maior do que a realidade. Por falha no procedimento de auditoria na fase pré-contratual (à celebração do contrato definitivo de compra e venda), o comprador veio a suportar um prejuízo equivalente a diferença entre o que efetivamente pagou pelas ações e o que elas efetivamente valiam no momento do fechamento do negócio jurídico de compra e venda de ações.

Diante disso, temos a seguinte situação, na fase pré-contratual, durante a fase negocial, uma das partes (vendedores) contratou os serviços de auditoria independente como condição precedente à celebração do contrato de compra e venda das ações. Nessa fase de negociações, foi celebrado um contrato de prestação de serviços de auditoria, cujo seu inadimplemento *causou prejuízo a um terceiro*, que por sua vez, acreditou nas informações disponibilizadas e veio a celebrar o contrato definitivo de compra e venda de ações.

Assim, a primeira questão que precisamos analisar é se o comprador das ações, *usuário identificado*, poderia se valer do contrato de prestação de serviços celebrado entre a entidade auditada e a empresa de auditoria independente, para buscar uma responsabilização contratual desta última pelo inadimplemento das suas obrigações. Isto é, um terceiro da relação contratual se valer do contrato para requerer a responsabilidade de uma das partes pelos prejuízos suportados.

É certo que o comprador das ações, na qualidade de *usuário identificado*, não estava qualificado como um terceiro beneficiário do contrato de prestação de serviços de auditoria celebrado na fase negocial (*para o contrato definitivo de compra e venda de ações*) entre a entidade auditada e empresa de auditoria independente, de modo que a responsabilização do auditor perante terceiros, com base no contrato de prestação de serviços, utilizando a figura de um *contrato em favor de terceiro*, não se mostra possível.

Essencial no contrato em favor de terceiros é que, conforme afirma Manuel A. Carneiro Frada, *"(...) o terceiro adquira, por este contrato, um direito de crédito próprio contra os promitentes."*[445]. Se tal direito não ocorreu, via de regra, o terceiro não pode auferir um benefício pelo incumprimento do contrato, como

---

[445] FRADA, Manuel A. Carneiro. *Uma terceira via no direito da responsabilidade civil*. Coimbra: Almedina, 1997, p. 26.

os danos provenientes deste incumprimento, até porque não tinha qualquer direito de exigir a prestação do promitente (auditoria independente).

Por outro lado, também não seria possível *presumir* que o contrato de prestação de serviços celebrado entre a entidade auditada e a empresa de auditoria independente tem como beneficiários terceiros não identificados expressamente no instrumento contratual, se não houve manifestação de vontade das partes nesse sentido.

José Ferreira Gomes, ao analisar a relação contratual entre auditor independente e a entidade contratada em um ambiente de *contratação obrigatória*, afirma que:

> (...) na medida em que a lei impõe a prestação dos serviços de revisão legal de contas em favor do interesse público, deixa de ser necessário determinar a vontade das partes no contrato para averiguar se estamos ou não perante um contrato a favor de terceiro. Qualquer estipulação das partes em sentido contrário ao determinado pelo EROC seria nula, na medida em que a sua liberdade contratual está sujeita aquele limite legal."[446][447].

No entanto, quando se trata de uma *contratação voluntária* da prestação de serviços de um auditor independente, não há como realizar essa presunção forçada de que o contrato de prestação de serviços foi celebrado em benefício de terceiros. De acordo com Francisco Saraiva:

> Em bom rigor, ainda que a auditoria – efetuada com base no contrato de auditoria entre auditor e auditado – possa aproveitar a terceiros interessados, o certo é que esta decorre de um vínculo estabelecido entre auditor e sociedade auditada, não podendo, em princípio presumir que a sociedade auditada tem qualquer intuído de contratar aqueles

---

[446] GOMES, José Ferreira. *Responsabilidade civil dos auditores. Código das Sociedades Comerciais e Governo das Sociedades*. Coimbra: Almedina, 2008, p. 364-365.

[447] Não se mostra relevante desenvolver um raciocínio para classificação do contrato de prestação de serviços de auditoria como um *contrato em benefício de terceiros* quando se trata de uma *contratação legal*, pois nosso sistema, como dissemos anteriormente, prevê um regra especial de responsabilidade civil do auditor independente num ambiente regulado.

serviços de auditoria no interesse de terceiros e, consequentemente atribuir-lhes o direito correspondente."[448].

Os interesses que o contrato de auditora independente busca alcançar, a princípio, são apenas aqueles da entidade auditada que a contratou. A ela convém ter as respectivas demonstrações financeiras auditadas por uma entidade idônea e de reputação no mercado, porque daí resultará maior confiança do mercado na própria sociedade auditada. Por sua vez, essa é a perspectiva da empresa de auditoria quando presta os serviços para a entidade auditada. Se a entidade auditada irá utilizar os resultados da auditora frente a investidores, credores ou entidades financeiras, não dá para presumir que essa contratação se deu em benefício desses terceiros e travestir essa relação como um contrato em benefício de terceiros, de forma a atribuir a esses um direito de crédito correspondente[449].

Ademais, como falamos anteriormente, o contrato de prestação de serviços de auditoria em favor de terceiros confere uma desvantagem ao auditor independente de ter que responder, não apenas em face da entidade auditada contratante, mas de terceiros beneficiários.

Desse modo, na medida em que este contrato importa em um acréscimo de risco para a empresa de auditoria independente, é razoável que apenas quando assuma com clareza esse ônus é que possa ser responsabilizada, de modo que não se admite uma presunção que um *usuário identificado* seja equivalente a um *terceiro beneficiário* da relação contratual.

Afastada a possibilidade de imputação de responsabilidade do auditor em face dos *usuários identificados* com base do contrato a favor de terceiros,

---

[448] SARAIVA, Francisco. *Independência e responsabilidade civil do auditor externo das sociedades comerciais cotadas*. Almedina: Lisboa, 2015, p. 64.

[449] FRADA, Manuel A. Carneiro. *Uma terceira via no direito da responsabilidade civil*. Coimbra: Almedina, 1997, p. 27: "Os interesses que o contrato de auditoria visa normalmente prosseguir são apenas os da sociedade que solicitou à auditoria; mesmo que esta tenha requerido no intuito de utilizar os respectivos resultados, sobretudo os favoráveis, junto de credores e entidades financeiras ou investidores e potenciais adquirentes das suas empresas ou participações. A ela convém seguramente ter as respectivas contas e situação financeiras auditadas por uma entidade idônea e de prestígio firmado no mercado porque daí resultará o seu maior crédito nesse mesmo mercado. Não mais do que isso. Não pode presumir-se na sociedade que solicitou auditoria qualquer intenção de o fazer no interesse de teerceiros e de lhes atribuir o direito correspondente.".

cumpre verificar a viabilidade da responsabilização extracontratual, com base na regra geral do artigo 186, combinado com o artigo 927 do Código Civil.

Todavia, não é qualquer dano que desencadeia a obrigação de indenizar, com base no artigo 186, combinado com o artigo 927 do Código Civil. Há a necessidade de verificar se ocorreu a lesão a direito subjetivo da vítima, o que significa, nas lições de Manuel A. Carneiro Frada[450], "(...) *a exclusão, portanto, da protecção delitual para aquelas vantagens que não representam as características próprias dos direitos subjetivos*".

De acordo com Mario Julio de Almeida Costa, a responsabilidade civil extracontratual ou *aquiliana* "*deriva da violação de deveres ou vínculos jurídicos gerais, isto é, de deveres de conduta impostos a todas as pessoas e que correspondem aos direitos absolutos, ou até da prática de certos actos que, embora lícitos, produzem danos a outrem.*"[451]. Nessa linha, para que configure responsabilidade civil extracontratual ou *aquiliana*, há a necessidade de que o dano produzido traduza na ofensa a um direito subjetivo do terceiro.

Na situação que tratamos acima, o prejuízo que o *usuário identificado* veio a suportar decorre de uma avaliação errônea da situação patrimonial da empresa, em virtude de uma falha da auditoria no cumprimento dos seus deveres de diligência e que acabou por não identificar as distorções existentes nas demonstrações financeiras, o que se traduz numa aquisição de ações pelo terceiro comprador, prejudicial em relação ao real valor das ações.

Não é possível conceber no plano técnico-jurídico, como afirma Manuel A. Carneiro Frada[452], nenhum direito subjetivo a uma correta avaliação dos bens a adquirir ou de se cometer disposições patrimoniais incorretas do ponto de vista econômico, ou seja, não há qualquer direito subjetivo de adquirir os

---

[450] FRADA, Manuel A. Carneiro. *Uma terceira via no direito da responsabilidade civil*. Coimbra: Almedina, 1997, p. 22/23.

[451] COSTA, Mario Julio de Almeida. *Direito das Obrigações*. Coimbra: Almedina, 5ª ed., 1999, p. 540.

[452] FRADA, Manuel A. Carneiro. *Uma terceira via no direito da responsabilidade civil*. Coimbra: Almedina, 1997, p. 37: "Ora, não há nem pode conceber-se, no plano técnico-jurídico, nenhum direito subjetivo à possibilidade de uma avaliação correta dos bens a adquirir que se imponha ao respeito de todos, excluído que está um direito de crédito sobre a sociedade de auditoria. Não existe, nestas circunstâncias, qualquer direito a não se cometerem disposições patrimoniais incorrectas do ponto de vista económico, como não há nenhum direito subjetivo a adquirir os bens pelo seu valor adequado.".

bens pelo seu valor adequado, de modo a conferir ao lesado, a hipótese de ressarcimento do seu dano pela via da responsabilidade civil extracontratual ou *aquiliana*.

Eventual lesão sofrida por terceiros, em decorrência de uma auditoria independente insuficiente ou incorreta, não resulta, por consequência, na violação de qualquer direito subjetivo do qual são titulares. De acordo com Francisco Saraiva:

> A prestação de serviços deficientes pelos auditores viola um mero interesse patrimonial puro (como seja a diferença entre o montante efectivamente pago na aquisição de uma participação social e o preço que teria sido pago se o auditor tivesse prestado diligentemente o seu serviço), pois ainda que se verifique uma perda patrimonial, não há lugar à ocorrência da agressão a um direito subjetivo absolutamente protegido.[453].

Com efeito, essa lesão puramente econômica[454] sofrida pelo *usuário identificado* é insuscetível de reparação pela via da responsabilidade civil extracontratual ou *aquiliana*.

Porém, isso não quer dizer que há uma cláusula de irresponsabilidade do auditor independente em face do *usuário identificado*.

No caso concreto aqui relatado, as partes celebraram contrato de compra e venda de ações, na qual o auditor independente, por meio do seu relatório

---

[453] SARAIVA, Francisco. *Independência e responsabilidade civil do auditor externo das sociedades comerciais cotadas*. Almedina: Lisboa, 2015, p. 72.

[454] FRADA, Manuel A. Carneiro. *Uma terceira via no direito da responsabilidade civil*. Coimbra: Almedina, 1997, p. 37: "A lesão sofrida por terceiros em decorrência de uma deficiente auditoria não resulta, por conseguinte, da violação de qualquer direito subjetivo de que eles sejam titulares. Ela consubstancia aquilo que a doutrina chama de dano primariamente patrimonial. Nesse tido de dano há uma perda patrimonial sem que tenha havido uma agressão a um direito absolutamente protegido como quando tem lugar um ataque à pessoa ou às coisas do sujeito. O prejuízo que lhe corresponde pode verificar-se de várias maneiras, sendo a mais frequente a da lesão de um crédito. Esta, contudo, pressupõe a existência de uma relação creditícia, aqui não recorrida. Ora, excluídos que estão esses casos (casos que se situam, de facto, no âmbito da responsabilidade obrigacional), constata-se que o direito da responsabilidade delitual não permite com carácter de generalidade o ressarcimento dos danos primariamente patrimoniais.".

de auditoria acabou por incitar a confiança nos compradores, especialmente em relação ao preço pago pelas ações.

Em geral, constatada a existência de alguma informação oculta da entidade, que ocasionou o pagamento de um preço maior do que o que realmente valia, aos compradores cabe responsabilizar os vendedores, por violação do contrato, especialmente alguma declaração prestada relativa à veracidade das informações financeiras.

É importante verificarmos a possibilidade de estabelecer um critério para responsabilidade do auditor perante aos compradores pelos danos causados, uma vez que incitou a confiança destes na formação do contrato de compra e venda de ações, por meio do seu relatório de auditoria. Mas, por sua vez, falhou no exercício da sua atividade ao não identificar a ocultação de informações relevantes da entidade em suas demonstrações financeiras.

Como dissemos anteriormente, nas lições de Fernando Noronha[455] observa-se que a boa-fé constitui um dever de agir das partes contratantes que deve estar presente nas negociações que precedem o contrato, na conclusão deste, na sua interpretação e na sua execução. Traduz-se no dever de cada parte agir de forma a não frustrar a *confiança* da outra parte ou de terceiros envolvidos indiretamente na relação contratual.

Na medida em que o relatório de auditoria incita uma confiança neste terceiro para a tomada de uma decisão de investimento, nas lições de Manuel A. Carneiro Frada[456], forma-se uma relação específica entre o auditor e o terceiro *usuário identificado*, cujo conteúdo se dá pelos deveres irradiados pela boa-fé e cuja fonte é uma situação objetiva de negociação (pré-contratual) ou uma situação objetiva de contratação do investimento (contratual).

---

[455] Conforme: NORONHA, Fernando. *O direito dos contratos e seus princípios fundamentais (autonomia privada, boa-fé, justiça contratual)*. 1ª ed. São Paulo: Saraiva, 1994, p. 150: "O dever de agir de acordo com a boa-fé está presente quer nas negociações que precedem o contrato, quer na conclusão deste, quer ainda na sua interpretação.".

[456] FRADA, Manuel A. Carneiro. *Uma terceira via no direito da responsabilidade civil*. Coimbra: Almedina, 1997, p. 108: "Se, portanto, à data da publicação dos resultados da auditoria, a forma de auditoria conhecia (ou devia conhecer esse processo) de modo a ter consciência da influência que, em termos de razoabilidade, poderia exercer no seu desenrolar perante certos terceiros. Esse conhecimento permitirá então afirmar uma relação especial entre ela e esses terceiros.".

Em outras palavras, se a auditoria independente incita confiança da contraparte (terceiro) na relação de formação do futuro contrato de compra e venda de ações, também está vinculada a uma atuação de acordo com os ditames da boa-fé em face deste terceiro, sob pena de responder pelos danos causados a esse terceiro[457].

Com efeito, a formação do negócio de compra e venda de ações, materializado por meio da celebração do contrato de compra e venda de ações, não resulta de um ato simples, mas de complexas atividades relacionadas entre si para a formação da decisão definitiva de contratar, cujas partes e os terceiros que atuaram diretamente para a formação do negócio, respondam por eventual violação dos deveres laterais derivados da boa-fé (proteção, lealdade e esclarecimento).

É, portanto, neste contexto que se insere a responsabilidade dos auditores independentes, enquanto terceiros que não são parte da relação contratual de compra e venda de ações, mas que na fase de conclusão do contrato, dada sua função e especialidade, são chamados a responder perante terceiros em virtude da inobservância dos ditames da boa-fé[458].

Por outro lado, isso não significa que o auditor independente possa responder perante qualquer terceiro que tenha estabelecido uma relação de negociação, tendente à conclusão de um futuro contrato.

Nas lições de Manuel A. Carneiro Frada[459], a proteção dessa confiança a ensejar a responsabilização do auditor independente está fundada em quatro pressupostos: (a) uma situação de confiança pela qual alguém confia no comportamento ou nas declarações de outrem, (b) uma justificação dessa confiança, já que um comportamento contraditório do investidor torna essa proteção

---

[457] Como vimos anteriormente, Corte Distrital de Rhode Island, no julgamento do caso *Rusch Factors, Inc. v. Levin (Rusch Factors, Inc. v. Levin*, 284, F 85, D.C.R.I., 1968) reconheceu a responsabilidade dos auditores independentes pela *quebra de confiança*.

[458] SARAIVA, Francisco. *Independência e responsabilidade civil do auditor externo das sociedades comerciais cotadas*. Almedida: Lisboa, 2015, p. 99: "(...) neste contexto que caia a responsabilização dos auditores ao abrigo da culpa in contrahendo enquanto terceiros que não tomam parte da relação negocial, mas que, pela sua função e especialidade, poderão ser acercados pelos danos que causarem culposamente a terceiros em virtude da não observação dos ditames da boa-fé, como sejam deveres de informação, lealdade ou outros específicos para a conclusão do negócio.".

[459] FRADA, Manuel A. Carneiro. *Uma terceira via no direito da responsabilidade civil*. Coimbra: Almedina, 1997, p. 103-104.

injustificada, (c) um investimento de confiança traduzido na necessidade de ter havido, por parte do investidor, um comportamento cujo resultado ficaria comprometido se não confiasse no auditor, e (d) a possibilidade de imputar a confiança àquele contra quem atua a proteção da confiança.

O primeiro pressuposto corresponde à confiança despertada pelo auditor em face dos usuários da informação. Como vimos anteriormente, o auditor independente empresta o seu capital reputacional a essas informações, o que traduz ao mercado que aquilo que foi divulgado passou pelo crivo do auditor e que este cumpriu integralmente os deveres éticos e profissionais na verificação da informação. Nesse sentido, dada a reputação do auditor, os terceiros acabam por depositar confiança do relatório de auditoria elaborado.

O segundo pressuposto relativo à justificação da confiança também está relacionado ao capital reputacional do auditor. De acordo com Francisco Saraiva, o prestígio está justamente na *"(...) elevada preparação profissional e prestígio dos auditores, bem como pela observação histórica e conjuntural dos seus resultados"*[460].

Já o terceiro pressuposto está no nexo de causalidade entre a situação de confiança e a atuação posterior do investidor. Há, a necessidade que o relatório de auditoria tenha sido preponderante para a formação do contrato de compra e venda de ações. Deve existir, portanto, um nexo causal entre a situação de confiança e a atuação posterior do comprador no fechamento do negócio de compra e venda de ações, com a assinatura do contrato de compra e venda destas, sob pena deste não gozar da proteção conferida, uma vez que pode ter sido influenciado por fatores outros que não a confiança no trabalho do auditor.

E, por fim, o quarto pressuposto é a ideia de poder imputar ao auditor a confiança que o terceiro depositou no seu relatório de auditoria. É preciso que o terceiro se inclua precisamente no círculo daqueles a quem o relatório de auditoria é destinado.

Em outras palavras, no momento da contratação da auditoria independente, deve ser possível a determinalidade dos beneficiários do relatório de auditor. De acordo com Manuel A. Carneiro Frada[461], *"na concretização dessa*

---

[460] SARAIVA, Francisco. *Independência e responsabilidade civil do auditor externo das sociedades comerciais cotadas.* Almedida: Lisboa, 2015, p. 101.

[461] FRADA, Manuel A. Carneiro. *Uma terceira via no direito da responsabilidade civil.* Coimbra: Almedina, 1997, p. 107.

exigência haverá seguramente de verificar-se se havia uma previsibilidade, para o auditor, de que a sua informação era susceptível de ser usada por terceiros e que esses terceiros nela viessem a confiar.".

Desde que presentes os pressupostos acima, é com base na violação aos deveres de boa-fé, especialmente na confiança gerada no relatório do auditor para formação do negócio de compra e venda de ações, que se encontra o fundamento de validade para responsabilização do auditor pelos danos causados ao *usuário identificado*.

No caso aqui relatado, a contratação da auditoria se deu para viabilizar um determinado negócio de compra e venda de ações, sendo condição precedente para a conclusão do contrato de compra e venda, o relatório dos auditores independentes.

Em razão disso, o relatório de auditoria instigou uma confiança no *usuário identificado* a proceder à conclusão do contrato de compra e venda de ações, sendo possível afirmar que sem esse relatório de auditoria sequer o negócio de compra e venda teria sido formalizado, de forma que tal situação jurídica conduz a uma responsabilização do auditor independente em face desse usuário, pelos prejuízos causados por uma atuação negligente que resultou na produção de um relatório de auditoria deficiente.

Além disso, há, ainda, que se perquirir se a responsabilidade do auditor independente será contratual ou extracontratual, em razão da violação da confiança gerada ao terceiro no relatório do auditor para formação do negócio de compra e venda de ações.

Com vimos anteriormente, a responsabilidade civil é tradicionalmente bipartida em contratual e extracontratual ou *aquiliana*, de sorte que em ambas as espécies, não há responsabilidade sem a violação de um dever jurídico preexistente. Enquanto que na responsabilidade extracontratual ou *aquiliana* a responsabilidade importa na violação de um dever estabelecido em lei, ou na ordem jurídica, por sua vez, na responsabilidade contratual, a fonte do dever preexistente é a vontade das partes contratantes, materializada na relação jurídica preexistente entre o autor do dano e a parte lesada.

Nesse caso, a responsabilidade do auditor independente em face do terceiro resulta da violação do dever legal de proteção, lealdade e esclarecimento, derivado na cláusula geral de boa-fé, de modo que a fonte do seu dever de reparar é a lei e não o contrato.

Por isso, a infração desse dever legal de boa-fé importa na prática de ato ilícito extracontratual pelo auditor independente, de forma que a sua responsabilidade será extracontratual e subjetiva, nos termos do artigo 927 do Código Civil.

Aqui não se trata de uma violação de um interesse patrimonial puro, de modo a conferir ao lesado a hipótese de ressarcimento do seu dano pela via da responsabilidade civil extracontratual ou *aquiliana*, e que sustentamos ser inaplicável a hipótese de ressarcimento do seu dano pela via da responsabilidade civil extracontratual ou *aquiliana*.

Importa na violação de um dever estabelecido em lei ou na ordem jurídica, correspondente à cláusula geral de boa-fé, sendo perfeitamente possível a responsabilidade extracontratual e subjetiva do auditor independente, nos termos do artigo 927 do Código Civil.

De fato, a circunstância em exame nos conduz, conforme Marcelo Benaccio, *"(..) à existência de dois ilícitos, em concurso, ou seja, a causa do dando decorre de dois fatos jurídicos ilícitos distintos, e de alçada de responsabilidade civil de mais de um sujeito."* [462].

Assim, tomando como base o nosso exemplo, a pretensão indenizatória do comprador será dirigida aos vendedores, que violaram as cláusulas do contrato ao sonegar informações relevantes da entidade auditada, fundada no inadimplemento contratual; e também em face dos auditores independentes, baseada na violação de um dever legal de observância à cláusula geral de boa-fé.

Nesse caso, os vendedores e os auditores são responsáveis pela reparação dos prejuízos suportados pelos compradores, respondendo solidariamente em face destes[463], nos termos do artigo 942 do Código Civil, *"Art. 942. Os bens do responsável pela ofensa ou violação do direito de outrem ficam sujeitos à reparação do dano causado; e, se a ofensa tiver mais de um autor, todos responderão solidariamente pela reparação."*[464].

---

[462] BENACCHIO, Marcelo. *Responsabilidade civil contratual*. 1ª ed. São Paulo: Saraiva, 2011, p. 131.

[463] BENACCHIO, Marcelo. *Responsabilidade civil contratual*. 1ª ed. São Paulo: Saraiva, 2011, p. 132: "Assim, se dois sujeitos causam, sem unidade de desígnios, um dano como decorrência de ilícitos diversos, haverá solidariedade entre eles, não obstante a diversidade de critérios de imputação e, portanto, de ilícitos, frise-se.".

[464] AZEVEDO, Antonio Junqueira de. *Estudos e pareceres de direito privado*. Com remissões ao novo código civil (lei n. 10.406, de 10-1-2002). São Paulo: Saraiva, 2004, p. 222: "Por outro

Com relação ao auditor, igualmente como ocorre nas situações jurídicas relacionadas aos usuários *previstos e previsíveis*, pelo fato da obrigação do auditor independente corresponder a uma *obrigação de meio*, tal situação jurídica leva a uma atribuição de culpa presumida ao auditor independente, invertendo-se o ônus da prova.

Nessa linha, caberá ao usuário demonstrar que o auditor independente deixou de informar em seu relatório de auditoria eventuais distorções existentes na informação divulgada, para se presumir a culpa do auditor, a quem caberá provar que não agiu com culpa. Isto é, o auditor deverá demonstrar por meio dos seus papéis de auditoria que o procedimento foi planejado e executado de acordo com os padrões normativos exigidos, não sendo possível a adoção de qualquer outra conduta por este profissional a evitar o prejuízo.

---

lado, o fato de a responsabilidade da BELGO-MINEIRA ser extracontratual e da MENDES JÚNIOR contratual nada impede a solidariedade. O art. 1518 do CC bras., antes transcrito, prevê a solidariedade e, semelhantemente ao art. 159, é regra ampla, não determinado qualquer exceção. A respeito de preceito idêntico (art. 2055 do CC it.), a jurisprudência italiana é, aliás, expressa: 'A responsabilidade solidária determinada na norma tem seu fundamento na unidade do fato danoso que se refere unicamente ao prejudicado, não devendo ser entendida como unidade de ação dos autores do dano *nem das normas jurídicas por eles violadas*'. (Corte de Cassação n. 820/1970, in *Codice civile con commento essenziale di giurisprudenza*, de alpa e Iudica).".

7. CONSIDERAÇÕES FINAIS

Um mercado equilibrado e eficiente depende de dados precisos, confiáveis e neutros, que representem a realidade econômica de uma determinada entidade e as suas perspectivas futuras, para propiciar uma decisão de investimento livre de qualquer fator que possa influenciar essa decisão.

Como visto, a *informação* é classificada como ferramenta essencial na tomada de decisões pelos agentes econômicos. É com base nessas *informações* que os agentes econômicos decidem em qual, quando, quanto e como investir em valores mobiliários ou outros instrumentos financeiros, bem como qual o risco da concessão de crédito a uma determinada Companhia ou pessoa, o que influencia na política de juros e no custo do capital.

Em outras palavras, a *informação de qualidade* é essencial para que os mercados funcionem de forma eficiente – não só porque permite que os investidores dirijam a aplicação das suas poupanças para as entidades que delas podem tirar o maior rendimento (eficiência alocativa) – mas também porque o acesso às informações fomenta a confiança dos agentes econômicos no funcionamento do mercado (eficiência institucional).

Dessa forma, um mercado livre e equilibrado só pode funcionar harmonicamente quando há informações em igualdade para todos os interessados, ou seja, que não favoreçam uma parte em detrimento de outra, acerca do desempenho de uma determinada entidade.

Por outro lado, na tomada de uma decisão de investimento, há uma barreira a ser enfrentada pelos agentes do mercado que é a *assimetria da informação* entre o investidor, aquele que detém a poupança para a tomada de uma decisão de mobilização de seus recursos em um determinado empreendimento, em troca de um ganho (retorno) sobre o capital investidor, e do gestor da entidade investida, aquele que recebe o s recursos e promete remunerar o investidor pelo uso dos seus recursos.

As informações sobre a entidade que receberá o investimento, como por exemplo, seu ativo, passivo, endividamento, rentabilidade, estão exclusivamente em poder dos gestores que, por sua vez, podem sonegar essas informações e ter interesses conflitantes com os do investidor.

O ser humano reage a incentivos, toma decisões comparando *custo* e *benefício*. Assim, os gestores e titulares do conhecimento sobre a informação poderiam optar por divulga-las parcialmente ou até favoráveis aos seus próprios interesses, em detrimento de todos os participantes do mercado, de modo que um investidor certamente não confiaria que as demonstrações contábeis publicadas são representações fidedignas da posição contábil e financeira de uma determinada entidade.

A figura do *auditor independente* surge nesse contexto, exercendo função essencial no mercado pois, à medida que fornece opinião isenta sobre as demonstrações financeiras de uma determinada entidade, auxilia na redução dos conflitos de agência e da assimetria das informações e, por consequência, reduz os custos de transação.

A atividade de auditoria consiste, em linhas gerais, no conjunto de procedimentos técnicos que tem por objetivo a emissão de parecer sobre a adequação com que estas representam a posição patrimonial e financeira, o resultado das operações, as mutações do patrimônio líquido e as origens e aplicações de recursos da entidade auditada, consoante as Normas Brasileiras de Contabilidade e a legislação específica, no que for pertinente.

O auditor é o *guardião* das informações contábeis divulgadas pela Companhia que, fundado na sua reputação, atesta que estas informações não possuem distorções relevantes. Quando eventuais distorções, por fraude ou erro, afetarem as demonstrações contábeis de uma entidade auditada de forma relevante, cabe ao Auditor efetuar ressalva específica em seu parecer e comunicar aos órgãos reguladores aquilo que identificou.

Quando da divulgação do seu relatório, a auditoria independente imprime o seu capital reputacional, adquirido durante anos, para aquela demonstração contábil, dizendo o que é confiável para a tomada de uma decisão.

O usuário da informação confia nas demonstrações financeiras divulgadas justamente porque está acompanhada de um relatório do auditor independente que goza de uma sensação de proteção contra eventuais fraudes ou erros cometidos pela administração da entidade ou seus executivos.

É justamente dessa função de guardião e proteção dos interesses dos investidores que deriva uma percepção de confiança dos usuários na atividade de auditoria independente. Os usuários confiam nas informações divulgadas, justamente porque foram auditadas e se houvesse alguma distorção em decorrência de erro ou fraude, o auditor não permitiria o acesso da entidade ao mercado ou, se já inserida no mercado, divulgaria um relatório com ressalvas, justamente apontando os problemas identificados.

Nessa linha, os auditores independentes exercem uma função pública que transcende a relação cliente (entidade auditada) e empresa de auditoria. Seu compromisso é com o público, representado por investidores, credores, funcionários, entre outros, que *confiam* em seu relatório de auditoria e tomam decisões com base nas informações financeiras da entidade auditada, seja em um ambiente regulado, onde a contratação da auditoria independente é obrigatória por lei para as para as entidades integrantes do sistema financeiro, sujeitas às normas do Banco Central do Brasil (BACEN) e aquelas emissoras de valores mobiliários e sujeitas às normas da Comissão de Valores Mobiliários (CVM), seja em um ambiente de contratação voluntária de auditoria, aquela realizada por qualquer entidade para revisão das suas demonstrações financeiras ou para verificação dos seus controles internos, ou para uma operação específica de compra e venda de ações, captação de empréstimo junto às instituições financeiras, dentre uma gama de atividades.

Por outro lado, o auditor não cria as demonstrações financeiras, os controles internos e as demais informações a serem divulgadas ao mercado por uma determinada entidade. A atividade de auditoria independente desempenha uma tarefa especial de redução dos riscos de divulgação de uma informação inverídica.

Sua função é emitir relatório sobre as demonstrações financeiras a partir da análise de evidências coletadas, com a finalidade de atribuir confiabilidade às informações divulgadas, emprestando o seu capital reputacional a essas informações, o que traduz ao mercado que aquilo que foi divulgado passou pelo crivo do auditor e que este cumpriu integralmente os deveres éticos e profissionais na verificação da informação.

O objetivo da sua atividade é mitigar esse risco por meio de um procedimento de auditoria, com base nas normas brasileiras e internacionais, consistente na coleta de evidências para comprovar as afirmações, geralmente feitas pelos administradores da entidade auditada e avaliar essas informações.

Concluímos, portanto, que sua obrigação não guarda relação com uma obrigação de garantia, de eliminação de um risco que pesa sobre a fidedignidade das demonstrações contábeis apresentadas pela entidade.

A atividade de auditoria demanda um padrão de diligência na sua execução, em total aderência às normas legais e profissionais sem, contudo, vinculá-la a um resultado certo e determinado, eis que o resultado almejado é reduzir o risco de assimetria das informações contábeis a um nível razoável, sendo possível concluir que o conteúdo obrigacional do auditor independente em face dos usuários das demonstrações contábeis auditadas é uma *obrigação de meio*.

É justamente na não observância desse padrão de diligência que é possível evidenciar a *culpa* do auditor independente na divulgação de informação financeira com distorções em decorrência de fraude ou erro.

A conduta culposa do auditor – consistente na violação ao dever de observância das normas legais e profissionais relativas à atividade, que em determinadas circunstâncias impõe um dever de agir de modo diferente do modo como o profissional agiu – é exteriorizada por um comportamento negligente, na chamada culpa por omissão, que é, como dissemos, a falta de atenção e ausência de reflexão necessária, uma *"preguiça psíquica"*, falta de precaução, desídia do auditor independente.

Como vemos, o elemento culpa é indispensável na aferição da responsabilidade do auditor independente perante os usuários da informação auditada, não sendo possível falar em responsabilidade objetiva, de modo que a responsabilidade do auditor independente é sempre subjetiva.

Vimos ainda no curso do presente trabalho, diversas categorias de usuários da informação auditada. São eles: (a) a *própria entidade auditada*, a quem a informação financeira devidamente verificada por um auditor independente constitui uma importante ferramenta na tomada de decisões pelos próprios orgãos da Companhia, no exercício da sua competência, (b) o *terceiro beneficiário*, que é aquele cuja as partes contratantes dispuseram no contrato de prestação de serviços como beneficiário da auditoria independente, (c) o *usuário previsto*, que são aqueles que possuem conhecimento para compreender os riscos relacionados ao produto, serviço ou operação que pretendem contratar no mercado, cuja Instrução Normativa (CVM) nº 554/2014, dá a nomenclatura de investidores profissionais, (d) o *usuário previsível*, que são os acionistas atuais ou potenciais de uma determianda entidade, correntidas de uma instituição financeira, investidores individuais, e (d) o *usuário identificado*, que consiste naquele que o auditor sabe que usará as demonstrações financeiras para uma finalidade específica, muito embora o usuário não seja consignado no contrato de prestação de serviços.

Em face da *própria entidade auditada*, há um contrato de prestação de serviços celebrado entre esta e a empresa de auditoria, de modo que desse vínculo obrigacional é que decorre a *responsabilidade contratual* do auditor, na hipótese de falha ou frustração do plano obrigacional estabelecido. Nesse caso, a *entidade auditada* terá o direito de exigir do devedor (*empresa de auditoria*) o cumprimento do contrato a reparação dos prejuízos causados.

No que se refere ao terceiro beneficiário, este terceiro está identificado no contrato de prestação de serviços como beneficiário do relatório do auditor, configurando, portanto, um contrato em favor de terceiro.

Assim, em caso de inadimplemento pelo auditor dos seus deveres, por meio da realização de uma auditoria incorreta ou defeituosa e que reflita na divulgação entre as partes de uma situação patrimonial da entidade diversa da realidade, caberá ao terceiro beneficiário pleitear, com base no contrato de prestação de serviços, uma indenização por perdas e danos, de forma que a responsabilidade da auditoria independente, em face desses *terceiros beneficiários* será também *contratual*.

Em face dos usuários *previstos* e *previsíveis*, que são os usuários da informação produzida dentro de um mercado de capitais regulado pela Comissão de Valores Mobiliários (CVM) e das instituições financeiras autorizadas a funcionar pelo Banco Central do Brasil, a norma prevista no parágrafo 2º, do artigo 26, da Lei nº 6.385/76 estabelece a responsabilidade extracontratual e subjetiva do auditor pelos prejuízos que causar a terceiros em virtude de culpa ou dolo no exercício das funções, quando realizarem auditoria em emissores de valores mobiliários e instituições autorizadas a funcionar pelo Banco Central do Brasil.

Na essência dessa norma, a ilicitude da atividade do auditor independente, a ensejar a sua responsabilização extracontratual e subjetiva, com base no artigo 26, parágrafo 2º da Lei nº 6.385/76, está circunscrita em relação aos terceiros usuários da informação produzida dentro de um mercado de capitais regulado pela Comissão de Valores Mobiliários (CVM) e das instituições financeiras autorizadas a funcionar pelo Banco Central do Brasil, não abrangendo as demais categorias de usuários.

Em relação ao usuário denominado *identificado*, na medida em que o relatório de auditoria incita a sua confiança para a tomada de uma decisão de investimento, forma-se uma relação específica entre o auditor e o terceiro *usuário identificado*, cujo conteúdo se dá pelos deveres irradiados pela boa-fé e cuja fonte é uma situação objetiva de negociação (pré-contratual) ou uma situação objetiva de contratação do investimento (contratual).

A violação desse dever legal de boa-fé importa na prática de ato ilícito extracontratual pelo auditor independente, de modo que a sua responsabilidade será extracontratual e subjetiva, nos termos do artigo 927 do Código Civil.

Em todas as hipóteses acima, haverá uma atribuição de culpa presumida ao auditor independente, invertendo-se o ônus da prova, de forma que caberá ao usuário demonstrar que o auditor independente deixou de informar em seu relatório de auditoria eventuais distorções existentes na informação divulgada, para se presumir a culpa do auditor.

Caberá ao auditor elidir a sua culpa, demonstrando por meio dos seus papéis de auditoria que o procedimento foi planejado e executado de acordo com os padrões normativos exigidos, não sendo possível a adoção de qualquer outra conduta por este profissional a evitar o prejuízo.

Nessa linha, para aferição da culpa do auditor independente a ensejar a sua responsabilização, deve ser verificado se, à luz do caso concreto, observando todos os fatores em que a auditoria foi planejada e executada, o auditor conseguiria adotar outra conduta exigida pelas normas legais e profissionais que permitisse a descoberta do erro ou da fraude existente nas demonstrações financeiras elaboradas pela administração da companhia. Se sim, o auditor agiu com culpa. Se não, a conduta do auditor está de acordo com os padrões razoavelmente exigidos para um trabalho de auditoria, não sendo possível identificar na sua conduta qualquer ato ilícito.

Não obstante, o auditor também poderá, apontar as falhas do investidor que contribuíram exclusivamente para prejuízo suportado, como por exemplo, a utilização de fontes diversas ou inidôneas para a tomada da decisão de investimento e prévio conhecimento do investidor das irregularidades existentes na entidade auditada. Nesse caso, seria possível alegar o rompimento do nexo de causalidade, em razão do dano ter ocorrido por fato exclusivo da vítima.

Por fim, com relação ao dano suportado pelo investidor, a obrigação de indenizar do auditor independente ficará circunscrita aos danos emergentes. Considerar o pagamento de indenização por lucros cessantes seria uma assunção pelo auditor do risco de perda ou frustração que o investidor pode sofrer no curso normal dos negócios, de modo que sua atividade equivaleria a uma função de garantia contra eventos futuros ou incertos, em clara natureza de segurador universal dos interesses dos investidores.

8. REFERÊNCIAS

ALMEIDA, Margarida Azevedo de Almeida. Cadernos do Mercado de Valores Mobiliários: *A responsabilidade civil perante os investidores por realização defeituosa de relatórios de auditoria, recomendações de investimento e relatórios de notação de risco*. Cad.MVM, n.º 36, 2010, p. 9-31.

ALMEIDA, Marcelo Cavalcanti. *Auditoria:* um curso moderno e completo. 8 ed. São Paulo: Atlas, 2012.

ALPA, Guido. *La responsabilità civile:* parte generale. Torino: UTET, 2010.

ALSINA, Jorge Bustamante. *Teoria General de la responsabilidad civil*. 9ª. Buenos Aires: Abeledo-Perrot. Buenos Aires, 1997.

ALVIM, Agostinho. *Da inexecução das obrigações e suas consequências*. 2. ed. São Paulo: Saraiva, 1955.

ARRUÑADA, Benito e PAZ-ARES, Cândido. *Mandatory Rotation of Company Auditors:* A Critical Examination. International Review of Law and Economics nº 61, New York: Elsevier, 1997.

ATTIE, Wiliam. *Auditoria:* conceitos e aplicações. 6. ed. São Paulo: Atlas, 2011.

AZEVEDO, Antonio Junqueira de. *Estudos e pareceres de direito privado*. Com remissões ao novo código civil (lei n. 10.406, de 10-1-2002). São Paulo: Saraiva, 2004.

AZEVEDO, Álvaro Vilaça. *Teoria geral das obrigações e responsabilidade civil*. 11. ed. São Paulo: Atlas, 2008.

BENACCHIO, Marcelo. *Responsabilidade civil contratual*. 1ª ed. São Paulo: Saraiva, 2011.

BIANCA. C. Massimo. *Diritto civile, v.3*. Milano: Giuffrè, 2000, 2. ed.

BORBA, José Edwaldo Tavares. Direito Societário, 10ª ed. Rio de Janeiro: Renovar, 2007.

CARVALHOSA, Modesto. *Comentários à Lei de Sociedades Anônimas*. 5ª ed. São Paulo: Saraiva, 2011. v. 3.

CAVALIERI FILHO, Sérgio. *Programa de responsabilidade civil*. 12. ed. São Paulo: Atlas, 2012.

COELHO, Fabio Ulhoa. *Curso de direito comercial, volume 1:* empresa e estabelecimento, títulos de crédito. 16. ed. São Paulo: Saraiva, 2012.

COELHO, Fabio Ulhoa. *Curso de direito comercial, volume 2:* direito da empresa. 16. ed. São Paulo: Saraiva, 2012.

COFFE, John C. *Gatekeepers the professions and corporate governance*. 1. ed. USA: Oxford, 2006.

COFFEE, John C. *Understanding Enron:* It's About the Gatekeepers, Stupid, July 30,

2002. Disponível em: <http://mba.tuck.dartmouth.edu/mdm/AlumniLearningLinks/Coffee OnEnron.pdf>

COMPARATO, Fábio Konder. *Obrigações de meios, de resultado e de garantia*. In: NERY JUNIOR, Nelson; NERY, Rosa Maria de Andrade. *Doutrinas essenciais:* responsabilidade civil. São Paulo: Revista dos Tribunais, 2010, v. 5.

CORDEIRO F., Ari. *Responsabilidade Quanto a Informações e Fraudes no Mercado de Valores:* o Novo Regime Jurídico da Lei Americana – (Sarbanes-Oxley Act, de julho de 2002). Carta Mensal, Confederação Nacional do Comércio. Rio de Janeiro, V. 48, nº 574, janeiro, 2003.

COSTA, Mario Julio de Almeida. *Direito das Obrigações*. Coimbra: Almedina, 5ª ed., 1999.

CRETELLA JUNIOR, JOSÉ. *Curso de direito romano*. 21. ed. Rio de Janeiro: Forense, 1998.

DIAS, Gabriela Figueiredo. *Fiscalização de sociedades e responsabilidade civil (após a reforma do Código de Sociedades Comerciais)*. Coimbra: Coimbra, 2006.

DIAS, José de Aguiar. *Da responsabilidade civil*. São Paulo: Renovar, 2006.

DINIZ, Maria Helena. *Curso de direito civil brasileiro:* Responsabilidade civil. 25. ed. São Paulo: Saraiva: 2011. v. 7.

DONNINI, Rogério. *Prevenção de danos e a extensão do princípio neminem laedere*. In: DONNINI, Rogério & NERY, Rosa Maria de Andrade. Responsabilidade civil: estudos em homenagem ao professor Rui Geraldo Camargo Viana. São Paulo: Revista dos Tribunais, 2009.

DONNINI, Rogerio. *Responsabilidade civil pós-contratual no direito civil, no direito do consumidor, no direito do trabalho, no direito ambiental e no direito administrativo*. São Paulo: Saraiva. 3. ed., 2011.

EIZIRIK, Nelson. *Insider trading e responsabilidade do administrador de companhia aberta*. Revista de Direito Mercantil 50.

Enciclopédia Saraiva do Direito. Coordenação do Professor R. Limongi França. v. 54, São Paulo: Saraiva, 1977.

ESTEVILL, Luis Pascual. *La responsabilidad extracontractual, aquiliana o delictual*. v.2, Barcelona: Bosch, 1992.

FERREIRA DA SILVA, Jorge Cesa. *A boa-fé e a violação positiva do contrato*. Rio de Janeiro: Renovar, 2002.

FILHO, Alfredo Lamy e PEDREIRA, José Luiz Bulhões et al. *Direito das Companhias*. Rio de Janeiro: Forense, 2009. p. 1059/1060.

FIRMINO, José E. e PAULO, Edilson. *Aspectos comportamentais no julgamento profissional dos auditores independentes*. Revista de Contabilidade, Gestão e Governança – Brasília, v. 16, n. 3, set./dez. 2013.

FORGIONI, Paula A. *Contratos empresariais*: teoria geral e aplicação. São Paulo: Revista dos Tribunais, 2015.

FRADA, Manuel A. Carneiro. *O problema e os limites da responsabilidade dos auditores*. Direito e justiça, revista da faculdade de direito da Universidade Católica Portuguesa. Lisboa: 2002. v. 16, tomo I, p. 159-169.

FRADA, Manuel A. Carneiro. *Uma terceira via no direito da responsabilidade civil*. Coimbra: Almedina, 1997.

FRANÇA, R. Limongi. *As raízes da responsabilidade civil aquiliana*. In: NERY Jr., Nelson e NERY, Rosa Maria de Andrade. Doutrinas essenciais – responsabilidade civil. v. 1. São Paulo: Revista dos Tribunais, 2010.

FRANÇA, R. Limongi. *Instituições de Direito Civil*, 4. ed., São Paulo: Saraiva, 1996.

GALBRAITH, John Kenneth, *Uma breve história da euforia financeira*. São Paulo: Livraria Pioneira Editora, 1992.

REFERÊNCIAS

GALLO, Paolo. *Tratatto del contratto. 2. Il contenuto – gli effetii.* Torino: Utet Giuridica, 2010.

GODOY, Claudio Luiz de. *Função social do contrato:* os novos princípios contratuais. São Paulo: Saraiva, 2004.

GOMES, José Ferreira. *Responsabilidade civil dos auditores. Código das sociedades comerciais e governo das sociedades.* Coimbra: Almedina, 2008.

GOMES, Orlando. *Contratos.* Atualizada por Antonio Junqueira Azevedo e Francisco Paulo de Crescenzo Marino. Coordenado por Edvaldo Brito. Rio de Janeiro: Forense, 26. Ed., 2007.

GOMES, Orlando. *Direito das obrigações (At. Por Humberto Theodoro Junior).* 12. ed. Rio de Janeiro: Forense, 1999.

GRAMLING, Audrey A., RITTENBERG, Larry E., JOHNSTONE, Karla M. *Auditing.* (tradução: Antonio Zorato Sanvicente). São Paulo: Cengage Learning, 2012.

GRINOVER, Ada Pellegrini at al. *Código de defesa do consumidor:* comentado pelos autores do anteprojeto. 6. ed. Rio de Janeiro: Forense, 1999.

GUSMÃO, Paulo Dourado de. *Introdução ao estudo do direito.* 13. ed. Rio de Janeiro: Forense, 1989.

HAENSEL, Taimi. *A figura dos gatekeepers:* aplicação às instituições intermediárias do mercado organizado de valores mobiliários brasileiro. São Paulo: Almedina, 2014.

HIRONAKA, Giselda Maria F. Novaes. *Responsabilidade pressuposta.* Belo Horizonte: Del Rey, 2005.

HOMERO JR. Paulo Frederico. *Impacto das fraudes contábeis no banco panamericano sobre a reputação da deloitte.* Revista de Contabilidade e Controladoria. Universidade Federal do Paraná, Curitiba, v. 6, n.2, maio/ago. 2014. p. 40-53.

LARENZ, Karl, *Derecho de obligaciones*, trad. Jaime Santos Briz, Madrid: Revista de Derecho Privado, 1958, t. 2.

LAZZARESCHI NETO, Alfredo Sérgio. *Lei das sociedades por ações anotadas.* 3. ed. São Paulo: Saraiva, 2010.

LEVVIT, Arthur. *The numbers game.* Declarações feitas no NYU Center for law and Business reporting. 28 de setembro de 1998. Disponível em <www.sec.gov>. Acesso em 29 de setembro de 2014.

LÔBO, Paulo Luiz Netto. *Responsabilidade civil dos profissionais liberais e o ônus da prova.* In: NERY JUNIOR, Nelson; NERY, Rosa Maria de Andrade. *Doutrinas essenciais:* responsabilidade civil. São Paulo: Revista dos Tribunais, 2010, v. 5.

LOUREIRO, Francisco Eduardo. Ato ilícito. In: LOTUFO, Renan; NANNI, Giovanni Ettore (Orgs.). *Teoria geral do direito civil.* São Paulo: Atlas, 2008.

LORENZETTI, Ricardo Luis. *Fundamentos de direito privado*, 1. ed. São Paulo: Revista dos Tribunais. 1998.

MACHADO DE MELO, Diogo. *Culpa extracontratual.* São Paulo. Saraiva, 2013.

MACHADO DE MELO, Diogo. *Notas sobre a responsabilidade pós-contratual.* (em Nanni, Giovanni Ettore, cord.) Temas relevantes de direito civil contemporâneo. Estudos em homenagem ao professor Renan Lotufo. São Paulo: Atlas, 2008.

MANKIW, Gregory N. *Introdução à economia.* (tradução: Allan Vidigal Hastings e Elisete Paes e Lima). 5 ed. São Paulo: Cengage Learning, 2009.

MARTINS-COSTA, J. *A boa-fé no direito privado: sistema e tópica no processo obrigacional.* São Paulo: Revista dos Tribunais, 1999.

MATTHEWS, John F.. *Laying Down the Law: A Study of the Theodosian Code.* New York, NY: Yale University Press, 2000.

MENEZES CORDEIRO, Antônio Manoel da Rocha e. *Da pós-eficácia das obrigações*. Em: *Estudos de Direito Civil.* vol. I. Coimbra: Almedina, 1994.

MENEZES CORDEIRO, Antônio Manoel da Rocha e. *Manual de Direito das Sociedades.* 2. ed. Lisboa: Almedina, 2007.

MENEZES CORDEIRO, Antônio Manoel da Rocha e. *Da boa-fé no direito civil.* v. 1. Coimbra: Almedina, 1984.

MENEZES LEITÃO, Luis Manuel Teles de. *A responsabilidade do auditor de uma sociedade cotada.* Estudos em honra de Ruy de Albuquerque, volume I. Coimbra: Coimbra, 2006.

NORONHA, Fernando. *O direito dos contratos e seus princípios fundamentais (autonomia privada, boa-fé, justiça contratual).* 1ª ed. São Paulo: Saraiva, 1994.

NORONHA, Fernando. *Responsabilidade civil*: uma tentativa de ressistematização. In: NERY JUNIOR, Nelson; NERY, Rosa Maria de Andrade. *Doutrinas essenciais*: responsabilidade civil. São Paulo: Revista dos Tribunais, 2010.

OLIVEIRA, Alexandre Queiroz de e SANTOS, Neusa Maria Bastos Fernandes dos, *Rodízio de Firmas de Auditoria:* A experiência Brasileira e as Conclusões do Mercado. Revista de Finanças e Contabilidade-USP, v. 18, nº 45, São Paulo. USP: set-dez 2007.

PEIXOTO, José Carlos de Matos. *Curso de Direito Romano Tomo I – Parte Introdutória e Geral.* São Paulo: Renovar, 1997.

PEREIRA, Alexandre Demetrius. *Auditoria das Demonstrações Contábeis:* uma abordagem jurídica e contábil. São Paulo: Atlas, 2011.

PEREIRA, Caio Mário da Silva. *Instituições de direito civil*, v.2., atualizada por Regis Fichtner. Rio de Janeiro: Forense, 2005, 12. ed.

PEREIRA, Caio Mário da Silva. *Responsabilidade civil.* Rio de Janeiro: Forense, 1999.

PERLINGIERI, Pietro. *O direito civil na legalidade constitucional* – tradução: Maria Cristina De Cicco. Rio de Janeiro: Renovar, 2008.

PESSOA JORGE, Fernando. *Ensaio sobre os pressupostos da responsabilidade civil.* Coimbra: Almedina, 1995.

POPP, Carlyle. *A responsabilidade civil pré-negocial:* o rompimento das tratativas. Curitiba: Juruá, 2001.

RASHAD, A e KHALIK, Abdel. *Dicionário enciplopédico de contabilidade.* São Paulo: Atlas, 2004.

RICARDINO, Álvaro; CARVALHO, L. Nelson. *Breve retrospectiva do desenvolvimento das atividades de auditoria no Brasil.* Revista de Contabilidade & Finanças. São Paulo: 2004. Ano XV, v. 3, n° 35.

RINESSI, Antonio Juan. *La culpa y el distingo entre obligaciones de medio y de resultado. Revista de Derecho de Daños:* la culpa – II. Buenos Aires: Rubinzal-Culzoni, 2009.

RIZZARDO, Arnaldo. *Responsabilidade civil: Lei nº 10.406, de 10.01.2002.* Rio de Janeiro: Forense, 2009.

RODRIGUES, Silvio. *Responsabilidade civil.* 12. ed. São Paulo: Saraiva, 1992.

ROSENVALD, Nelson, In: PELUSO, Cesar (Coord) *Código civil comentado.* São Paulo: Manole, 2007.

ROSENVALD, Nelson. *Obrigações de meio, resultado e garantia.* In: LOTUFO, Renan; MARTINS, Fernando Rodrigues. 20 anos do Código de Defesa do Consumidor. São Paulo: Saraiva, 2011.

SADDI, Jairo. *Crise e Regulação Bancária.* São Paulo: Textonovo, 2001.

SARAIVA, Francisco. *Independência e responsabilidade civil do auditor externo das sociedades comerciais cotadas.* Almedida: Lisboa, 2015.

SILVA, Clóvis do Couto. *A obrigação como processo*. São Paulo: FGV, 2006.

SILVEIRA, Alexandre Di Miceli da. *Governança corporativa no Brasil e no mundo: teoria e prática*. Rio de Janeiro: Elsevier, 2010.

SKINNER, D. D. J.; SRINIVASAN, S. *Audit Quality and Auditor Reputation:* Evidence from Japan. The Accounting Review, v. 87, n. 5, set. 2012.

STOCO, Rui. *Tratado de responsabilidade civil*. 6. ed. São Paulo: Revista dos Tribunais, 2004.

VARELLA, João Matos Antunes. *Das obrigações em geral*. v.1. Coimbra: Almedina, 10ª ed., 2000.

VENOSA, Silvio de Salvo. *Direito civil. Introdução ao direito romano*. 4. ed. São Paulo: Atlas, 1996.

VILLEY, Michel. *A formação do pensamento jurídico moderno*, tradução de Claudia Berliner. Rio de Janeiro: Martins Fontes, 2009.

WALD, Arnold. *A evolução do regime legal do conselho de administração*. In: WALD, Arnold. Doutrinas essenciais: direito empresarial. v. III. São Paulo: Revista dos Tribunais, 2010.

WAISBERG, Ivo & GORNATI, Gilberto, Direito bancário – contratos e operações bancárias, São Paulo: Quartier Latin, 2012.

WAISBERG, Ivo. *Responsabilidade civil dos administradores dos bancos comerciais*. São Paulo: Revista dos Tribunais, 2002.

WEBER, J.; WILLENBORG, M.; ZHANG, J. *Does auditor reputation matter? The case of KPMG Germany and ComROAD AG*. Journal of Accounting Research, v. 46, n. 4, set. 2008.